**Konstantin Abert**



# Mobile Begegnungen in Russland

*Mit dem Reisemobil durchs größte Land der Welt*

Viel Spaß
beim Nacherleben
meiner ewigen Teenager-
zeit!
Kostya, 03.09.14
Düsseldorf
Caravan-Salon

## Impressum



Text: Konstantin Abert; Fotos: Konstantin Abert, Oliver Doukhin, Peter Winhart
Herstellung: BOD Books on Demand GmbH, Norderstedt


PRINTED IN GERMANY · ISBN 3-928803-27-1

# Inhalt

# Vorwort

Ausdrücklich warnten uns finnische Freunde vor der Reise mit dem Wohnmobil durch die Sowjetunion: „Hier in Helsinki seid ihr sicher. Aber da drüben in Sowjetrussland ist schon wieder eine finnische Familie samt Wohnwagengespann verschollen.“ In unserer fünfköpfigen Reisecrew wurde danach heiß diskutiert, ob wir es denn wirklich wagen sollten, ohne Russischkenntnisse durch dieses Land zu fahren. Mit drei zu zwei ging die Entscheidung äußerst knapp für „Sowjetrussland“ aus, so wie viele Finnen ihren östlichen Nachbarn leicht abwertend nannten.

Wir riskierten es also und hatten 1990 so unser erstes russisches Abenteuer. Und was für eins. Wir mussten sogar die Sekretärin des Ministers für auswärtige Angelegenheiten in Batumi kidnappen, um ausreisen zu dürfen. Aber davon erzähle ich lieber etwas später.

1990 war eine politisch sehr bewegte Zeit. Die Mauer der DDR war vor einigen Monaten gefallen, die Gorbimanie in Deutschland ausgebrochen und der Irak hatte gerade Kuwait annektiert. Die Sowjetunion begann zu zerfallen, Russland war aber noch eine der 15 Sozialistischen Sowjetrepubliken. In diese bewegte Zeit fiel unsere erste Russlandreise hinein. Es war zumindest für mich der Anfang einer Leidenschaft, die eben nicht nur Leid schaffte, sondern auch viel Freude bereitete.

Seit dieser ersten Reise sind 14 Jahre ins Land gestrichen. 14 Jahre, in denen viel geschehen ist. Ich habe mich aus dem Verbund meines Elternhauses mindestens genauso friedlich und überraschend gelöst, wie Russland aus der Sowjetunion.

Blicke ich zurück auf diese 14 Jahre, schlagen über dreißig Reisen nach Russland, meist mit einem selbst ausgebauten Wohnmobil, zu Buche. Die Leidenschaft hat also angehalten und bestimmt heute sowohl mein berufliches als auch privates Leben. Meine Frau Anja habe ich auf der dritten Reise kennen gelernt, obwohl ich mir bis dahin so sicher war, niemals zu heiraten. Um sie zu beeindrucken, erlernte ich die russische Sprache innerhalb eines halben Jahres. Selten ist mir zuvor und danach so schnell so viel gelungen. Aber der Grad der Motivation war einfach nicht zu überbieten.

Beruflich bin ich als Russland-Forscher an der Universität Mainz und freier Journalist tätig geworden. Heute bewege ich mich wie ein Einheimischer in Russland und werde meist nur aufgrund des Reisefahrzeuges oder der Fotoausrüstung als Ausländer erkannt.

Ja, im Laufe der Jahre sind wir beide gereift, mein Russland und ich. Beide haben ihre wildesten Zeiten (hoffentlich) hinter sich. Sind wir also in die Jahre gekommen? Das hätte zumindest für Sie als potenzieller Russlandreisender mehr beruhigende Komponenten als für mich. In Russland geht es nicht mehr so rund, zur Zeit jedenfalls nicht. Alle die, die sich bisher nicht getraut haben, in das Land der Zwiebeltürme zu reisen, sollten das jetzt endlich tun.

Was mich ungemein geprägt und reifen hat lassen, waren die vielen Reisen, die mich schon vor der ersten Begegnung mit dem ehemaligen Zarenreich mehrmals im Jahr ins Ausland führten. Von Los Angeles bis Jordanien, von Norwegen bis Ägypten – ich fand alles hoch spannend und hatte in relativ kurzer Zeit über 50 Länder bereist. Fast immer habe ich die für mich bis heute attraktivste Reiseart gewählt. Mit dem Wohnmobil war alles bisher so hautnah, so individuell, so intensiv. Trotzdem kehrte ich auch von monatelangen Touren nie ausgebrannt zurück, weil ich ein Stück Heimat auf Rädern immer bei mir hatte…

Herausragend waren die Erlebnisse in Russland. Hier überschlugen sich die Ereignisse besonders Anfang der 90er Jahre. So erlebte ich oft unvergessliche Momente, über die ich nun zum ersten Mal in schriftlicher Form berichten werde.

Wenn Sie Lust, Mut und etwas Zeit mitgebracht haben, dann setzen Sie sich doch neben mich ins Wohnmobil Marke Eigenbau. Ich nehme Sie gerne mit auf eine Reise durch turbulente Jahre in einen verrückten und geheimnisvollen Teil unseres Planeten: Russland!

# Wir erobern die Sowjetunion

*Wir schreiben das Jahr 1990. Die Sowjetunion existiert noch. Langsam aber sicher entgleitet Michail Gorbatschow die Macht im eigenen Land.*

Es ist ein großer Zufall, dass wir überhaupt in Erwägung ziehen, nach Russland zu fahren. Besser gesagt, es liegt uns im Weg. Ursprünglich wollten wir in die Türkei, dann hörten wir von der totalen Sonnenfinsternis in Helsinki, die wir uns als Hobbyastronomen nicht entgehen lassen durften. Den Türkeiplan verwarfen wir nicht und wollten mit unserem Reisemobil von Finnland einfach durchstarten.

Auf dem schnellsten Weg war dies nur durch die Sowjetunion möglich. Nun stehen wir vor der finnisch-sowjetrussischen Grenze und sind gespannt, was uns erwartet.

Wer wir eigentlich sind? Wir sind ein bunt zusammengewürfelter Haufen aus dem Elektroingenieur Heiko, seinem 13-jährigen Sohn Alexander und drei Studenten, Silke, Ulrike sowie meiner Wenigkeit. Gemeinsam sind wir nun seit 14 Tagen unterwegs, haben dem Nordkap einen Besuch abgestattet und die Sonnenfinsternis in Helsinki gesehen.

In Finnlands Hauptstadt haben wir uns auch das nötige Einreisevisum für die 4000-Kilometerstrecke durch die Sowjetunion besorgt. Die vom sowjetischen Botschaftspersonal ausgestellten und uns persönlich ausgehändigten Transitvisa haben leider einen kleinen Fehler. Sie sind gerade mal drei Tage gültig und zudem für eine Ausreise in Tokio ausgestellt. Statt 4000 Kilometer nach Süden sollen wir nun innerhalb von drei Tagen knapp 12.000 Kilometer nach Osten fahren. Bestimmt führten meine mangelhaften Russischkenntnisse zu diesem unbeabsichtigten Ländertausch. Tokio und Türkei – auf russisch „Tokio“ und „Turzija“ – liegen sprachlich ja relativ nah beieinander. Reklamieren trauen wir uns nicht. Erstens ist es Freitag Mittag und die Gefahr groß, drei Tage auf die Korrektur warten zu müssen. Zweitens sind wir einfach froh, überhaupt ein Visum bekommen zu haben. Mit dem Auto eine Transitstrecke von Finnland in die Türkei zu fahren würde nicht gehen – sagte man uns zumindest an der Visastelle der sowjetischen Botschaft in Bonn.

## Die sowjetrussische Grenze

Und nun, nun stehen wir also vor der Grenze zur Sowjetunion. Ein flaues Gefühl haben wir alle. Bestimmt wegen der Warnungen unserer finnischen Freunde vor dem so gefährlichen Sowjetrussland, bestimmt auch wegen der absurden Visa, mit denen man uns vielleicht nicht herein lässt. Aber ich denke, der eigentliche Grund für das Drücken in der Magenregion ist woanders verwurzelt. Wir betreten absolutes Neuland und wissen nicht, was uns erwartet. Chaos, Defizite und Umweltkatastrophen – das alles bestimmte unser bisheriges Bild vom sowjetischen Reich. Ist das alles wirklich so schlimm? Oder gar noch schlimmer?

Unsere Sorgen treiben wilde Blüten. Heiko und ich wollen einen Rammbock an der Front unseres Gefährtes installieren, falls uns die Grenzpassage gelingt. So wollen wir mögliche Straßensperren von Banditen durchbrechen. Mit fast neun Tonnen Gewicht haben wir ja berechtigt gute Aussichten, dabei erfolgreich zu sein.

Aber soweit ist es noch nicht. Erst mal müssen wir über die Grenze. Die Finnen haben uns schnell abgefertigt, wir fahren nun durch fast zwei Kilometer Niemandsland. Dann kommt es zum ersten Kontakt mit Russen. Ein Schlagbaum und daneben ein Holzhäuschen, aus dem ein Soldat hervortritt, hindern uns an der Weiterfahrt. Es folgt ein Anruf des Soldaten zur Grenzstation und nach 15 Minuten Wartezeit öffnet sich der Schlagbaum. Wir durchfahren einen weiteren Kilometer Niemandsland, bis uns der nächste Schlagbaum stoppt. Noch ein Häuschen mit Soldat, ein Anruf und einige Minuten Wartezeit. Dann sind wir endlich im Grenzgelände. Viele uniformierte Grenzer mit ihren überdimensionalen Mützen laufen hier geschäftig herum. Außer uns sind nur einige Lkw im Grenzgelände. Es scheint, dass es mehr Uniformierte gibt als Grenzpassanten.

Wir sind sofort der Mittelpunkt der Grenzstation. In Reih und Glied müssen wir uns vor unserem Fahrzeug aufstellen. Der offensichtlich ranghöchste Soldat sammelt unsere Pässe und Visa ein und schreitet

# 1990 - Wir erobern die Sowjetunion

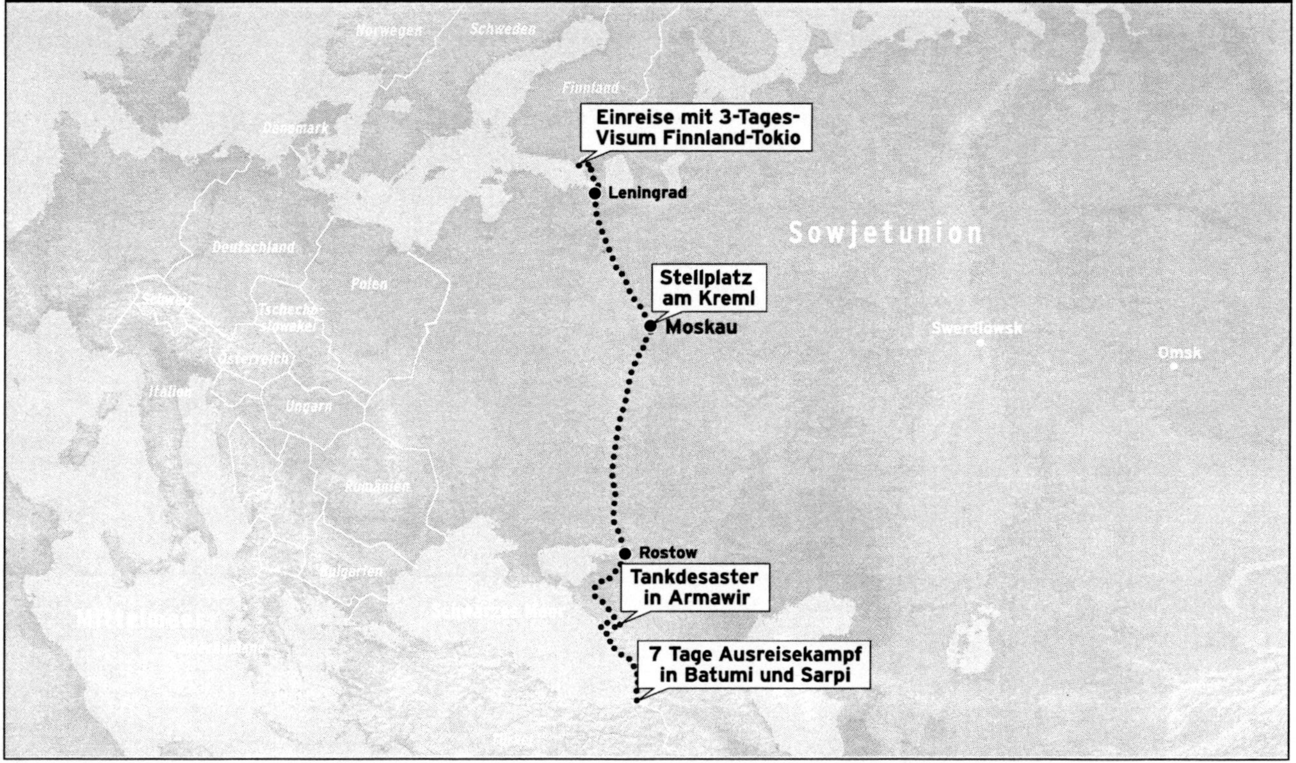

nun die Linie aus den fünf Deutschen ab. Ganz genau vergleicht er das Passbild mit der dazugehörigen Person. Er spricht einige Brocken Deutsch, war wohl für zwei Jahre in der DDR. Dann werde ich als Besitzer des Wohnmobils gebeten, das Fahrzeug zu zeigen. Mit mir schwingen sich zwei Soldaten ins Innere und kontrollieren akribisch jeden Winkel des Autos. Sie finden sogar das von uns an verschiedenen Stellen versteckte Bargeld und untersuchen die Geldscheine sichtlich fasziniert. Nicht immer habe ich die Kontrolle über beide, da sie gleichzeitig in verschiedenen Ecken des Fahrzeuges stöbern. So mancher Geldschein wandert hier bestimmt in die Taschen der Soldaten. Draußen wartet bereits der Vorgesetzte und erklärt, dass wir Dieselgutscheine kaufen müssen. So erwerben wir 400 Liter Diesel für 300 D-Mark. Kein schlechter Preis, denken wir uns und zahlen unverzüglich.

Nun geht alles ganz schnell. Wir müssen eine Zollerklärung ausfüllen, bekommen den Einreisestempel ins Visum, allerdings nicht ohne den Hinweis, das Visum in Leningrad zu verlängern, weil es ja doch schwierig sei, in drei Tagen nach Tokio zu fahren. Und dann dürfen wir tatsächlich fahren. Wir sind gespannt wie nie zuvor. Was erwartet uns bloß in Russland? Wann kommen die ersten Banditen?

Nach drei Kilometern kommt erst mal wieder das, was wir schon kennen: ein Schlagbaum, daneben ein Holzhäuschen, ein Soldat dazu, dann der Anruf und das Warten, das diesmal merklich länger dauert, als gewohnt. Ob da jemand Zweifel bekommen hat wegen unseres Dreitagesritts nach Tokio? Nein, nach einer halben Stunde geht die Schranke auf.

### Die ersten Stunden

Wir sind in der Sowjetunion. Links und rechts von uns Nadelgehölze, oft im Wasser stehend und viele davon abgestorben. Holpriger Asphalt, keine Randmarkierung, keine Menschenseele. Unheimlich. Wir sind tatsächlich in Russland. Selten waren wir alle so wach, so gespannt, so aufgeregt wie auf diesen ersten Kilometern in der Sowjetunion. Gemeinsam starren wir auf die Straße, halb hoffend, dass alles ruhig bleibt, halb bangend, wann denn nun die ersten Straßenräuber losschlagen.

Ein Motorrad mit Beiwagen zieht laut knatternd mit blauer Auspufffahne an uns vorbei. Ein paar alte Menschen laufen am Straßenrand

Richtung Grenze. Wir schauen weiter gebannt durch die Windschutzscheibe. Links und rechts nur Sümpfe und verkrüppelte Bäume, vor uns der 10 Meter breite Asphaltstreifen. Eine Stunde herrscht jetzt schon Hochspannung, so stark, dass wir nicht mehr miteinander reden. Es ist eine sehr aufregende Stunde, obwohl nichts besonders passiert ist. Die wenigen Menschen, denen wir begegnet sind, haben uns nichts getan. Unbeschadet erreichen wir Wyborg, die erste Stadt nach der Grenze. Es ist schon ein großer Kulturschock, den wir alle bei der Durchfahrt Wyborgs erleiden. Wie arm erscheinen uns die Menschen, wie runtergekommen sind die Häuser, wie schlecht sind die Straßen. Tristesse pur auf den wenigen Kilometern Wyborger Kopfsteinpflaster. In so einem armen Umfeld muss es doch von Banditen nur so wimmeln. Haben sie doch recht, die Finnen?

Wir haben Angst, hier stehen zu bleiben, und setzen die Fahrt Richtung Leningrad ohne jeglichen Stopp fort. Auf der M10 geht es glatt und ohne Probleme weiter. Wir begegnen nur wenigen Menschen und Fahrzeugen. Sowjetrussland ist viel einsamer als Finnland.

Mittlerweile sind wir entspannter. So viel Aufregung lässt sich nicht lange durchhalten. Schließlich wagen wir einen Abstecher an die Ostsee und finden tatsächlich in unmittelbarer Nähe zum Meer einen Standplatz. Nun betreten wir zum ersten Mal außerhalb der Grenzanlagen sowjetischen Boden. Beim Durchzählen der Geldbestände stellen wir fest, dass nichts fehlt. Mein Verdacht, die Soldaten hätten sich ein paar Geldnoten eingesteckt, findet also keine Bestätigung. Wären nicht Myriaden von Stechmücken über uns hergefallen, hätte dieser Standplatz vielleicht sogar zum Nachtlager werden können. Aber wir sind ohnehin noch ängstlich wegen der russischen Banditen und ziehen es vor, weiterzufahren. Außerdem ist die Millionenmetropole Leningrad gerade mal noch eine Fahrstunde, knapp 50 Kilometer entfernt. Da müsste es doch einigermaßen sicher sein.

## Leningrad

Keine fünf Stunden sind seit der Grenze vergangen, als wir die Vororte von Leningrad erreichen. Bis zum Horizont reihen sich neun- und zwölfgeschossige Betonburgen aneinander, überaus hässlich in unseren

Augen. Die Gehwege sind voller Fußgänger, die Busse und Straßenbahnen hoffnungslos überfüllt. Dafür ist auf den breiten Straßen selbst sehr wenig Verkehr. Beim Überqueren der ersten Kreuzung mit Straßenbahnschienen staunen wir nicht schlecht. Die Schienen sind derart abgenutzt, dass sie immer wieder Bruchstellen aufweisen. Dass hier überhaupt noch Straßenbahnen fahren können!

Laut rumpelnd und sehr langsam bahnen sich die Leningrader Schienenfahrzeuge ihren Weg. Manch ein Schienenstück ragt aus der Straße hervor und wird nur durch die darüber rollende Tram kurzzeitig heruntergedrückt.

Wir holpern fast eine Stunde über die besonders an Kreuzungen katastrophal schlechten Straßenbeläge, bis wir inmitten des Zentrums, nicht weit von der Newamündung, zum Stehen kommen. Was ist das für eine schöne Stadt, was hat sie für prachtvolle Gebäude, Brücken, Lampen, Wasserwege. Und überall gibt es Parkplätze. So viel Straße, so wenig Autos. Das ist besonders für uns Deutsche wunderbar.

Niemand kümmert sich um uns. Egal wo wir stehen, überall gibt es kostenfreie Parkplätze selbst für unseren acht Meter langen Koloss.

Erschöpft von den anscheinend völlig unnötigen mentalen Anspannungen bei der Einreise lassen wir uns in die Betten in unserem Fahrzeug fallen. So verbringen wir die erste Nacht in Russland: Schlafend im Reisemobil mitten im Zentrum Leningrads.

Wir haben geschlafen wie die Götter und ziehen frohen Mutes los, um die Stadt zu erkunden. Auf dem berühmten Newski-Prospekt, Leningrads Einkaufs- und Touristenmeile, werden wir unzählige Male von jungen Männern angesprochen, unsere Westmark in Rubel zu tauschen. Offiziell besteht noch ein Tauschkurs von 3:1, also für drei Mark gibt es einen Rubel. Aber auf dem Schwarzmarkt kursieren mittlerweile Kurse von zehn Rubeln für eine Mark. Klar, dass wir da nicht widerstehen können. Aber schon beim ersten Tauschgeschäft werden wir übers Ohr gehauen. Blitzschnell haben die Profis die Hundert-Rubelscheine gegen die farblich ähnlichen Ein-Rubelscheine ausgetauscht. 20 Mark sind futsch.

Das war uns eine Lehre. Bei allen weiteren Tauschgeschäften sind wir nun auf der Hut und lassen uns zu zweit die Rubel vorzählen und aushändigen.

*Vorsicht ist geboten beim Rubeltausch auf der Straße.*

Bald stellen wir fest, dass alles unglaublich preiswert ist aus der Sicht eines Deutschen. Die in den Kaufhäusern angebotenen Waren sind um ein Vielfaches billiger. Eine Metrofahrt kostet 5 Kopeken, umgerechnet weniger als einen halben Pfennig!

Wir genießen einfach alles in dieser schönen Stadt. Die preiswerten Geschäfte, die wunderschönen kulturellen Einrichtungen wie Museen und historische Gebäude, das herrliche Ambiente dieser zauberhaften Stadt und die unfassbare Freiheit, an praktisch jedem Platz in der Stadt mit dem Reisemobil stehen und übernachten und sich überall unbehelligt bewegen zu können.

Unsere Visa haben wir auf einer Behörde für Ausländer ohne Probleme und kostenlos um 14 Tage verlängert bekommen. Nur den Ausreiseort „Tokio“ kann die überaus freundliche Dame nicht aus unserem Visum herausnehmen. Aber das macht uns nun auch keine Sorgen mehr.

Inzwischen haben wir alle gelernt, die 33 kyrillischen Buchstaben zu lesen, und kommen daher auch mit dem beeindruckenden Metrosystem Leningrads hervorragend zurecht.

Mit Aleksej, Andrej und Sergej haben wir drei russische Studenten kennen gelernt, die hervorragend Deutsch und Englisch sprechen und uns in den drei Tagen in Leningrad sehr geholfen haben. Wie Bitte? Drei Tage? Sind wir nicht nur auf einer Transitreise? Ja, aber wenn es denn so schön ist…

Die drei jungen Leningrader haben uns in dem bestätigt, was wir schon wenige Stunden nach der Einreise selbst vermuteten. Banditen auf den Straßen, die nur darauf warten, Autotouristen zu überfallen – das ist ausgewachsener Quatsch.

Und sie haben uns mit einer Menge an Insiderwissen versorgt. So wissen wir nun, dass es praktisch kaum Campingplätze in dem Sinne gibt, wie wir sie in Europa gewohnt sind, und dass es besser wäre, irgendwo abseits einer stark befahrenen Straße zu stehen.

**Tankstellenchaos**

Unsere anfängliche Angst vor Sowjetrussland ist umgeschlagen in eine Euphorie sondergleichen. Wir trauen uns mittlerweile sogar bei Nacht zu fahren, irgendwo in einer Stadt anzuhalten und im Fahrzeug zu übernachten, wo immer es beliebt.

Alles klappt – bis auf das Tanken. Dieselfahrzeuge sind in der Sowjetunion für Privatbesitzer verboten. Deswegen ist es uns auch nicht auf Anhieb möglich, Diesel an den ohnehin wenigen und mit langen Warteschlangen versehenen Tankstellen zu erwerben. Bis wir das umständliche System überhaupt erst kapiert haben, vergeht einige Zeit. Muss man doch zunächst die Zapfpistole in den Tank hängen und dann staatliche Coupons für die gewünschte Literzahl in der Tankstelle abgeben, bevor Kraftstoff gefördert wird. Stolz präsentieren wir unsere an der Grenze gekauften Coupons. Aber das Tankstellenpersonal winkt ab und schickt uns zu einer anderen Tankstelle. Dort angekommen, will auch niemand die blauen Coupons haben. Stattdessen interessiert sich einer der russischen Lkw-Fahrer für unsere auf der Frontablage liegenden Musikkassetten. Sofort bietet er uns dafür 200 Liter Diesel auf staatlichen rosafarbenen Gutscheinen.

Ein günstiger Deal für uns, denn damit bekommen wir vom Tankstellenpersonal das, wofür wir offiziell die blauen Gutscheine an der

Grenze kauften. Diesel. 260 Liter passen insgesamt in die zwei Tanks unseres Reisemobils.

Laut brummend fördert die Pumpe den Diesel in den ersten Tank. Als dieser fast voll ist, möchte ich die Zapfpistole abstellen, um auf den zweiten Tank überzuwechseln. Aber die Pumpe fördert einfach weiter, obwohl der erste Tank schon voll ist. Ein Lkw-Fahrer neben mir sieht mein Problem, schnappt sich die immer weiter laufende Pistole und steckt sie in seinen Tank. Ich deute auf den zweiten Tank unseres Fahrzeuges, der ja noch leer ist. Kein Problem für den Fahrer. Er nimmt die Pistole aus seinem Tank und steckt sie bei laufendem Dieselstrahl erneut um, diesmal in den noch leeren Tank unseres Campers. Die Pumpe läuft weiter, bis sie die 200 Liter Diesel gefördert hat. Die wenigen Quadratmeter zwischen Camper und russischem Lkw schwimmen nun im Dieselöl, aber das stört hier niemanden. Dass sich die Pumpe nicht abstellen lässt und so häufig viele Liter Diesel ungestört ins Erdreich versickern, erstaunt uns fünf Westler gewaltig. In Zukunft tauschen wir mehrmals bei Lkw-Fahrern Dieselcoupons gegen Kassetten ein.

### Stellplatz neben dem Roten Platz

Wir haben mittlerweile verstanden: Dieses Land ist das Tollste, was es für fast mittellose Reisende auf der Welt gibt. Wir können uns plötzlich fast alles kaufen und erlauben, was wir wollen. Und niemand tut uns was, niemand verbietet uns etwas. Wir begegnen einem Deutschen mit Reisemobil und alten, noch runden und bei uns längst nicht mehr gültigen Zollnummern. „Ich bin schon seit vier Jahren in der Sowjetunion. Hier kann ich tun und lassen, was ich will.“

Mit geschwollener Brust rollen wir in unserem Mobil über die Straßen Moskaus mit Kurs direkt auf den Kreml. Unser Reisemobil stellen wir am Rande des Roten Platzes ab, keine fünf Fußminuten vom Leninmausoleum entfernt.

In Moskau ist der Zerfall von alten Werten und das Aufkommen von Neuem, meist Westlichem am deutlichsten zu beobachten. So hat im Zentrum der Millionenstadt das erste McDonald’s Restaurant in der Geschichte Sowjetrusslands eröffnet. Die Resonanz ist einfach überwältigend. Scheinbar jeder Moskauer will einmal ein Stück amerikanische

*Zum ersten Mal hat in der Geschichte der Sowjetunion ein McDonald's Restaurant eröffnet. Der Andrang ist riesig. Es hat sich eine kilometerlange Schlange gebildet.*

Fastfood-Welt erleben. Die Schlange der wartenden Russen ist mehrere Kilometer lang und kreuzt einige Straßenzüge. Extra abkommandierte Polizisten regeln an diesen Stellen den Verkehr.

Wir fühlen uns als etwas Besonderes und drängeln uns hemmungslos vor. Keiner der ans lange Warten in Schlangen gewohnten Russen beschwert sich. Bestimmt denken sich aber einige ihren Teil (so wie wir heute auch…). Sicherlich haben wir nicht dazu beigetragen, ein gutes Bild von westlichen Ausländern zu vermitteln. Aber wir sind jung und kommen so weitaus schneller zu Big Mac, Pommes und Cola, als die, die sich hinten angestellt haben. Es wird das billigste Fastfood-Essen in unserem Leben. Für ungerechnet weniger als einen Dollar schlagen wir uns zu fünft den Bauch voll.

Weiter geht es auf unserer dekadenten Siegestour durch die Hauptstadt des alten Zarenreiches. Wir stürmen die Kaufhäuser und erwerben von Schreibwaren über Taschen bis hin zu Büchern alles, was das eigentlich bescheidene Warenangebot Moskaus zu bieten hat. Unser

Glück ist, dass wir einen Neuntonner mit genügend Staufächern am Roten Platz stehen haben…

Das Moskauer Jetsetleben dauert drei ganze Tage an.

### Dieselgeschenk

Wir fürchten uns längst nicht mehr vor den Sowjetrussen. Im Gegenteil. Wir sind leichtsinnig geworden, so wie es sich für unser jugendliches Alter auch gehört. Überholen im ausgewiesenen Überholverbot, schneller unterwegs, als die russische Polizei es erlaubt. Diese und weitere kleine Verkehrssünden werden einfach nicht geahndet.

Die für ausländische Autotouristen vorgeschriebenen Routen haben wir längst verlassen und schlagen uns auf Nebenstrecken durch das Land. Gelegentlich halten sie uns an, die sowjetischen Straßenpolizisten. Wir können kein Russisch, sie kein Deutsch und damit erledigt sich vieles von selbst. Nach einigen Minuten lassen sie uns unverrichteter Dinge ziehen.

Je weiter wir in den Süden vordringen, umso weniger passt die im Visum ausgewiesene Richtung nach Tokio zu unserem Kurs. Das macht einige der Straßenpolizisten stutzig. Sie telefonieren, manchmal eine halbe Stunde lang. Aber dann winken sie uns weiter.

In drei Tagen haben wir die Nordwestseite des Kaukasus erreicht. Die Tankuhr zeigt bereits Reserve an, als wir uns an einer Tankstelle bei Armawir um Diesel bemühen. Es gibt gegenwärtig keinen Treibstoff. Mehrere Dutzend Lkw stehen hier. Die Fahrer warten mit beneidenswerter Gelassenheit auf den Tanklaster, der vielleicht noch heute, vielleicht erst morgen eintreffen wird.

Als wir uns schon mit dem Schicksal, auch hier warten zu müssen, abgefunden haben, spricht uns ein Fahrer an und zeigt auf einen abseits der Tankstelle stehenden kleinen Tank-Lkw. Dessen Fahrer winkt uns zu sich und signalisiert uns, wir sollen ihm folgen. Das tun wir auch. Angst haben wir schließlich vor nichts mehr. Auf einem freien asphaltierten Platz von Armawir kommt der Tanklaster zum Stehen. Noch ehe ich unser Reisemobil anhalten kann, steht der Fahrer schon mit dickem Füllschlauch in der Hand neben seinem Lkw.

Den Motor kaum ausgestellt, höre ich ein bedenkliches Platschen. Der Schlauch ist dicker als der Einfüllstutzen unseres Tankes. Literweise fließt der Diesel neben dran und nun entlang des leicht abschüssigen Platzes. Tatenlos, wie gelähmt, schauen wir dem zu, was sich vor unseren Augen ereignet. Ein Versuch, den Mann zu stoppen, hat zur Folge, dass noch mehr Treibstoff verschüttet wird. Der überaus eifrige Russe lässt sich nicht von seinem Vorhaben abbringen, uns die Tanks zu füllen, auch wenn er dabei den Platz mit einer bereits über hundert Meter langen Dieselspur überzieht.

Das ist schlimmer als alles, was wir an Tankstellen gesehen haben. Ein Polizist läuft herbei. Das musste ja passieren. Jetzt kriegen wir bestimmt verdienten Ärger. Aber weit gefehlt. Der uniformierte Gesetzeshüter will nur wissen, ob wir Hilfe brauchen. Es erfolgt keine Reaktion auf die ungeheuren Dieselseen. Wohl nur uns ist hier bewusst, dass das eine große Umweltsünde ist. Wir sind glücklich, dass die Tanks binnen zwei Minuten gefüllt sind und der Fahrer endlich die Pumpe am Lkw abstellt. Keinen Rubel, nichts will der Fahrer haben.

Pure, wenn auch äußerst wilde Gastfreundschaft ist das gewesen. Hätten wir den Ausgang dieser Befüllaktion gekannt, hätte ich niemals unser Fahrzeug neben dem Tanklaster gestoppt. Zu spät! Unsere Tanks sind voll, der Fahrer fährt mit einem „Germania gut!" weiter. Das meiste Diesel ist quer über den Platz bis an eine Grünfläche gelaufen. Keinen der Anwesenden stört das, außer uns. Die Reste versuchen wir mit einem Tuch aufzunehmen. Aber der Polizist winkt ab und schickt uns weg. Eine Mischung aus Staunen und Nachdenklichkeit bleibt. Sie überwiegt die Freude, nun volle Tanks zu haben.

## Im Kaukasus liegt das Paradies

Einige Kilometer außerhalb von Armawir zeigt sich Russland von seiner wilden Seite. Gespannt beobachten wir das Treiben auf dem Rastplatz. Schaschlik- und Maisgrills vernebeln die Luft. Dazu mischt sich der Gestank von laufenden Lkw-Motoren, die hier gleich reihenweise repariert werden. Autoteile, Obst und Gemüse werden an ein- und demselben Stand angeboten. Einige Meter weiter betankt ein Tanklaster wartende Lkw. Ein Pkw mit erlegtem Bär auf dem Dach rollt auf die Raststätte.

*Standplätze im Kaukasus wo immer es beliebt.*

Wir stehen schnell im Mittelpunkt des Interesses und werden von kaukasischen Fahrern zu Schaschlik und Mais eingeladen. Außerdem zeigen die Einheimischen uns den nächsten Weg an die Schwarzmeerküste.

Noch am selben Abend starten wir Richtung Küste. Die geschotterte, aber gut befahrbare Piste führt uns immer tiefer in die dichten kaukasischen Laubwälder. Inmitten dieses Grüns übernachten wir unter einem herrlich klaren Sternenhimmel.

Nicht minder schön empfängt uns am nächsten Tag das Schwarze Meer. Links von uns steigen die tiefgrünen Berghänge des Kaukasus auf. Rechts von uns liegt das Schwarze Meer mit vielen einsamen Buchten. Mehrmals gibt es Gelegenheiten, eiskaltes, glasklares, von den Bergen kommendes Wasser zu tanken. So schön muss das Paradies sein.

Den Tag über verbringen wir am Strand und im Wasser des Schwarzen Meeres. Abends schlendern wir durch die malerischen Promenaden der Küstenstädte, genießen saftige Schaschlikspieße und kaukasischen Kaffee. Überall blühen subtropische Pflanzen. Das Klima ist so mild, die Menschen sind so ausgelassen und gastfreundlich. Fast alle Restaurantbesuche gehen auf Einladungen von Russen und Kaukasiern zurück.

Die Nächte verbringen wir in den am Berghang liegenden kaukasischen Dörfern. Nie zuvor habe ich in meinem Leben so viele verschiedene Hähne krähen, so viele kleine Hunde bellen gehört. Zwischen all dem Grün ist es ein Konzert der besonderen Art.

Uns geht es einfach gut. Nie haben wir Sorge um unser Auto und nie wird auch nur eine Kleinigkeit entwendet. Nie müssen wir uns irgendwo anstellen. Sobald irgend jemand merkt, dass wir Ausländer sind, werden wir zum Anfang der Schlange geführt.

Larissa und Sascha, zwei aus dem 5000 Kilometer entfernten Murmansk stammende Russen, sprechen perfekt Englisch und klären uns auf, dass westliche Ausländer nicht in der Schlange warten sollen. Und sie laden uns natürlich zu einem Essen ein. Bei der hiesigen Gastfreundschaft haben wir einfach keine Chance, selbst zu bezahlen, auch wenn wir das gerne täten.

Langsam tingeln wir weiter Richtung Osten entlang der Schwarzmeerküste. Das malerische Suchumi begrüßt uns so freundlich wie der ganze Kaukasus. Suchumi ist die größte Schwarzmeerstadt von Georgien, welches offiziell noch ein Teil der Sowjetunion ist. Aber überall machen sich Auflösungserscheinungen breit. Die Georgier haben ihre eigenen Uniformen, malen die georgische Flagge auf die Nummernschilder ihrer Autos und pfeifen auf alles, was aus der Sowjetzentrale in Moskau kommt. Ein Sachverhalt, der für uns noch entscheidende Bedeutung erlangen soll.

## Die Grenze zur Türkei

Nach einigen Tagen südwestlichem Kaukasusparadies stehen wir an der sowjetisch-türkischen Grenze. Hier haben sowjetrussische Soldaten eindeutig das Sagen. Am Grenztor stehend fällt die Antwort der Soldaten eindeutig aus: „NJET!" Damit lassen wir uns, die wir halb Russland samt Rotem Platz im Sturm genommen haben, nicht so leicht abwimmeln. Wir wollen den Chef sprechen. Schließlich kommt ein Grenzer mit drei Sternen und riesiger Mütze, nimmt unsere Pässe und mustert skeptisch die Visa. Es folgt langes Kopfschütteln und ein eindeutiges „NJET". Sarpi, so heißt diese Grenzstation, hat auf dem Visum zu stehen. Oder mindestens Turzija. Aber wir haben doch Tokio eingetragen, also müssten wir auch über Japan ausreisen. Außerdem bliebe uns noch eine Alternative. Wir könnten zurück zu der Stelle, wo wir eingereist sind. Aber weder das eine noch das andere löst bei uns Begeisterungsstürme aus, zumal wir von unserem Standpunkt aus schon das erste türkische Dorf sehen können.

So nahe dran, wollen wir nicht zurück und beschließen spontan: Nur hier und sonst nirgendwo reisen wir aus. In unmittelbarer Nähe der Grenze ist ein wunderschön gelegener Kies- und Sandstrand, davor eine Wiese, also ein idealer Standplatz für unser Fahrzeug. Hier lässt es sich gut aushalten.

Am Abend lernen wir Miriam, einen tüchtigen georgischen Taxifahrer, kennen. Er befördert ankommende Türken von der Grenze bis ins nahegelegene Batumi. Aber heute ruht Miriams Geschäft. Er hat fünf deutsche Gäste, die in seinem Haus oberhalb der Grenzstation gnadenlos verwöhnt werden müssen. Seine Frau und vier zur Hilfe gerufene Freundinnen zaubern ein Festessen der Spitzenklasse. Während der mehrstündigen Vorbereitungszeit genießen wir den Blick auf die satten grünen Hänge des Kaukasus.

Über drei Stunden zieht sich das köstliche georgische Essen hin, bis wir uns in unser Hotel auf Rädern mit exklusivem Meeresblick zurückziehen. Miriam hat während des Mahls versprochen, uns beim Überqueren der Grenze zu helfen. Er kennt alle und alles in der Region. Die Verständigung zwischen uns läuft mit Händen und Füßen, aber es gibt Menschen, bei denen das unglaublich gut funktioniert. Miriam ist so einer.

In den nächsten Tagen fährt er uns in seinem grünen Lada immer wieder zu allen erdenklichen Polizei- und Milizstellen. Um den Druck auf die sowjetischen Grenzer zu erhöhen, haben wir unser Reisefahrzeug direkt vor dem Grenzzaun platziert. Damit ist der geringe Grenzverkehr ziemlich behindert. Erstaunlich ist, dass die Grenzer unserer Weigerung, das Fahrzeug aus dem Weg zu fahren, nichts entgegensetzen. Schließlich hätten sie uns leicht mit ihren Waffen wegjagen können. Aber es ist eine historisch einmalige Situation. Die Georgier helfen nicht den Sowjets, sondern freuen sich über alles, was das Leben den Besatzern erschwert. Und diese wiederum sind sich bewusst, dass Georgien sich gegenwärtig aus dem Verbund der Sowjetunion löst und es nicht klug ist, drastische Schritte zu unternehmen. Aber ausreisen lassen wollen sie uns auch nicht.

Der Mensch wächst mit seiner Aufgabe. Das gilt auch für uns, die nun nicht mehr die alleinigen Autotouristen sind, die ausreisen wollen. Mit uns versuchen nun noch einige Autotouristen aus der DDR mit ihren Pkw die Grenze zu passieren. Als wir insgesamt sieben Tage an der Grenze warten und in dieser Zeit von Pontius bis Pilatus in Batumi und Sarpi gelaufen sind, uns manch einen Stempel zur Ausreise besorgt haben und nun wieder ein „NJET“ zu hören bekommen, platzt uns die Hutschnur. Wutentbrannt ziehen wir unseren Lkw ab und fahren damit schnurstracks zum uns mittlerweile gut bekannten Ministerium für Auswärtige Angelegenheiten in Batumi. Der Minister ist nicht da, nur seine Sekretärin hält die Stellung, was ihr kurzfristig zum Verhängnis wird. Mit insgesamt elf Personen setzen wir sie in ihrem Zimmer fest und wollen sie erst freigeben, wenn wir freie Fahrt bekommen. Allerdings wissen wir, was wir in dieser Situation riskieren können. Das sowjetische Ministerium kann sicher sein, dass die örtlichen Milizen, alles Georgier, ihnen nicht helfen werden.

Als der Minister eintrifft und von seiner gefangenen Sekretärin hört, eskaliert die Lage. Heiko und er geraten aneinander. Nase an Nase stehend, schreien sie sich an, donnern sich Worte an den Kopf, die der Gegenüber nicht versteht. Schließlich signalisiert der Minister mit hochrotem Kopf Verhandlungsbereitschaft und fragt nach den Personen, die über die Grenze wollen. Das sind wir fünf und noch 6 Personen mit drei Fahrzeugen aus der DDR. Tatsächlich scheint sich jetzt das Blatt zu wenden. Der Minister ruft die Grenzstation an und mit einem harschen „you can pass“ schickt er uns dann Richtung Grenze. Seine Sekretärin lassen wir darauf hin frei und fahren frohen Mutes zur Grenze. Aber unsere Euphorie bekommt schnell einen erneuten Dämpfer. Am Grenztor setzt es wieder ein kräftiges „NJET“.

Okay, wenn sie es anders nicht wollen, packen wir die Brechstange aus. Ich bin jetzt äußert aufgebracht, lasse den Motor unseres Trucks an, und fange an, wutentbrannt mit dem Gaspedal zu spielen. Denen werde ich 9 Tonnen deutsche Wertarbeit quer vor das Grenztor stellen. Dann kommt keiner mehr raus. Mal sehen, was sie dann machen. Kaum mit den Rangiermanövern angefangen, passiert wie so oft auf dieser Reise wieder etwas Unerwartetes. Die Tore gehen auf und der plötzlich lächelnde Leiter der Grenzstation winkt uns herein. Eine Stunde später rollen wir bereits über türkischen Asphalt...

Hinter uns liegt eine sicherlich sehr erlebnisreiche Zeit. Aufgrund für uns niedriger Preise und der schier ungebremsten Gastfreundschaft haben wir fünf zusammen weniger als 100 Dollar für eine 4000-Kilometer-Reise durch die Sowjetunion ausgegeben (zuzüglich der letztendlich viel zu teuren und nicht verwertbaren blauen Dieselcoupons, die wir bei der Einreise kaufen mussten). Für uns alle war es wohl eine der erlebnisreichsten Reisen durch fast drei Wochen Russland und Georgien. Unglaublich, dass wir zu Beginn der Reise wirklich über einen Rammschutz gegen sowjetische Straßenbanditen nachdachten.

Für mich war diese Reise der Auftakt zu vielen weiteren Touren und Abenteuern in dem einstigen Zarenreich.

Seien Sie sich gewiss, die nächste Reise wird nicht erholsamer, auch wenn wir diesmal keine Sekretärin eines Ministers kidnappen müssen. In unserem studentischen Leichtsinn haben wir geplant, gemäß dem Visum dieses Jahres von Russland über Mittelasien bis nach Tokio zu fahren. Ob wir wirklich bis dahin kommen? Um das herauszufinden, müssen Sie sich schon mit uns auf die Reise begeben.

## Bis der KGB uns einlochte

*Wir schreiben das Jahr 1991. Nach dem Putschversuch in Moskau gibt es kein Halten mehr. Das Ende der Sowjetunion ist besiegelt.*

Wie gut, dass die Vergangenheit mit goldenem Pinsel malt. Besonders die positiven Erlebnisse sind es, die mich nachhaltig beeindruckt haben. So nachhaltig, dass meine Freunde Sabine, Peter, Andreas und ich, alles Studenten, seit Monaten darüber brüten, wie wir eine Fernreise durch die Sowjetunion realisieren können. Das ist preisgünstig und verspricht, ein richtiges Abenteuer zu werden. Wir träumen von einer kompletten Durchquerung des Riesenlandes, wollen diesmal bis vor die Tore Tokios kommen, so wie es letztes Jahr fälschlicherweise in die Visa eingetragen wurde. Wir wollen die Wüsten und Hochgebirge Mittelasiens genauso erobern wie den Fernen Osten des größten Landes der Welt. Unser Reisemobil haben wir extra mit großen Tanks, 700 Liter Diesel und 450 Liter Wasser, sowie Außenstaukästen für Werkzeug und Reisezubehör versehen.

Hier in Deutschland sind wir mit dem Versuch, ein Visum für eine Wohnmobilreise durch Asien zu erlangen, nicht erfolgreich gewesen. Abgewiesen haben sie uns, die wortkargen Sowjets der Botschaft in Bonn. Autoreisen abseits der vorgeschriebenen, nur in Europa liegenden Routen durch die Sowjetunion seien für Ausländer unmöglich. Aufgrund meiner Erfahrung aus dem zurückliegenden Jahr bin ich aber ganz zuversichtlich, dass das nicht so ist. Wenn wir einmal drinnen sind, können wir doch überall da fahren, wo wir wollen. Das Visum werden wir schon an einer anderen russischen Botschaft in Österreich oder der Tschechoslowakei holen.

Mitte Juli ist Semesterschluss und damit fällt der Startschuss für unsere dreimonatige Reise. So manch eine unserer Großmütter schlägt die Arme über dem Kopf zusammen. „Die sehen wir nie wieder!“ gleitet einer sogar über die Lippen, als wir vier das bepackte Reisemobil besteigen. Wir sehen das natürlich ganz anders, obwohl auch bei uns die Aufregung angesichts der nun beginnenden Mammutreise groß ist. Ohne Visum, aber mit Adresse von Deutschstämmigen in der mittelasiatischen Republik Kirgisien machen wir uns auf den Weg ‘gen Osten. Von der sowjetischen Botschaft in Prag haben wir tatsächlich ein 7-Tages-Visum bekommen. Als Zielort ist leider nicht Tokio, sondern nur Suchumi, die größte georgische Stadt an der Schwarzmeerküste, ausgewiesen worden. Grundlage war eine Campingplatzbuchung in der kaukasischen Stadt. Das Visum ist besser als nichts und berechtigt uns vor allem, in die Sowjetunion einzureisen. Außerdem weiß ich ja seit letzter Reise, dass, einmal eingereist, von Visaverlängerung bis Kleinkrieg in Ministerien alles möglich ist.

### Der Preis für die Nachtfahrt

Wir sind getragen von unserer naiven, aber eben energiespendenden Vision, in 90 Tagen bis weit in den Fernen Osten mit unserem Reisemobil vorzudringen. Und zurück wollen wir auch noch innerhalb dieser Zeit.

Die Grenzpassage bei Ushgorod an der tschechoslowakisch-sowjetischen Grenze läuft korrekt und ohne nennenswerte Wartezeiten. Nach knapp einer Stunde Kontrolle wünschen uns die netten Grenzer eine gute Reise. Nahe der Grenze zu Rumänien führen wir unsere Reise durch die Ukrainische Sowjetrepublik fort. Die Straßen sind mit Schlaglöchern übersät, wir kommen nur mäßig voran und setzen in der Nacht die Fahrt fort, um noch Kilometer zu fressen. Eine große und nicht rechtzeitig erkannte Bodenwelle bei wohl viel zu schnellen 70 Stundenkilometern lässt unser Fahrzeug für einen kleinen Moment abheben, um dann mit einem heftigen Schlag aufzusetzen. Jetzt schlägt irgendetwas an der Hinterachse, sobald unser Lkw eine auch noch so kleine Unebenheit überrollt. Und davon gibt es hier mehr als genug. Wir schleichen ins nächste Dorf, um dort zu übernachten.

Ein Blick aus dem Fenster am nächsten Morgen lässt uns nicht schlecht staunen. Gut zwanzig Personen stehen neben unserem Fahrzeug. Unser Nachtplatz ist eine Bushaltestelle. Immerhin hat das niemanden groß gestört, der Bus hält einfach hinter unserem Reisemobil.

# 1991 - Bis der KGB uns einlochte

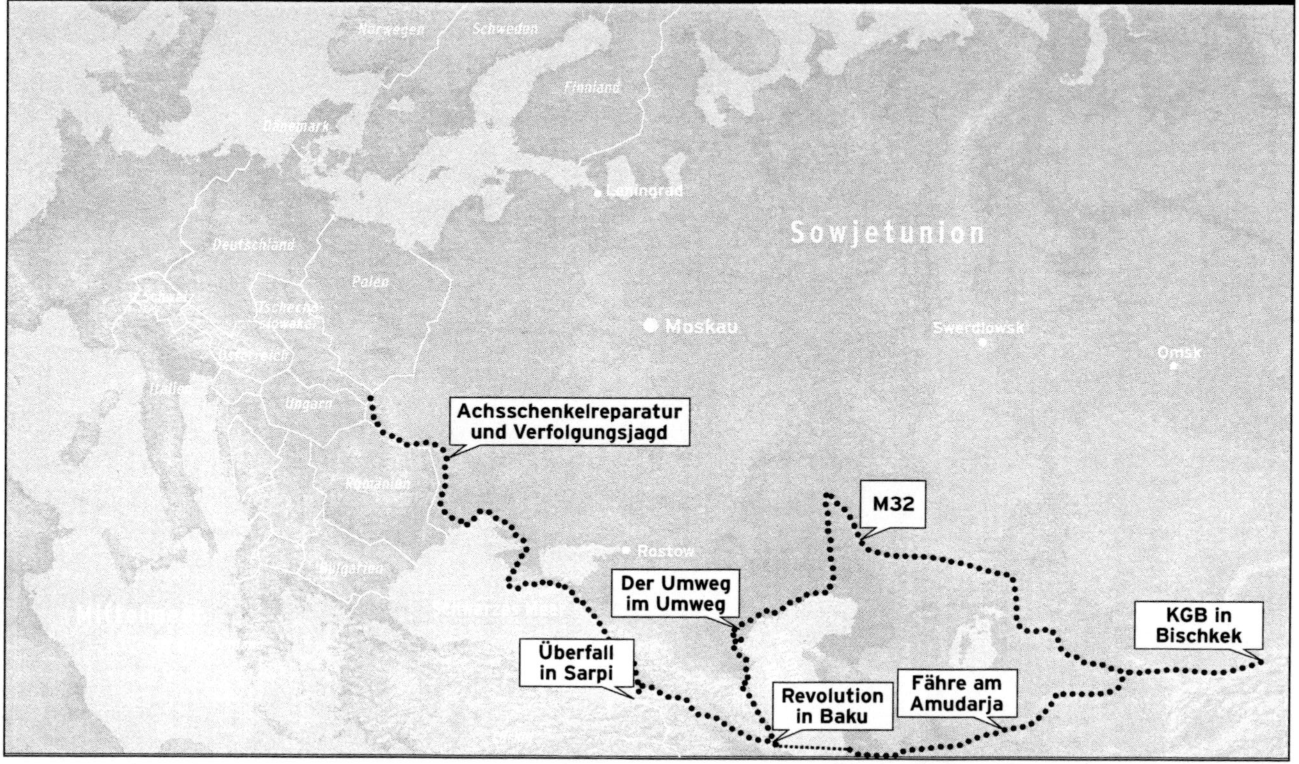

Was uns ganz erheblich stört, ist der während der Fahrt nicht zu überhörende Schaden an der Hinterachse. Durch den gewaltigen Sprung in der Nacht haben sich die Achsschenkel umgedreht. Anstatt zu stabilisieren, liegt nun der Rahmen mit seinem ganzen Gewicht auf diesen Schenkeln. So können wir natürlich nicht bis Tokio weiterfahren.

Der Versuch, den Rahmen des Fahrzeuges mit Wagenhebern so hoch zu heben, dass sich die Schenkel richten lassen, scheitert zunächst. Während wir uns verzweifelt abmühen, beobachten uns in gebührendem Abstand zwei gar merkwürdige Gestalten. Eine davon, ein schlanker unrasierter Typ, tritt schließlich an uns heran und spricht von einem Kran, den wir aufgrund des fehlgeschlagenen Reparaturversuches auch brauchen. Und in der Tat, er und sein Freund rauschen mit ihrem roten Lada davon und besorgen uns einen Kranwagen, der mit Leichtigkeit den Lkw anhebt. Die nun lastfreien Achsschenkel lassen sich mit einer Eisenstange schnell wieder richten. Einen Lohn lehnt der Kranfahrer ab, genauso wie die zwei Burschen, die uns sehr geholfen haben. Aber sie wollen nicht von unserer Seite weichen.

Immer mehr gewinnen wir den Eindruck, dass die jungen Männer etwas im Schilde führen. Daher nehmen wir schnell die Weiterfahrt auf. Der roter Lada mit den zwei Männern folgt uns in einigem Abstand auf unserem Weg Richtung Süden nach Odessa am Schwarzen Meer. An ein Anhalten ist für uns nicht zu denken, zumal langsam die Dämmerung einsetzt. Wir wissen um unsere Chance, die Verfolger abzuschütteln, schließlich hat ein Lada nur einen kleinen Tank. Mit unserem kurz vor dem Zwischenfall mit der Achse gefüllten Tank haben wir ein Vielfaches an Reichweite und fahren nun einfach soweit, bis sie aufgeben oder aufgeben müssen, weil ihnen das Benzin irgendwann ausgehen muss.

Eine Stunde sind wir so mit verhältnismäßig großem Tempo unterwegs, stecken inmitten einer Verfolgungsjagd, wie wir es sonst nur von Krimis aus dem Fernsehen kennen.

Eine abendliche Polizeikontrolle löst unerwartet alle Probleme. Die mit über 20 Positionslampen überzogene Fahrzeugfront und die zugeschalteten Dachscheinwerfer unseres Reisemobils scheinen den Straßenpolizisten für einige Sekunden zu paralysieren. Mit offenem Mund steht er wie versteinert da. Seinen schwarz-weißen Haltestock kann er erst bewegen und Stopp signalisieren, als wir die Stelle längst passiert haben. Aber für den roten Lada ist der Polizist wieder voll da. Die Gauner müssen anhalten.

Sind wir Dank dieser Kontrolle unsere Verfolger los? Wir fahren noch zwei Stunden ohne Stopp weiter durch die südwestliche Ukraine und beobachten aufmerksam, was sich im Rückspiegel abspielt. Aber der rote Lada taucht nicht mehr auf. Die Männer wurden entweder zu lange aufgehalten, vielleicht sogar verhaftet, oder haben an dieser Stelle die Verfolgung aufgegeben.

Für die Nacht biegen wir in einen Feldweg ein und verstecken unsere Disco auf Rädern, wie manche sowjetische Polizisten unser Fahrzeug wegen seiner üppigen Begrenzungsbeleuchtung nennen, hinter einer Baumgruppe. So kann uns niemand, insbesondere nicht die zwei Kerle, von der Straße aus sehen. Eine ruhige Nacht ist uns sicher.

### „Dawaj"

Heute erreichen wir Odessa, die Stadt am Schwarzen Meer mit klangvollem Namen, aber einem eher schmutzigem Erscheinungsbild. Lange hält es uns nicht hier, wir wollen weiter Richtung Osten, Richtung Halbinsel Krim.

Zwischen uns und der Halbinsel liegt die Bucht und Mündungsstelle des Bug, über die normalerweise eine Brücke führt. Bei unserer Ankunft ist diese Brücke gesperrt und als Ersatz eine Fähre eingesetzt, die dem Verkehrsaufkommen offensichtlich nicht gewachsen ist. Mehrere Stunden warten wir in der langen Schlange aus Pkw, bis wir schließlich an der Reihe sind. Nun sehen wir, warum alles so langsam vorangeht. Die Auffahrt zur Fähre ist provisorisch und einfach schlecht angelegt. Jeder normale Pkw setzt hier auf. Unter dem Dawaj-Geschrei – „dawaj" heißt „auf geht's" und wird oft beim Einweisen von Fahrzeugen benutzt – von einem Dutzend selbsternannter Einweiser fahren die Pkw laut kratzend und schrammend auf die Fähre. So mancher Auspuff wird dabei abgerissen. Aufgrund des langen Randstandes und der großen Tanks unseres Fahrzeuges besteht akute Gefahr, sich bei der Auffahrt erhebliche Schäden zuzufügen. Uns hat die Erfahrung mit den Achsschenkeln gereicht. Von den Einweisern werden mir jede Menge

„Dawajs“ zugerufen, obwohl ich sehe, dass es nicht reicht, ohne etwas unterzulegen.

Wir lassen uns nicht verrückt machen, legen Holzbalken unter und vertrauen auf deutsche Lenk- und Einweisearbeit. Millimeterarbeit ist das, aber wir setzen nicht auf. Immer wieder schütteln wir den Kopf darüber, dass sonst keiner der Ukrainer Rücksicht auf seinen fahrbaren Untersatz nimmt. Nach dem Motto „Lieber drei Minuten schneller und dafür kräftig aufgesetzt“ vollzieht sich auch das Herunterfahren von der Fähre. Hier sind die Auf- und Zufahrten keinen Deut besser. Ein paar untergelegte Dielen hätten ein problemloses Verlassen der Fähre ermöglicht. So staunen wir nur über die diversen tiefen Kratzspuren auf der Rampe, das einzig Glänzende auf der ansonst völlig verrosteten Fähre. Die Einheimischen staunen im Gegenzug, dass wir nicht auch im Hauruckstil von der Fähre fahren, sondern stattdessen Balken unterlegen und uns einige Minuten zur Abfahrt Zeit nehmen. Dadurch sind wir das letzte Fahrzeug, welches die Fähre verlässt. Aber auch das einzige, das nicht aufgesetzt hat!

## Erholung auf der Halbinsel Krim

Jetzt haben wir uns die malerische Krim redlich verdient. Und sie verwöhnt uns mit ihrem Charme, entschädigt uns für die bisherigen Anstrengungen mit tadellosen Straßen durch eine traumhaft schöne Landschaft. Das mediterrane Flair der Krim lässt uns vergessen, wo wir sind. Nämlich nicht am Mittelmeer, sondern in der Sowjetunion.

Die Nächte sind mild und klar. Wir können auf dem Dach unseres Campers schlafen und werden nur von abertausend Sternen beobachtet. Neben und unter uns zirpen unzählige Grillen, wir sind jetzt auf Augenhöhe mit der Natur. Die Sonne ist unser natürlicher Wecker. Um sieben Uhr brennt sie schon mit großer Energie vom Himmelszelt und ruft unerbittlich zur Weiterfahrt auf.

Die Südost-Küste ist der landschaftliche Höhepunkt der Krim. Das satte Grün der bis zum Schwarzen Meer reichenden Berge wird nur selten von schroffen Felsen unterbrochen. An der Küste laden Sandstrände und herrliche Strandpromenaden zum Besuch ein. Die Küstenstraße windet sich entlang der Hänge bis nach Feodosia, wo sich das landschaftliche Relief ändert. Keine Hügel und Berge, sondern Felder und Sümpfe bestimmen nun das Bild.

Circa 200 Kilometer sind es bis zum nächsten neuralgischen Punkt. Wir wollen die Krim, die Chruschtschow seinerzeit der Ukraine schenkte, verlassen und ins „echte Russland“ überwechseln. Dazu bedarf es wieder einer Fähre, und das bedeutet wieder Wartezeit. Viel Wartezeit. Hier ist es allerdings kein Provisorium, sondern eine schon lange bestehende Verbindung. Dementsprechend sind die Auffahrten für alle Fahrzeuge gut zu bewältigen.

**Trauma im Kaukasus**

Nach 10 Stunden liegt die Krim in unserem Rücken, wir sind wieder auf dem Festland. Hinter Noworossijsk treffen wir auf die ersten Ausläufer des westlichen Kaukasus. Über Tuapse und Sotschi erreichen wir das Paradies Suchumi. Hier gibt es alles, was das Herz begehrt: Eine herrliche Küste mit Kies- und Sandstränden. Eine üppige und bunte Vegetation, die dicht bewaldeten Hochgebirgshänge des Kaukasus und vor allem gastfreundliche Georgier. Halt, sagte ich Geogier? Gerade eben hat sich ein Mann beschwert, als ich ihm mitteilte, wie schön wir doch Georgien fänden. „Eto Abchasija“ – das ist Abchasien, klärt er uns auf. So gibt es neben den Auflösungserscheinungen der Sowjetunion auch innerhalb der einzelnen Republiken solche Prozesse, wie hier in Abchasien, welches weder etwas mit Georgien, noch mit der Sowjetunion oder Russland zu tun haben möchte. Wir bekommen davon aber fast nichts mit und sind von der Landschaft einfach nur fasziniert.

Der Versuch, unser Visum hier in Suchumi zu verlängern, scheitert. Man sagt uns, wir sollen ausreisen und ein neues Visum beantragen. Für uns ist das nicht annehmbar, wir fahren einfach weiter Richtung Batumi. Dort habe ich einschlägige Erfahrungen mit Polizeistationen und Ministerien. Außerdem kenne ich den an der Grenze zur Türkei in Sarpi wohnenden Miriam, den georgischen Hansdampf in allen Gassen.

Ich staune nicht schlecht, was sich innerhalb nur eines Jahres alles geändert hat. Die einst idyllische Stelle an der Grenze zur Türkei hat ihren Charme verloren. Tausende fast ausschließlich georgische Händler warten mit ihren voll bepackten Pkw auf die Ausreise. Bis zu zehn

Tage stehen sie hier in der Schlange, bis sie das Grenztor, welches ich noch so gut in Erinnerung habe, erreichen. Manch einer wird unter lautem Gezeter zurückgeschickt. Der ganze Strand und die Umgebung ist mit Müll überzogen und muss zudem noch als Toilette für die Wartenden herhalten. Jetzt wissen wir schon mal, welchen Grenzübergang wir bei unserer Ausreise bestimmt nicht nehmen werden.

Natürlich besuchen wir auch Miriam. Er ist ganz der Alte, freut sich riesig über den Besuch und verabreicht uns ein georgisches Essen, das wieder mehrere Frauen in stundenlanger Vorbereitung hergerichtet haben. Ich weiß nicht, welches Mahl köstlicher war – das vom letzten Jahr oder dieses. Miriam erzählt beim nicht enden wollenden Schmaus von seinen gegenwärtigen Schwierigkeiten. Wirtschaftlich ist in Georgien alles innerhalb kurzer Zeit den Bach hinuntergegangen. Benzin ist rationiert, oft kann Miriam nicht mehr arbeiten, weil der Tank seines Taxis leer ist. Die Inflation galoppiert, die Löhne werden nicht mehr ausgezahlt. Die Versorgungslage hat sich erheblich verschlechtert.

An den Benzinzapfsäulen der Tankstellen in Batumi haben sich kilometerlange Schlangen mit Wartezeiten bis zu zwei Tagen gebildet! 20 Liter ist die Maximalmenge, die pro Käufer ausgegeben wird. Da wir Ausländer sind und nicht anstehen müssen, holen wir einige Male für Miriam Benzin. Miriams Freund bei der Polizei kann für 50 Dollar eine offizielle Einladung für die nächste Russlandreise ausstellen. So wäscht eine Hand die andere. Allerdings bekommen wir auch hier keine Verlängerung unseres mittlerweile abgelaufenen Visums. Warum ging das bloß vor einem Jahr so gut?

Noch einmal wollen wir hier übernachten, um am nächsten Morgen mit frischen Kräften den Weg Richtung Tiflis und Baku aufzunehmen. Erst einige Kilometer entfernt von der Schlange der Wartenden finden wir einen schönen Stellplatz direkt am Schwarzen Meer.

Um zwei Uhr nachts schrecken wir aus unserem Schlaf auf. Männer sind draußen, klopfen kräftig ans Fahrzeug. „Passports" schreien sie laut. Zum Glück sind wir nicht auf dem Dach, sondern im verriegelten Reisemobil. Uns wird sofort klar, dass diese Burschen nichts Gutes im Schilde führen. Wir hören, wie sie versuchen, die hinteren Türen aufzubrechen. Ganz klare Sache. Das ist ein Überfall. Sie wissen aber nicht, dass es eine Schiebfensterverbindung zwischen Kofferaufbau und Führerhaus gibt. Da muss ich mich durchzwängen und hoffen, dass ich den Motor starten kann, bevor sie hinten die Türen aufgebrochen haben.

Schneller als ich es selbst für möglich gehalten habe, kann ich mich durch die kleine Durchreiche winden. Niemand von den Banditen hat das mitbekommen. Blitzschnell habe ich den Motor gestartet. Sofort spurten die Gangster zum Führerhaus, aber es ist zu spät. Ich gewinne bereits Fahrt. Wutentbrannt versuchen sie mit Steinen die Scheiben des Führerhauses einzuwerfen. Aber wie von Geisterhand gelenkt, treffen sie nur die dünnen Metallstege. So viel hatten unsere Schutzengel wohl noch nie zu tun. Jetzt erblicke ich ihr Fahrzeug und schreie: „Ich mach' euch platt!" Mit Vollgas und aufgeblendetem Licht halte ich auf ihren Pkw zu, fest entschlossen, mich für den Überfall zu rächen. Aber sie waren zu fünft. Einer ist im Auto sitzen geblieben und schafft es gerade so zu starten, bevor ich ihren Lada überrollt hätte. Natürlich ist das Fahrzeug der Gangster wendiger als unser neun Tonnen schwerer Koloss. Ehe ich uns wieder in Position gebracht habe, sind die vier Männer in den Pkw gestiegen und rauschen Richtung Batumi davon.

Wir fahren zur Grenzstation vorbei an der Schlange der Wartenden und berichten von dem Vorfall. Jetzt nehmen sich sogar die Soldaten der zur Grenzanlage gehörenden kleinen Kaserne uns an. Einige Soldaten kommen zu uns ins Auto und versprechen, uns zu beschützen. Als Beweis dürfen wir auch mal eine echte Kalaschnikow in die Hand nehmen. Den Rest der Nacht verbringen wir an der Kaserne mit garantiertem Schutz.

Miriam hilft uns am nächsten Tag, den Dieseltank zu füllen. Dann reisen wir weiter Richtung Tiflis. Was sind wir jetzt vorsichtig bei allen menschlichen Begegnungen. Unser bisher vorhandenes Vertrauen in die Menschen ist einer sehr großen Skepsis gegenüber allen Fremden gewichen. Einen versteckten Standplatz suchen wir erst in der späten Dämmerung. Fahren wir zum Übernachten ins offene Feld oder flache Land abseits von Wegen, verwischen wir die Spuren in der Nähe der Straße.

In Tiflis machen wir für einen halben Tag Pause, aber lange wollen wir zur Zeit nirgendwo bleiben. Solange wir fahren, kann uns am wenigsten passieren. Umso mehr nervt es uns, dass ab und zu der Motor stottert oder sogar ausgeht. Natürlich passiert das immer an Stellen, wo viele Menschen sind oder das Anhalten ungünstig ist. Wir haben verschmutzten Sprit im Tank. Vorfilter und Kraftstoffhauptfilter setzen sich oft zu. Manchmal ist sogar die Treibstoffleitung verstopft. Das Lösen des Schauglases des Vorfilters ist nur von unten auf dem Rücken liegend möglich. Ein ums andere Mal rinnt mir so der Diesel bis in die Achselhöhle. Dieselöl ist seit Georgien mein ungewolltes und ständiges Reisedeo. Schnell habe ich den Spitznamen „Dieselchen" weg.

Trotz Reparaturstopps erreichen wir die georgisch-aserbaidschanische Grenze. Alles das ist offiziell Gebiet der Sowjetunion. Aber eben nur offiziell. In der Realität fühlen sich die Georgier und Aserbaidschaner nicht als Sowjets. Und das praktizieren sie nun auch, indem sie eine Grenze mit Kontrollposten errichtet haben. Die hartnäckigen Aserbaidschaner wollen uns nicht reinlassen, weil wir kein Visum haben. Das sowjetische Visum möchten wir nicht zeigen, da dieses schon seit Tagen abgelaufen ist. Nach einer halben Stunde winken sie uns aber doch durch, sichtlich genervt, weil wir nicht abziehen wollen.

Immer wieder haben wir bei Kontrollen das Problem der fehlenden „Marschroute", ein Dokument, in dem die wichtigsten Reiseziele aufgeführt sind. Wir haben nur die Reisepässe und Fahrzeugpapiere zu bieten. Unser Fahrzeug, eine Wohnung auf Rädern, ist aber so interessant, dass die meisten Polizisten, sobald sie im Innern unseres Fahrzeuges stehen, die Frage nach den Dokumenten vergessen.

Irgendwann haben wir es einfach mit den Viasaanträgen probiert, haben über das Wort „Anketa" (Antrag) ein Passbild geheftet und die Route, die vor uns liegt, in Kyrillisch ausgewiesen. Die so präparierten Visaanträge legen wir in den Pass und händigen beides bei Kontrollen aus. Und siehe da, unser Experiment ist erfolgreich. Die Polizisten sind fast immer zufrieden, wenn sie irgendwo eine Art eingetragene „Marschroute" entdecken können. Ein Antrag zum Visum umfunktioniert – einfach genial.

## Der große Umweg

In Baku angelangt, parken wir unser Gefährt vor dem Internationalen Hotel am Leninplatz. Dort lernen wir den Hotelmanager Anatolij kennen, der sich uns gegenüber sofort ganz offen und hilfsbereit zeigt. Er spricht fließend Englisch und scheint gute Kontakte zu haben. Gefragt nach den Möglichkeiten, über das Kaspische Meer überzusetzen, schnappt er sich sein rotes Telefon und tätigt einige Anrufe. Doch es sieht nicht so gut aus. Ohne offizielle Genehmigung ist es laut Hafenpolizei fast unmöglich, in Krasnowodsk an Land zu gehen. Die Stadt an der Ostküste sei für Ausländer gesperrt. Garantiert würden wir zurückgeschickt. Aber wenn wir wollen, bringt er uns auf die Fähre. Wir wollen nicht. Seit Sarpi gehen wir allen vermeintlich größeren Schwierigkeiten aus dem Weg. Stattdessen wollen wir das Kaspische Meer auf der Nordroute umfahren. Knapp 2000 Kilometer Umweg wären das. Aber das ist besser, als an der Ostküste des Kaspischen Meers zurückgeschickt zu werden. Wir erzählen ihm schließlich von unserer Marschroute auf den Visaanträgen und erhalten von ihm bestätigende Ermutigung, damit weiterzureisen. Keiner würde uns aufhalten, solange wir auf dem Landweg unterwegs sind.

Baku liegt zur Zeit unter einer Hitzeglocke sondersgleichen. Am Tag sind es fast 50 Grad im Schatten, selbst nachts sinken die Temperaturen in der Stadt kaum unter die 40 Grad Grenze. An erholsamen Schlaf ist nicht zu denken. Die hohe Luftfeuchtigkeit tut ein Übriges, um die Hitze fast unerträglich zu machen.

Imran, ein hervorragend deutschsprechender Aserbaidschaner, zeigt uns mit großer Freude die wunderschönen alten Stadtteile Bakus. Er kennt alle Winkel der Stadt fußminutengenau. „17 Minuten sind es von hier bis zum Jungfernturm. Von dort laufen wir 6 Minuten und kommen an ein gutes Restaurant. Weitere 12 Minuten sind es dann zu eurem Auto." Und in der Tat, Imran behält immer Recht. Zwei Tage führt er uns durch seine Stadt und will dafür keine Kopeke.

Wir entschließen uns, am Abend weiterzureisen, zumal wir noch lockere 2000 Kilometer Umweg durch die Kaspische Senke, das Wolgadelta und die Kasachensteppe vor uns haben. Außerdem könnten wir wegen der hohen nächtlichen Temperaturen in der Millionenstadt ohnehin nicht richtig schlafen.

Wie aus einem Föhn bläst der vom Meer kommende Wind im flachen Land, 150 Kilometer nördlich von Baku. Hier sind es um Mitternacht noch 35 Grad. Der Wind hält uns die Moskitos vom Leib, sodass wir alle Fenster unseres Reisemobils öffnen können und durch den angenehmen Zug endlich wieder ein paar Stunden Schlaf finden.

Irgendwann haben wir wohl die aserbaidschanisch-russische Grenze überquert, ohne es gemerkt zu haben. Machatschkala, die Hauptstadt von Dagestan, seinerseits ein Teil der Sowjetrepublik Russland, ist zum Greifen nah. Die Polizeikontrollen häufen sich, heute sind wir fast ein Dutzend Mal dran. Oft werden wir nach unserer Marschroute gefragt. Mit den präparierten Visaanträgen sind aber alle zufrieden. Auch die Tatsache, dass sich in unserem Lkw eine ganze Wohnung und nicht irgendein Transportgut befindet, sorgt für eine angenehme Abwechslung im Polizistenalltag. „Kuchnja, oh, i dusch" – Eine Küche, oh, und eine Dusche – bekommen wir oft zu hören. Einige Male werden wir auf irgendwelchen Listen registriert, aber auch das beunruhigt uns nicht weiter.

Einige der Polizisten kennen die Marke Mercedes nicht und notieren „GODZILLA-Maschina" auf ihren Registrierlisten. Es steht ja so auf dem Fahrzeug. Der Namenszug GODZILLA auf der Fahrzeugfront stammt aus der Zeit der ersten Reisen mit diesem Fahrzeug. Mein Freund Oliver und ich hatten ein Godzillamonster auf das Dach gestellt und zeitweise diesem Monster eine Barbiepuppe in die Hand gedrückt. Deswegen bekam das Fahrzeug diesen Namen. Auffallen um jeden Preis war unsere Devise. Letztes Jahr sind Monster und Puppe auf einer Reise durch Osteuropa gegen Diesel eingetauscht worden, der Name ist geblieben.

Nördlich von Machatschkala werden die Straßen immer schlechter, bis sie so schlecht sind, dass wir ans Weiterfahren nicht denken möchten. Außerdem ist es verdächtig, dass uns seit zwei Stunden kein Fahrzeug begegnet ist. Wir warten noch eine Stunde, in der Hoffung, es taucht ein Lkw auf, um nach dem Weg zu fragen. Dann kehren wir um. Es folgt der Umweg im Umweg. Wir müssen in den Osten und fahren schon drei Tage nach Norden. Abgesehen von dem jetzigen Zeitpunkt. Wir haben die untergehende Sonne im Gesicht, fahren also westwärts auf einer Piste, die nicht mehr als 10 Kilometer in der Stunde erlaubt.

In 16 Stunden Fahrt haben wir gerade 120 Kilometer geschafft. Die Landschaft, so monoton flach und einsam sie sich auch darstellt, ist einfach sehr beindruckend. Soweit das Auge reicht – in alle Richtungen breitet sich das gleiche flache und völlig menschenleere Land aus. Unsere abendlichen Stellplätze sind jedes Mal traumhaft. Wir schlafen wieder auf dem Dach und haben einen fantastischen Rundumblick.

Einziges Problem ist die Orientierung. Wo sind wir? Unsere Karte und die Realität vor Ort sind zwei Welten, Gabelungen ohne Hinweisschilder an der Tagesordnung. Schon zwei Tage fahren wir ohne Tankstelle oder Siedlung. Würden wir nicht einige Male auf Lkw-Fahrer treffen und diese nach dem Weg fragen, kämen wir hier wohl nie mehr raus.

Am dritten Tag seit Abfahrt in Baku haben wir das Wolgadelta endlich erreicht. Die Nacht im Deltagebiet wird zum absoluten Erlebnis. Wir haben die Hecktüren geöffnet, um möglichst viel frische Luft für die Nacht zu bekommen. Auf unserem fünf Quadratmeter großen Moskitovorhang sammeln sie sich nun. Die Mücken, Fliegen, Heuschrecken, Motten und andere Fluginsekten. Binnen weniger Minuten ist die ganze Fläche des Vorhangs mit Insekten besetzt. Er gleicht einer einzigen braunen wabernden Masse. Ohne den Vorhang hätten wir unseren Spaß gehabt. So aber können wir entspannt einem atemberaubenden Froschkonzert am Rande des riesigen Wolgadeltas lauschen.

Einen ganzen Tag dauert es, bis wir das über 150 Kilometer breite Wolgadelta mit seinen unzähligen Flussarmen überquert haben. Besser gesagt, wir schaffen es nicht ganz an einem Tag, da einige der Arme nicht mit Brücken überspannt sind. Stattdessen verkehren hier Fähren.

Den letzten großen Arm im Osten des Deltas erreichen wir zu spät. Die nächste Fähre geht erst am Morgen. Also fügen wir uns dem Schicksal und warten gemeinsam mit zwei russischen Lkw auf den nächsten Morgen.

Der Karte nach müssten wir schon auf kasachischem Boden übernachtet haben. Aller Zweifel frei sind wir aber erst, als wir keine weiteren Wolgaarme kreuzen. Die grobe Fahrtrichtung stimmt wieder. Nach knapp einer Woche haben wir den Umweg fast geschafft. 300 Kilometer bis zur Stadt Gurjew an der Mündung des Flusses Ural und weitere 600 bis nach Aktjubinsk müssten doch zu schaffen sein. Dann sind wir auf der M32, die direkt in den mittelasiatischen Teil der Sowjetunion führt. Aber in Gurjew angekommen, werden wir wieder vor die Wahl gestellt: Entweder nehmen wir den kürzeren Weg und wagen uns auf eine Nebenstrecke, oder wir fahren weitere 500 Kilometer nach Norden, um dann auf die M32, die wichtige und große Straße nach Mittelasien, zu stoßen. An der Tankstelle in Gurjew bekommen wir die Entscheidung leicht gemacht. Der kürzere Weg soll laut Tankwart im Sommer oft mit Wanderdünen überzogen und nur etwas für Traktoren und Kettenfahrzeuge sein. Mit unserem Fahrzeug hätten wir da kaum eine Chance. Gleiches erzählt uns auch der Polizist am Kontrollposten, der wieder „GODZILLA-Maschina" in seinem Registrierbogen notiert, auch wenn wir ihn darauf hinweisen, dass es eigentlich ein Mercedes ist.

Östlich vom Fluss Ural beginnt unsere nächste Etappe, erneut in eine falsche Richtung: nach Norden. Das ist vielleicht wieder eine Ernüchterung. Die Straße rechtsseitig des Ural ist eine einzige Katastrophe. Schotterpiste mit vielen Schlaglöchern. Neidisch blicken wir auf die andere Seite. Die Fahrzeuge dort haben Asphalt unter ihren Rädern und sind viel schneller unterwegs als wir. Aber sollen wir jetzt umdrehen, also wieder südwärts fahren, um anschließend das gleiche Stück noch einmal nach Norden zu fahren? Nein, umgedreht und abgebogen sind wir schon genug. Außerdem gibt es laut Karte in hundert Kilometern eine Brücke über den Ural. Da können wir dann immer noch wechseln.

Nach drei Stunden Rüttelfahrt haben wir die Stelle erreicht, an der die Brücke sein soll. Aber es gibt nur eine Fähre. Die Auffahrt dazu ist so steil, dass Zweifel aufkommen, ob wir das schaffen, ohne aufzusetzen. Die Zweifel waren berechtigt. Die Staukästen am Fahrzeugende setzen auf, einer reißt ab. Auf der anderen Seite des Flusses wird alles geflickt, unser Werkzeug- und Ersatzteilsortiment ist glücklicherweise reichhaltig. Wie es das Schicksal will, haben wir nun zumindest phasenweise das Gefühl, dass die Ostseite des Flusses doch besser gewesen wäre. Die Asphaltdecke ist schlecht, es gibt unzählige Schlaglöcher. Die Einheimischen fahren einfach schnell darüber hinweg. Aber noch einmal die Seite gewechselt wird nicht. Wir ziehen das jetzt durch bis zur M32.

*Wellenreiten auf der M32.*

## Die M32

Am nächsten Tag erreichen wir auch das Nahziel auf unserem, jetzt schon fast 2000 Kilometer und 10 Tage angewachsenen Umweg: Die M32. Und was ist das für eine Enttäuschung. Die Decke dieser laut Karte doch so wichtigen und weit und breit einzigen Straße ist in desolatem Zustand. Teilweise sind die wellblechartigen Deformationen des Asphalts so extrem, dass die anderen Fahrzeuge dem gewachsenen Boden der Steppe rechts und links der Straße den Vorzug geben. Das haben wir uns weiß Gott anders vorgestellt. Maximal 30 Stundenkilometer schaffen wir zur Zeit und haben noch über 2000 Kilometer M32 vor uns.

Sechs Stunden rütteln wir nun schon über den Asphalt und die Steppe, wenn es oben auf der M32 nicht mehr auszuhalten ist. Kein Fahrzeug, kein Mensch ist uns begegnet. Wie beruhigend, dass wir über 3000 Kilometer Reichweite dank unseres Dieseltanks verfügen.

Unser Frischwasser haben wir seit dem Wolgadelta nicht mehr nachfüllen können. Hier in der einsamen riesigen und trockenen Steppe kommen wir kaum an Frischwasser. Also rationieren wir ab heute das

*Die M32 führt durch die einsame und weite Kasachensteppe.*

Wasser. Mehr als 50 Liter für vier Personen pro Tag dürfen nicht verbraucht werden. Nur dann reichen unsere Reserven noch vier Tage. Das heißt, Duschen nur jeden zweiten Tag und auf möglichst sparsame Art und Weise. Aber Duschen in der Hitze der Kasachensteppe ist ohnehin so eine Sache. Ab Nachmittag ist das Wasser durch die Sonneneinstrahlung so stark erhitzt, dass es einfach zu heiß zum Duschen ist. Nur morgens oder sehr spät in der Nacht benetzen wir unsere staubigen und durchgeschwitzten Körper mit dem viel zu warmen Nass. Ja, der Staub ist seit Machatschkala unser treuer Begleiter. Er findet jede noch so kleine Ritze, um ins Innere des Fahrzeuges zu dringen.

Faszinierend ist die unfassbare Weite der Kasachensteppe, immerhin fünfmal so groß wie Frankreich. Das nur drei Meter breite Asphaltband, auch M32 genannt, schneidet vor unseren Augen die endlose Steppe in zwei Hälften, eine so einsam wie die andere. Wir fahren zum Nächtigen einfach links oder rechts herunter von der Piste und entfernen uns einige Kilometer von der Straße. Jetzt noch schnell den Motor ausstellen und dann kommt die Stille. Die Stille der Steppe. Die Gräser wiegen sanft im warmen Abendwind. Die untergehende, riesige Sonne taucht die Blütenwedel der Gräser für einige Minuten in silbrig-schillerndes, fast künstliches Licht. Für eine gewisse Zeit reden wir nicht. Die Stille hören, in sich gehen und sonst nichts.

Es ist schwer, die besonderen Stimmungen der Abende der Kasachensteppe in Worte zu kleiden. Dazu sind die Momente einfach zu schön.

Aber die Realität ist auch noch da und sensibilisiert uns vielleicht für solche stillen und tiefen Erlebnisse. Was ist die Realität? Unsere jedenfalls kommt nach dem Sonnenuntergang zurück. Staub aus dem Auto kehren, Essen bereiten, dazu technischer Dienst an Fahrzeug, an Foto- und Filmausrüstung, Besprechung der morgigen Route, Führen des Tagebuches, abwaschen, duschen. Und dann ist es halb zwölf. Wir dürfen zurück in die Traumwelt. Sterne über uns, endlose Steppe neben uns. Sonst nichts.

## Geisterstadt am Aralsee

Drei Tage fahren wir nun auf oder meist neben der M32 und sind tatsächlich ein gutes Stück, über 1000 Kilometer, vorangekommen. Laut Karte müssten wir das Wasser des Aralsees von der Straße aus sehen können. Aber was wir schon im Vorfeld wussten, soll sich hier bestätigen. Das Ufer ist mittlerweile fast hundert Kilometer von der Stelle entfernt, an der es vor zwanzig Jahren war. Der See ist auf ständigem Rückzug, erhält seit Jahren keinen Tropfen Wasser von den einstigen Zuflüssen im Süden. Bewässerungsprojekte in Usbekistan haben das meiste Wasser abgezogen und für eine ungeheure Umweltkatastrophe in der gesamten Region gesorgt.

Fassungslos rollen wir durch die einstige Perle der Region, die ehemalige Hafenstadt Aralsk. Einsam trottet ein Kamel entlang der stillgelegten und schon längst versandeten Eisenbahnlinie. Unfassbar, dass hier früher in großem Stil Fische gefangen wurden und Boote im Hafenwasser schwammen. Jetzt liegen die Boote unweit des früheren Hafens im Sand. Der Wind schickt Sand und nochmals Sand in die sterbende Stadt. Viele Häuser stehen leer. Fast niemand möchte hier noch wohnen. Die Sandstürme wurden in den letzten Jahren immer heftiger und vertrieben viele der Einwohner. Mittlerweile wandern ganze Dünenberge durch die Stadt.

Es fällt schwer, sich zu orientieren. Der Sand nebelt die ganze Stadt ein und erlaubt keine weite Sicht. Das alles macht uns traurig und nachdenklich. Es ist eine Sache, von einer Katastrophe zu hören und eine andere, sie mit den eigenen Sinnen zu erleben.

Unser 450 Liter Frischwassertank ist trotz Rationierung fast leer. Aber hier in der Region ist sauberes Wasser ein Schatz und kostet mehr als Benzin oder Diesel. Grundwasser gibt es hier nur noch in ungeheuren Tiefen und ist meistens durch Schadstoffe stark belastet.

Nur eine Fahrstunde weiter südöstlich begegnen wir einem Lkw mit der Aufschrift „Woda“. Wasser. Wir halten ihn an und fragen, wo wir denn Wasser tanken könnten. Die zwei Kasachen geben uns Zeichen, ihnen zu folgen. Bald verlassen sie die M32, fahren die sanfte Böschung hinunter und querfeldein, immer weiter weg von der Straße. Wir folgen, bekommen aber nach zehn Minuten Fahrt durch das Nichts Zweifel. Haben die beiden etwas Böses mit uns vor? Wenn sie Waffen haben, können sie abseits der Piste mit uns machen, was sie wollen. Ich halte unverzüglich den Wagen an und will umkehren. Im Rückspiegel sehe ich, wie sie hinter uns her kommen, aufholen und schließlich neben uns sind. Wild gestikulieren sie, wir mögen ihnen doch weiter folgen. Also folgen wir ihnen weiter – sie hätten uns ja ohnehin schon jetzt überfallen können, wenn das ihr Plan gewesen wäre. Nach weiteren fünf Minuten stoppen sie. Einer der Fahrer öffnet den von Sand leicht zugewehten Deckel einer Zisterne und zeigt mit dem Daumen nach oben, dass hier gutes Wasser ist. Unglaublich, wie sie diesen Platz gefunden haben, wo alles in der Umgebung gleich aussieht. Mit Hilfe der Pumpe an ihrem Lkw wollen sie von der Zisterne aus in unseren Tank das Wasser füllen.

Aber die Geschichte hat einen Haken. Während ich mit ihnen draußen stehe, deuten sie auf Sabine und zeigen auf ihre Uhren. Es dauert ein Weilchen, bis ich verstanden habe, dass sie Sabine für eine Stunde ausleihen möchten und das der Preis für das Wasser sein soll. Ich biete Geld an, aber sie winken nur ab. Was sollen sie hier denn kaufen? Trotz meinem deutlichen „NJET“ lassen sie die Pumpe weiterlaufen. Wir schenken ihnen ein paar Dosen Bier, die sie schließlich auch annehmen. Nun haben wir unseren Tank voll Wasser, sie das Bier und Sabine noch einmal Glück gehabt…

Noch zwei weitere Tage müssen wir dem mittlerweile etwas besser gewordenen Asphaltband der M32 folgen. Aufgrund des starken Windes beschließen wir heute, die heranbrechende Nacht im Lkw zu verbringen und nur die Seitentür zu öffnen.

Am nächsten Morgen bekommen wir Besuch. Behutsam schiebt sich ein Kinderkopf in die Seitentür und schaut gefesselt ins Innere. Die Neugierde ist größer als die Angst vor uns Fremdlingen. Innerhalb weniger Minuten hat ein kleiner Bub Stufe um Stufe unserer Einstiegsleiter erklommen und steht nun mit einem Fuß im Wohnraum. Aber er ist nicht alleine. Zwei weitere Buben, alle vielleicht fünf Jahre alt, überwinden die Scheu und erklimmen vorsichtig die Leiter. Sie sind mucksmäuschenstill während ihrer langsamen, aber stetigen Annäherung. Bald stehen alle drei Kasachenjungs im Innern des Fahrzeuges und mustern uns sowie die Innenausstattung ausgiebig. Nachdem sie langsam alle Scheu ablegen und auch untereinander wieder sprechen, stehen wir auf und beginnen mit der Abwicklung der alltäglichen Reisepflichten. Unseren jungen Besuchern lassen wir ein paar Süßigkeiten und kleine Schreibblöcke, bevor wir weiter Richtung Süden fahren.

Heute läuft es gut. Wir haben gegen Mittag schon 300 Kilometer geschafft. Seit geraumer Zeit folgen wir einem Lkw, der mit passender Geschwindigkeit vor uns fährt und dabei alle Bodenwellen und Schlaglöcher antizipiert. Hinter uns ist ein weiterer Lkw, der wohl eine uns ähnliche Taktik verfolgt. In diesem Dreierkonvoi donnern wir bei fast 70 km/h über die M32. Die Sonne brennt, es ist sehr heiß und nur der Fahrtwind verschafft etwas Abkühlung. Fahren ist jetzt das Beste, was wir tun können. Und wir fressen weiter Kilometer um Kilometer. Das, was wir uns am wenigsten wünschen, wäre eine Polizeikontrolle. Es würde den Fahrfluss unterbrechen, den Konvoi vielleicht zerreißen.

Natürlich dauert es nicht lange, und die Kontrolle ist da. Ein Polizist steht neben seinem Pkw und zeigt schon von weitem mit seinem schwarz-weiß-gestreiften Stock den Stopp an. Aber der Fahrer vor uns macht keine Anstalten, seinen Lkw anzuhalten. Mit Vollgas donnert er am verblüfften Polizisten vorbei. Dann sind wir an der Reihe. Im Fahrrausch und motiviert durch den Vorgänger tun wir ihm gleich, halten die

70 Stundenkilometer und lassen den Polizisten im Staub stehen. Aber es kommt noch besser. Auch der dritte Lkw donnert am mittlerweile tobenden Gesetzeshüter vorbei. Jetzt ist es wohl nur eine Frage der Zeit, wann er uns mit seinem Fahrzeug einholt und bestrafen wird. Die Freude in unserer Crew über diesen Husarenritt ist riesengroß und sogar eine Strafe wert. Aber es tut sich nichts. Nie wieder haben wir von dem Polizisten etwas gehört.

So reisen wir noch eine ganze Zeit zügig weiter, bis eine Tankstelle die Lkw vor und hinter uns zum Anhalten bewegt. Die Schlange der an den Zapfsäulen – eigentlich sind es nur Schläuche, die aus dem Boden kommen – wartenden Lkw ist groß. Für knapp 600 Kilometer haben wir noch Treibstoff im Tank, also entschließen wir uns, weiterzufahren.

Bald wird die einsame M32 enden, dann folgen im Schatten der Ausläufer des Nordhimalaja entlang einer neuen M-Straße mehrere größere Städte. Dort, wo Berge sind, ist auch die Versorgung mit Wasser kein Problem mehr.

### Am vorläufigen Ziel

Seit Abfahrt in Baku sind nun fast zwei Wochen vergangen. Aber erst jetzt haben wir Tschimkent erreicht, die Stadt, an der die M32 auf die M39 trifft. Erst hier findet der Umweg ums Kaspische Meer sein endgültiges Ende. Hätten wir gewusst, auf was wir uns da einlassen, hätten wir bestimmt den Versuch gewagt, die Fähre über das Kaspische Meer zu nehmen. Aber ohne Visum? Wer weiß, für was dieser Umweg gut war. Und die Einsamkeit der Kasachensteppe hätten wir dann niemals kennen gelernt.

Mit dem Erreichen der M39 haben wir es vorläufig geschafft. Wir sind in Mittelasien, unweit der Hochgebirge Usbekistans, Kirgistans und Tadschikistans. Nun steuern wir den Nordwesten der Kirgisischen Sowjetrepublik an. Dort haben wir ja eine Adresse von Deutschstämmigen, die wir unbedingt besuchen wollen.

Von der M39 aus können wir die ersten schneebedeckten Berge sehen. Was ist das für eine Wohltat nach so viel Flachland, Staub und Hitze. Noch am gleichen Abend erreichen wir die Datscha der Familie Tjulegenow in Kara-Balta im Nordwesten Kirgistans. Circa 100 Polizeikontrollen auf über 8000 Kilometern liegen hinter uns. Fast alle haben wir ohne größere Probleme bewältigt. Wir sind endlich da, wo wir unbedingt hin wollten. Nach Mittelasien, in unmittelbarer Nachbarschaft zum Hochgebirge, von dem wir schon so viel Tolles gehört und gelesen haben.

Niemand von uns glaubt noch ernsthaft daran, nach Wladiwostok oder gar Tokio zu kommen. Der Umweg ums Kaspische Meer hat uns viel Zeit und Kraft gekostet. Nun gehen wir davon aus, dass wir zumindest die imposanten Hochgebirgslandschaften nahe der afghanischen und chinesischen Grenze sehen werden. Alles das ist zum Greifen nah.

## Das Ende aller Träume

Ich weiß nicht, welcher Teufel uns reitet, aber wir haben das innere Bedürfnis, statt der bisher in Asien benutzten Visaanträge über richtige Visa zu verfügen. Das geht so weit, dass wir uns mit den Papieren auf der OWIR-Stelle, vergleichbar einem Polizeipräsidium bei uns, melden. Aber nicht bei irgendeiner OWIR-Stelle, sondern bei der größten der Kirgisischen Republik fragen wir an: in der Hauptstadt Bischkek.

Die OWIR-Beamten können es nicht glauben, dass wir einfach nur mit Visaanträgen durch die halbe Sowjetunion gereist sein sollen und es kein einziger Kontrollposten gemerkt haben soll. Sie diskutieren angeregt, telefonieren, laufen aufgeregt herum. Alles läuft auf Russisch. Wir merken schnell, wir sitzen in einem Wespennest und sind auch noch selbst schuld daran. Aber einfach weggehen können wir nicht, auch wenn wir es gerne täten. Sie haben unsere Pässe eingesammelt und bringen uns in ein Verhörzimmer. Immer wieder werden wir auf Russisch befragt und sollen ein Protokoll über unsere Reise schreiben.

Erst als wir das überall verständliche Gefängniszeichen – zwei gekreuzte gespreizte Finger – gezeigt bekommen, wird uns der Ernst der Lage klar. Den ganzen Tag sitzen wir ein und haben es nun nicht mehr mit Polizisten, sondern mit dem echten KGB zu tun. Soweit ich recht verstanden habe, wissen sie in der Zwischenzeit sehr viel über uns. Sie haben herausgefunden, wann wir wo mit welchem Visum eingereist sind, und versuchen nun, die weitere Route zu rekonstruieren. Wir sollen auf dem schnellsten Weg des Landes verwiesen werden. Unser Fahrzeug wollen sie verkaufen und von dem Erlös die Flugtickets bezahlen. Das sind alles Szenarien, die nicht ganz unseren Wunschvorstellungen entsprechen. Wir sind nicht in ein Wespennest geraten, sondern eher in einen Pulk der gefährlichsten Gattung des homo sowjeticus, den KGB. Jetzt haben wir riesige Probleme.

Die Mienen der KGBler, die uns befragen, haben sich verfinstert. Teilweise reagieren wir durchaus laut und in harschem Ton auf die Fragen und die Behandlung unserer Peiniger. Immerhin sitzen wir fast den ganzen Tag schon ein, ohne etwas zu essen oder zu trinken bekommen zu haben. Renat Tjulegonow, der uns zum OWIR gefahren hat, beruhigte uns vor den Verhören mit den Worten „I will solve problems". Das sagte er aber auch schon auf dem Weg hin zum OWIR. Jedenfalls ersucht er um Hilfe und erreicht es irgendwie, dass wir am Abend frei kommen. Was für ein Glück, dass unser Reisemobil im 50 Kilometer entfernten Kara-Balta an der Datscha der Tjulegonows steht und nicht vor dem OWIR-Gebäude. Sonst hätten sie den Wagen genauso behalten wie schon unsere Pässe. Wir sind zunächst frei, wenn auch ohne Reisedokumente und können überlegen, was zu tun ist.

Renat und seine Familie kennen den Leiter des OWIR in Kara-Balta und meinen, dass dieser noch am ehesten helfen könne. Also statten wir ihm am nächsten Tag einen Besuch ab und erzählen unsere ganze Geschichte. Für Dimitri Degusarew muss es Liebe auf den ersten Blick gewesen sein. Er scheint sich für uns wahrlich zu zerreißen. Wir sollen nach Hause zur Datscha gehen, die Sonne genießen und Urlaub machen. Der Polizeichef will alles für uns erledigen. „Alles Gut. Meine deutsche Kinder! Stamp! Visa! Passport! Ab Germania!" Renat fügt hinzu: „He solves problem."

Alles ist relativ im Leben. Wir freuen uns über die in Aussicht stehende Rettung, obgleich wir ahnen, dass wir uns nun keine weiteren Sperenzchen leisten dürfen.

Zwei Tage später erscheint Degusarew bei uns. Er wedelt mit den Pässen und den taufrischen Visa.

Nun haben wir richtige Papiere, eine richtige Marschroute über Usbekistan, Turkmenistan, das Kaspische Meer mit dem eingetragenen Sperrhafen Krasnowodsk. Ausreisen sollen wir bei Batumi. Ironie des

*Die Treibstoffversorgung ist in der zerfallenden Sowjetunion sehr schlecht. Oft kriegt man Diesel nur über Beziehungen.*

Schicksals. Genau diesen Grenzübergang wollten wir doch nach unserem Überfallerlebnis gemieden haben! Aber was kümmern uns die Sorgen von morgen. Wir haben Papiere, die immerhin zehn Tage gültig sind. Damit ist natürlich klar, wir dürfen keine Abstecher in die Berge machen und müssen noch heute auf dem direkten Weg losfahren.

Degusarew muss die zwei Tage ganz schön gekämpft haben, um uns aus den Fängen des KGB rauszuboxen und ein Visum innerhalb der Sowjetunion neu ausstellen zu lassen. Er bittet uns, keine weiteren Experimente mit der Marschroute zu machen, weil er sonst selbst Schwierigkeiten bekäme. Nach dem Traum, durch Russisch-Fernost zu fahren, ist damit auch der Traum, durch die Hochgebirge Mittelasiens zu reisen, wie eine Seifenblase zerplatzt.

Aber sollten wir uns nicht in Zufriedenheit wähnen? Was wäre, wenn der KGB ernst gemacht hätte? Wie wäre es uns ohne Degusarew ergangen? Und so schlecht ist die Südroute über das Kaspische Meer auch nicht. Führt sie uns doch entlang der nördlichen Seidenstraße über die orientalischen Städte Taschkent, Samarkand und Buchara. Das ist allemal besser, als mit Aeroflot aus dem Land geflogen zu werden. Degusarew tröstet uns mit dem Vorschlag, richtige Einladungen für das nächste Jahr zu machen, mit denen wir richtige Visa bekommen würden. Zur Zeit ist das aber ein äußerst schwacher Trost.

**Durch den Orient**

Wir reisen also schneller als geplant wieder ab und versuchen, aufkommende Gedanken, dem Hochgebirge nicht doch noch einen Besuch abzustatten, im Keim zu ersticken. Wenigstens für die usbekischen Städte Taschkent, Samarkand und Buchara reservieren wir uns jeweils einen Tag Besichtigung.

Taschkent, die Hauptstadt Usbekistans, haben wir nach nur acht Fahrstunden erreicht. Wieder ist es relativ einfach, einen Parkplatz im Stadtzentrum zu finden. Die Stadt ist wunderschön. Weitläufige Parkanlagen mit Wasserspielen und der reichhaltige Gemüse- und Obstbasar lassen uns für einige Zeit vergessen, dass wir jetzt eigentlich im Hochgebirge und nicht auf dem Heimweg sein wollten. Am späten Abend verlassen wir Taschkent, um möglichst früh am Folgetag in Samarkand zu sein, einer Oasenstadt mit vielen sehenswerten historischen Gebäuden.

Aufgrund der relativ geringen Abstände von maximal 250 Kilometern zwischen den Städten – nach der Kasachensteppe haben sich unsere Entfernungsempfindungen relativiert – schaffen wir die Strecke und Stadtbesichtigung an einem Tag. In Samarkand veranstalten wir einen wahren Besichtigungsmarathon entlang der vielen Mausoleen, Kuppelbasare und Moscheen. In viel zu kurzer Zeit bekommen wir zumindest einen ersten Eindruck von der Schönheit Samarkands. Es ist Orient pur. Wäre die Beschilderung nicht in kyrillischer Schrift, könnte man kaum glauben, auf dem Territorium der Sowjetunion zu sein.

Am frühen Abend verlassen wir das Stadtzentrum und suchen unser Reisemobil auf, welches wir am Morgen bei der städtischen Feuerwehr am Stadtrand abgestellt haben. Da es gegenwärtig nirgendwo brennt, haben die usbekischen Feuerwehrleute die Zeit und Muße, welche uns gegenwärtig so sehr fehlt. Spontan laden sie uns in ihre mit usbekischen Weinreben überzogene Laube ein. Über uns hängen jede Menge Frauenfinger, usbekische Weintrauben, die aufgrund ihrer länglichen Form

*Orientalische GUS: Der Registan in Samarkand.*

diese Bezeichnung tragen. Bis fünf Zentimeter sind die weißen Beerenfrüchte lang, dazu kernlos, mit dünner Schale und zuckersüß. Einfach köstlich ist das. Wir dürfen uns soviel pflücken, wie wir wollen.

Während wir Frauenfinger genießen, servieren die Feuerwehrleute uns auf einem der typischen großen Melonenteller eine circa 25 Kilo schwere usbekische Wassermelone. „Die besten Melonen wachsen hier in Usbekistan", erzählen uns die Gastgeber. Nachdem wir von dem roten Fruchtfleisch gekostet haben, schließen wir uns widerspruchslos an. Es sind zweifelsfrei die Köstlichsten.

Erst nach Sonnenuntergang setzen wir die Reise nach Buchara, der letzten Stadt auf unserer Besichtigungsliste, fort. Das Nachtfahren auf der autobahnähnlich ausgebauten Straße entpuppt sich als sehr riskant. Trotz Betonabsperrungen zwischen den Fahrtrichtungen kommen uns Fahrzeuge auf unserer Seite entgegen. Geisterfahrer nennt man so etwas bei uns. Es ist alles dabei, was Räder oder Hufe hat. Ein unbeleuchteter dreirädriger Traktor, ein Pferdefuhrwerk, Fahrradfahrer, Pkw, die uns mit ihren falsch eingestellten Lichtern so blenden, dass wir nur anhalten können, um nicht irgendwelche Hindernisse auf unserer

Seite zu übersehen. Bald passieren wir an der Betonleitplanke angebundene Kühe und weichen ruhenden Kamelen aus. Als wir nur mit Ach und Krach einem riesigen Schlagloch entgehen und einige hundert Meter weiter auf der Fahrbahn sitzende samentrocknende Bauern im Lichtkegel entgegenkommender Fahrzeuge fast übersehen hätten – wir müssen auf die Gegenfahrbahnen ausweichen – entschließen wir uns, die Nachtfahrt schnellstmöglich zu stoppen. Der nächste Abzweig gehört uns und wird zum Stell- und Schlafplatz.

Im Morgengrauen geht es weiter, gegen zehn Uhr sind wir in Buchara, der Stadt, die am Rande der Wüste Kysylkum gelegen ist. Buchara ist mindestens genauso sehenswert wie Samarkand. Filigrane Kunst schmückt viele der alten Gebäude, die türkisfarbenen kunstvoll gearbeiteten Ziegelkacheln zahlreicher Kuppeln versetzen uns ins Staunen. Im Flug vergeht die Zeit zwischen Gebäuden aus Tausend und einer Nacht. So lassen wir uns bis fast zum Sonnenuntergang durch alte Gassen von einer historischen Stätte zur nächsten treiben. Wir haben alles zu Fuß erkundet, sind zig Kilometer gelaufen und ziemlich erschöpft, als wir unser an der Stadtmauer abgestelltes Reisemobil erreichen.

## Jagdszenen am Amudarja

Es hätte ein ganz normaler Abend werden können, wenn wir nicht den Weltempfänger angeschaltet hätten, um Nachrichten zu hören. Was ist passiert? In Moskau rollen Panzer, Gorbatschow ist abgesetzt, es wird geputscht. Die Welt und ganz besonders wir halten den Atem an. Ausländern wird geraten, das Land zu verlassen. Prima für uns, die noch die drei großen K vor uns haben: Die Karakum-Wüste, das Kaspische Meer und den Kaukasus. Bei glattem Verlauf sind wir mindestens noch zehn Tage dabei, die im Visum eingetragene Frist würde damit schon überschritten. Wir werden also verlängern müssen, was sicherlich noch einen weiteren Tag in Anspruch nehmen wird. Schrecklich, wir müssen sehen, dass wir hier raus kommen.

Es sind noch circa 1800 Kilometer bis zum Kaspischen Meer. Das müsste doch in zwei Tagen zu schaffen sein. Ich bin bereit, die Nacht durchzufahren. Das habe ich schon oft auf meinen Reisen in die Türkei gemacht. Treibstoffprobleme haben wir in Usbekistan keine, die Tankstellen führen alle Diesel, unser Tank ist noch fast voll. Es könnte also mit dem Zeitplan klappen.

Fünf Minuten später rollen wir Richtung Westen. Nach drei Stunden haben wir die Stadt Tschardshou, schon in Turkmenistan gelegen, erreicht. Besser gesagt: fast erreicht, denn davor fließt der breite Amudarja, einer der einstigen Zuflüsse des Aralsees. Die auf der Karte eingezeichnete Brücke ist nicht mehr vorhanden. Es gibt nur eine provisorische Fähre, die nachts aber nicht verkehrt. Vor uns warten bereits über hundert Fahrzeuge. Pkw, Lkw und Busse sind ohne erkennbares System auf den Flussdamm und einige Feldwege verteilt. Was bleibt uns anderes übrig, als sich irgendwo anzustellen und auch hier zu nächtigen?

Im Tageslicht erkennen wir mehr. Einige hundert Meter weiter oberhalb sieht man noch die Reste der im letzten Hochwasser weggespülten Brücke. Diese Reste bilden gleichzeitig die gegenüberliegende Anlegestelle. Gegen acht Uhr setzt sich die dort angelegte Fähre in Bewegung. Eine Fähre? Besser gesagt: Es ist ein gar abenteuerliches Gespann aus einem Schlepper und einer zehnmal so großen Plattform, verbunden durch ein vielleicht acht Meter langes Stahlseil. Auf dieser Plattform stehen die Fahrzeuge Stoßstange an Stoßstange.

Kunstvoll muss der Schlepper die Plattform durch die starke Strömung des Amudarja an das andere Ufer manövrieren. Von oberhalb des Flusses kommend, schwimmt das Gespann mit der Strömung und ist nach fünf Minuten auf unserer Seite. Mit dem Schwung der Strömung lässt der Schlepper die Plattform auf unserer Seite auflaufen. Das geht blitzschnell und auf Kosten eines gewaltigen Rucks, bei dem alle Autos mit jeweiligem Vorder- und Hintermann zusammenstoßen. In der Zwischenzeit haben die Fahrer auf unserer Seite den einzigen, bis zum Ufer führenden Weg mit ihren Fahrzeugen zugestellt.

An der Stelle, wo Damm und mehrere Feldwege sich zu dem einzigen Weg zur Fähre vereinigen, haben sich die drängelnden Fahrzeuge sternförmig verkeilt, so dass das Chaos perfekt ist. Natürlich kann jetzt niemand von der Fähre herunterfahren, weil die Abfahrt auf einer Länge von mindestens 200 Metern zugestellt ist. Der Versuch eines Lkw, sich neben der Abfahrt vorbeizudrängeln, misslingt. Er frisst sich im Schlamm fest und sinkt vor den Augen seines Fahrers langsam aber stetig immer tiefer. An der Stelle, wo sich die Anfahrtswege vereinen, wird die Lage immer unübersichtlicher. Mehr und mehr Fahrzeuge versuchen, neue Wege zu fahren, was aufgrund des sumpfigen Untergrundes riskant ist und dazu führt, dass auch neben und hinter uns sich einige Fahrzeuge festgefressen haben. Keine Ahnung, wie dieser gordische Knoten jemals zerschlagen werden soll.

Unterhaltsame Stunden – und es wird immer verrückter. In unserer unmittelbaren Nachbarschaft zwiebelt ein Fahrer seinen bereits feststeckenden Pritschen-Lkw so lange und so sinnlos bei durchdrehenden Reifen mit Vollgas, bis das Fahrzeug sich richtig in den Boden eingearbeitet hat und der Motor nicht mehr will. Jetzt repariert der Fahrer inmitten der wartenden Fahrzeuge seinen festsitzenden Lkw. Und es kommen weitere Fahrzeuge hinzu. Chaos ohne Ende. So viele Schildbürgerstreiche auf einmal. Träumen wir das alles nur?

Wäre unter den Wartenden nicht ein Militärfahrzeug mit bewaffneten und couragierten Soldaten gewesen, hätten wir wohl warten müssen, bis eine neue Brücke fertiggestellt ist. So aber nimmt einer der Militärs die Sache in die Hand und weist Drängler für Drängler zurück, damit die Fahrzeuge von der Plattform können. Einige Male gibt er Warnschüsse ab, um die Fahrer zum Rücksetzen zu bewegen. Das fällt ihnen nämlich offensichtlich sehr schwer. Nach einer Stunde ist die Abfahrt geräumt. Neuralgischer Punkt ist jetzt die Stelle, wo die Anfahrtswege zur Fähre zusammentreffen. Die zurückgedrängten Fahrzeuge haben sich um diese Stelle gruppiert, sodass nur ein enger Weg entlang des Sumpfes offen bleibt. Mit jedem von der Plattform kommenden Fahrzeug wird dieser Abschnitt immer weicher, bis die ersten stekken bleiben.

Wenn Lkw und Pkw diese Stelle nicht immer schaffen, ist uns klar, dass der nun kommende Reisebus keine Chance hat. Und so ist es auch. Der Bus steckt im Nu fest, die Passagiere, circa 30 usbekische Frauen, müssen raus. In ihren traditionellen farbenfrohen Kleidern stehen sie im Schlamm und ein Dutzend von ihnen schiebt den Bus durch das kritische Stück.

Nach zwei Stunden, es ist mittlerweile Nachmittag, haben alle Fahrzeuge die Plattform verlassen. Nun brechen die Dämme der Zurückhal-

*Chaos bei der Auffahrt auf die Fähre. Jeder möchte der erste sein.*

tung erneut. Der Sturm auf die leere Plattform setzt ein. Wir haben keine Chance, dieses Mal dranzukommen, stehen wir doch noch zu weit von der Stelle, wo alle Wege zusammenkommen. Aber mit der nächsten Fuhre könnte es klappen.

In der Zwischenzeit hat der Fahrer des neben der Auffahrt im Schlamm steckenden Lkw ein riesiges Baustellenfahrzeug organisieren können. Damit soll der schon 50 cm tief eingesunkene Lkw herausgezogen werden. Aber nicht nach hinten raus, sondern nach vorne wollen sie ihn rausziehen. Das kann nicht gut gehen, schließlich sind die Hinterachsen fast noch frei, die Vorderachse dagegen liegt tief im Schlamm. Ich kann sie von ihrem Vorhaben nicht abringen, an der Vorderachse das Fahrzeug herausziehen zu wollen. Mit brüllendem Motor zieht der gelbe Koloss an. Mit kräftigen Rucks jagen sie den Lkw tiefer und tiefer in den Schlamm. Beim zweiten Versuch reißt das Stahlseil. Eine gefährliche Sache ist das. Von dem gerissenen Stahlseil getroffen zu werden, kann tödlich sein.

In respektvollem Abstand beobachten wir den Wahnsinn. Mittlerweile steckt die Beifahrerseite des Lkw über einem Meter im zähen

*Der Lkw versinkt am Rande des Amudarja vor den Augen seiner Besitzer.*

Schlamm. Erst jetzt folgt der Versuch, den Lkw an den Hinterachsen herauszuziehen. Aber es ist zu spät. Das Stahlseil reißt immer wieder. Der Lkw sitzt einfach zu fest im Schlamm. Sein großes Eigengewicht lässt ihn am Ufer des Amudarja immer weiter sinken.

Während dieser fehlgeschlagenen Rettungsversuche hat sich das Fährgespann langsam gegen die Strömung vorgekämpft. Für den halben Kilometer flussaufwärts bis zur Anlegestelle – oder besser gesagt, den Resten der Brückenauffahrt – benötigt der Schlepper fast eine Stunde. Dort geht das Ent- und Beladen der Plattform glücklicherweise schneller vonstatten, als auf unserer Seite. Die Fahrt mit der Strömung ist wiederum Minutensache. Das Anlegen der Plattform raubt uns erneut den Atem. Hoffentlich geht es auf der anderen Seite nicht so wild zu. Dank des Soldaten und seines Gewehrs ist die Auffahrt kein zweites Mal zugestellt worden. Die Fahrzeuge fahren verhältnismäßig zügig herunter. Und für uns reicht es diesmal auf die Plattform. Eingekeilt zwischen sowjetischen Lkw stehen wir da und geben uns ganz den Künsten des Schiffsführers hin.

Mit knatterndem Motor nimmt der Schlepper wieder den Kampf gegen die Strömung auf. Auf Anhieb schafft der Schlepper es nicht, die Plattform gegen die Strömung zu ziehen und findet sich unterhalb der Ablegstelle wieder. Nach zehn Minuten sind wir auf der Höhe der Ablegstelle. Der Motor des Schleppers klingt nicht gerade gesund, scheint manchmal sogar zu stottern. Was wäre eigentlich, wenn jetzt auf der Flussmitte der Schleppermotor versagt oder das Stahlseil reißt? Wir, unser Reisemobil und hundert andere Fahrzeugführer würden hilflos Richtung Wüste flussabwärts durch ein Land treiben, in dem gerade geputscht wird.

Die Hoffnung stirbt zuletzt. Solange der Schleppermotor läuft und das Seil nicht reißt, haben wir gute Chancen, noch heute das rettende Westufer des Amudarja zu erreichen. So verfolgen wir weiter angespannt den Kampf des Schleppers gegen die Flussströmung. Fast eine Stunde muss er sich anstrengen, bis er auf Höhe der weggespülten Straße ist. Aber er tuckert weiter gegen die Strömung. So weit, bis er das abenteuerliche Wendemanöver starten kann. Mit der Kraft der Strömung muss nämlich die Plattform an die Stelle gedrückt werden, wo die Straße wieder anfängt. Wir treiben einige Momente mit dem Wasser, der Schlepper fährt möglichst nah ans Ufer. Mit einem gewaltigen Ruck legen wir an. Auch hier rutschen alle Fahrzeuge aufeinander. Wohl dem, der eine starke Stoßstange hat. Wir haben so eine, bei uns ist nur Lack abgegangen, während die Stoßstange des Vordermanns kräftig eingedrückt wurde. Dem verärgerten Fahrer schenken wir eine Kassette zum Trost, obwohl das eigentlich Sache des Fährbetriebes wäre...

Festen Boden unter den Rädern haben – was kann das doch für ein tolles Gefühl sein. 22 Stunden hat uns die Flusspassage gekostet. Mit Beruhigung stellen wir fest, dass wir bis zum Kaspischen Meer keine weiteren großen Flüsse überqueren müssen. Der Zeitplan ist aber, wie so oft auf dieser Reise, hinfällig. Angesichts der ungewissen Lage in Moskau wollen wir möglichst schnell vorankommen und hoffen nun, endlich auch nachts fahren zu können.

Die Menschen hier scheinen die Vorgänge in ihrer Hauptstadt nicht zu berühren. Sie winken desinteressiert ab, wenn wir nach Putsch und Gorbatschows Schicksal fragen. Moskau ist weit weg.

## Seekrank auf dem Kaspischen Meer

Die Stadt Tschardshou zu durchqueren, ist für Ortsfremde nicht einfach. Fehlende Beschilderung und eine verwirrende Straßenführung kosten uns noch einmal eine geschlagene Stunde. Dann endlich sind wir in der Freiheit, der Einsamkeit Turkmenistans. Während der Nachtfahrt sehen wir sie rechts und links liegen, die berühmten und steilsten Sanddünen der Welt. Im Mondlicht lässt sich erahnen, wie eindrucksvoll die Karakumwüste im Tageslicht wirken muss. Wie gerne wären wir hier mindestens einen Tag geblieben. Aber wer weiß schon, was mit der Sowjetunion passiert.

Wir haben es eilig und halten die Räder unseres Reisemobils auf der M37. Links von uns erheben sich die schroffen Felsen des Koped-Dagh-Gebirges. Vor den gewaltigen Bergen wirken die kilometerlangen Güterzüge wie Spielzeugeisenbahnen. Fünf Kampfhubschrauber tauchen am Horizont auf. Mit hoher Geschwindigkeit und sehr geringer Höhe halten sie genau auf uns zu. Fast haben wir den Eindruck, gleich mit einem dieser Monster zusammenzustoßen. Aber sie rauschen knapp über uns hinweg. Der Schreck sitzt tief und bestätigt uns: Nichts wie raus aus diesem Land!

Nach zwei Tagen Fahrt durch Sand- und Felsenwüste erreichen wir Krasnowodsk. Wir wären wohl noch schneller angekommen, wenn unterwegs nicht die altbekannten und schon fast vergessenen Schwierigkeiten mit verstopften Dieselfiltern und -leitungen aufgetreten wären. Ich trage längst wieder den Namen „Dieselchen“.

300 Kilometer Kaspisches Meer warten auf uns. Aber so schlimm, wie die Fähre über den Fluss Amudarja, kann das hier nicht werden. Wir sind mit zwei Nächten und einem Tag Wartezeit dabei, bis wir in den Bauch der Eisenbahn- und Lkw-Fähre mit circa 20 Lkw einfahren können.

Der Fahrpreis ist erträglich. Für acht Meter Reisemobil und vier Personen bezahlen wir gerade mal 120 DM. Wir haben eine strenge Kontrolle erwartet, aber nur beim Ticketkauf müssen wir unsere Reisepässe vorzeigen. Der Bauch der Hochseefähre ist nur zur Hälfte mit Lkw und einigen Güterwaggons gefüllt. Schnell haben wir unser Reisemobil positioniert und mit überall herumliegenden Metallhemmschuhen mehrfach gesichert. Der Gestank in dem Frachtdeck ist unbeschreiblich, sodass wir uns rasch auf Deck an die frische Luft begeben.

Eine halbe Stunde später gleitet die Fähre bei sonnigem und windstillem Wetter durch den Hafen von Krasnowodsk, vorbei an unzähligen verrosteten, teilweise halb aus dem Wasser ragenden Wracks. Schon etwas später sind wir auf dem offenen Meer. Statt Windstille bläst nun eine kräftige Brise, peitscht meterhohe Wellen gegen den Schiffsrumpf. Solche Wellen hätten wir diesem Binnenmeer gar nicht zugetraut.

Natürlich haben wir nicht daran gedacht, dass der Frachtbereich während der Überfahrt unzugänglich ist und stehen verdutzt vor verschlossen Türen. Außer unseren Reisedokumenten haben wir nichts dabei: Keine Jacke, kein Getränk, nichts zu essen.

In der Schiffskantine gibt es gar fürchterlichen Kaffee, der in seinem widerlichen Geschmack nur noch von dem danach angeboten Limonadengetränk übertroffen wird. Die Wellen haben erstaunliche Maße angenommen und schaukeln die Fähre kräftig hin und her.

Auf nüchternen Magen diese schrecklichen Getränke und der immer stärker werdende Seegang sind zuviel für mich. Nahe am Erbrechen, will ich hoch auf das Freiluftdeck. In den fensterlosen Gängen wird mir für einen Moment schwarz vor Augen. Langsam schleppe ich mich weiter nach oben, um dort frische Luft zu bekommen und meinen Magen zu entleeren. An Deck herrscht Sturm, die Gischt spritzt über die Reling. Eine steife Brise bläst mir kräftig ins Gesicht, als ich nicht mehr zurückhalten kann. Danach merke ich, dass der Wind ganze Arbeit geleistet hat. Ich sehe jetzt so aus, wie ich mich fühle. Es sind elende Momente. Eigentlich bin ich bereit, von Bord zu gehen, so erbärmlich ist mein Zustand.

Einer der Lastwagenfahrer entdeckt mich und führt mich in eine Dusche, wo ich aufgrund des starken Seegangs von einer Ecke in die andere falle und schließlich nochmals zusammenbreche. Irgendwann habe ich Wasser auf meinem Kopf gespürt und bin später auf den Pullmansitzen des Passagierdeckes aufgewacht.

Zwölf Stunden dauert die besonders für mich qualvolle Überfahrt. Andreas, Peter und Sabine haben das weitaus besser überstanden. Erst in der Dunkelheit erreichen wir den Hafen von Baku und damit wieder ruhige See. Auch hier gibt es keinerlei Fahrzeug- oder Personenkontrollen. Wir hätten es also auf dem Hinweg versuchen sollen. Im Nachhinein ist man immer schlauer.

## Historische Momente in Baku

Unser Zehn-Tagesvisum ist mittlerweile abgelaufen. Aber wir wissen, dass wir im Internationalen Hotel am Leninplatz mit Anatolij auf einen engagierten Manager bauen können. So übernachten wir im Fahrzeug auf dem Leninplatz unweit des Hotels.

Gleich nach dem Frühstück betreten wir das Hotel und suchen unseren Freund. Er sitzt vor seinem roten Telefon und ist ganz der alte. Gebannt hört er sich unsere Geschichte vom KGB an und ist noch mehr entschlossen, uns zu helfen. Er nimmt die Pässe, greift dann zum roten Telefon und nur Minuten später erhalten wir die Zusage, dass wir morgen die Verlängerung im Visum haben. Fünf Tage sollten uns locker bis zur Grenze reichen. Von ihm erfahren wir auch, dass in Moskau der Putschversuch abgewehrt wurde und das Schlimmste wohl vorbei sei. Aber draußen vor dem Hotel auf dem Leninplatz sammeln sich immer mehr Menschen. Sie demonstrieren gegen die kommunistische Regierung in Baku, klärt uns der Manager gelassen auf. Aber dann überschlagen sich die Ereignisse. Der Platz füllt sich mit immer mehr Menschen. Immer mehr drängen in Richtung Regierungsgebäude schräg gegenüber des Hotels.

Mittlerweile ist auch unser Gefährt von Demonstranten umgeben. Einige sitzen bereits auf dem Führerhaus. Wir können zur Zeit also gar nicht wegfahren.

Die Lage spitzt sich dramatisch zu. Plötzlich fahren Panzer auf, versuchen, die Demonstranten zu vertreiben. Aber sie haben Mut, die Menschen von Baku, und stellen sich den Panzern in den Weg. Was wird passieren? Keiner weiß es. Die Situation steht auf des Messers Schneide. Vor einem Jahr wurde auf diesem Platz eine Demonstration blutig niedergeschlagen. Es gab über hundert Tote. Bleibt uns denn nichts erspart auf dieser verrückten Reise? Verlieren wir jetzt unser Auto oder noch mehr?

Sehen wir es einmal anders. Wenn das hier gut ausgeht, werden wir Zeitzeugen eines historischen Ereignisses. Ein Stellplatz, von dem man direkten Blick auf die Revolution hat, ist doch einmalig. So aufregend kann Reisen durch die Sowjetunion sein.

Die Panzer rollen nicht weiter. Die Demonstranten besteigen das Kriegsgerät und triumphieren über die Kommunisten. Jetzt gibt es kein Halten mehr. Was vor einem Jahr nicht gelang, klappt vielleicht heute. Hunderte von Demonstranten stürmen das Regierungsgebäude. Bald erscheinen sie jubelnd an den Fenstern. Es ist klar. Das Volk hat gesiegt, die Kommunisten sind weg vom Fenster. Aber die Stunde der Abrechnung ist noch nicht vorbei. Riesige Kräne positionieren sich vor dem Leninkoloss. Bald wird er vom Sockel geholt und baumelt unter ohrenbetäubendem Hupkonzert der Aserbaidschaner am Haken des größten Kranes. Spätestens jetzt ist klar, wer den Machtkampf gewonnen hat.

Bis tief in die Nacht feiern die Aserbaidschaner und wir den Sturz der Kommunisten. Um drei Uhr fallen wir in die Betten. Wir schlafen im Reisemobil auf dem Platz, der seit einigen Stunden nicht mehr den Namen Lenins trägt. Ein langer, wirklich aufregender und historischer Tag liegt hinter uns.

### Probleme bis zum Ende

Am nächsten Tag ist der Platz wie leergefegt, die riesige Leninstatue fehlt. Das Leben in Baku läuft so, als ob nichts geschehen wäre. Wir bekommen wie versprochen die verlängerten Visa und hoffen nun auch auf ein Happy-End unserer Reise. Aufregung hatten wir wirklich genug. Wir sind reif für die Heimat. Aber die Sowjetunion lässt uns so schnell nicht ziehen. Unser Reisemobil bleibt immer wieder stehen, hat anscheinend wieder verschmutzten Diesel im Tank. Keine fünfzig Kilometer kommen wir voran, ohne dass der Motor ausgeht, ich Filter und Leitungen überprüfen und anschließend per Handpumpe entlüften muss. Die Nerven liegen blank. Wir schaffen gerade mal 200 Kilometer an dem ersten Tag nach Baku.

Zur Unzeit, kurz vor Dämmerung, stottert der Motor an einem Anstieg schon wieder und geht schließlich aus. Rückwärts lassen wir uns auf ein Feld rollen. Immerhin können wir zwei Dinge auf einmal erledigen: Filter und Leitungen überprüfen und das Essen kochen. Kaum steht dieses auf dem Tisch, bekommen wir überraschenden

Besuch. Ein junger Kerl, gammelig und leicht alkoholisiert, verlangt gleich lautstark nach den „Passports“. Diese Nummer kennen wir gut von dem Überfallversuch in Sarpi. Wie ein Blitz durchfährt es mich. Schon wieder Banditen!

Diesmal sind wir draußen, haben alle Türen geöffnet und sind entsprechend verletzlich. Andererseits ist der Bandit allein. Ich habe mir blitzschnell aus dem Fahrzeug einen Hammer geschnappt und bin tatsächlich bereit, unserem Peiniger diesen überzuziehen. Da sieht Andreas die Hosen unseres ungebetenen Gastes. Graublau mit rotem Streifen. Das sind Polizistenhosen. Die kennen wir genau. Es ist kein Bandit, sondern ein angetrunkener Polizist. Also bekommt er unsere Pässe in die Hand statt einen Hammer auf den Kopf. Schwankend prüft er unsere Dokumente. Nach zwei Minuten drückt er sie mir in die Hand und wünscht uns guten Appetit. Aber irgendetwas stimmt nicht mit ihm. Wir sind uns sicher, dass er wieder kommt.

Und in der Tat, unser Gefühl hatte uns nicht getäuscht. Er kommt wieder. Und er ist diesmal nicht allein. Er sitzt zusammen mit einem Mann auf einem Traktor, der einen großen Ernteanhänger zieht. Nun kreisen sie staubaufwühlend um unser Fahrzeug. Wildwest in der Mitte von Aserbaidschan.

Schnell haben wir unser Essen eingepackt und das Reisemobil startklar gemacht. Wir fahren los und hoffen, dass der Motor jetzt nicht ausgeht. Er tut es nicht und so erreichen wir doch noch einen sicheren Stellplatz in der Natur für eine einigermaßen ruhige Nacht. Trotzdem gibt mir der Vorfall zu denken. Beinahe hätte ich sogar einen Polizisten niedergeschlagen. Und wir haben kein fluchttaugliches Auto. Das muss anders werden. Aus lauter Verzweiflung denken wir darüber nach, den kompletten Tankinhalt einfach abzulassen und uns so des schmutzigen Treibstoffes zu entledigen. Aber das Problem kann nicht nur damit in Verbindung stehen. Schließlich stelle ich fest, dass Filter und Vorfilter nicht immer verschmutzt sind, wenn der Motor ausgeht. Außerdem können wir es nicht mit unserem Gewissen vereinen, Dieselöl einfach in die Natur zu kippen.

Beim nächsten Aussetzer des Motors nehme ich mir alles vor, durch das dieser verflixte Diesel fließt. Ich schraube die Leitungen Stück für

Stück ab, untersuche jeden Abschnitt, jeden Knick, jedes Kreuz. Und mir gelingt es schließlich, ein Steinchen, das sich in der Leitung festgesetzt hat, zu entfernen. Ich glaube, das war es. Beim Entlüften merke ich, wie gut die Handpumpe nun fördert. Der Motor springt gleich an und wir fahren wieder. Zunächst eine Stunde, dann länger und schließlich bis in den Abend hinein. Ohne jegliche Aussetzer. Ja, das muss es gewesen sein.

Am späten Abend des Folgetages erreichen wir Batumi. Es ist schon verrückt. Da steuern wir tatsächlich die Grenze an, die wir auf dem Hinweg als Ausreisepunkt für uns doch ausgeschlossen haben.

Hinein geht es in das schreckliche Grenzgetümmel bei Sarpi. Auch nachts ist hier die Hölle los. Eine mehrere Kilometer lange Schlange von vollbepackten Pkw wartet seit Tagen auf die Abfertigung. Wir kämpfen uns gleich vor bis zum Tor und strecken die Pässe mit den Visa entgegen, die heute auslaufen.

Ein Blick der Grenzer in die Visa reicht, um Kopfschütteln auszulösen. Sarpi muss in den Visa eingetragen sein, sonst dürfen wir hier nicht ausreisen. Batumi, so wie es Degusarew und Co in Kirgistan eingetragen haben, reicht nicht aus. Also müssen wir am nächsten Tag zum uns bekannten OWIR in Batumi. Die Nacht verbringen wir neben der Grenzkaserne. Keiner der uns bekannten Soldaten ist da, aber sie lassen uns hier stehen und versprechen, auf das Fahrzeug aufzupassen. Natürlich besuchen wir Miriam, helfen ihm am nächsten Tag beim Benzin holen. Auf der OWIR-Stelle bekommen wir tatsächlich relativ schnell den Eintrag Sarpi. Schließlich hat Miriam ja Beziehungen. Der nächste Ausreiseversuch kann starten.

Von Miriam haben wir uns schon verabschiedet. Aber das war wohl voreilig. Wir dürfen wieder nicht ausreisen. Das Visum ist abgelaufen und muss erneut verlängert werden. Wieder besuchen wir Miriam, fahren am nächsten Tag zum OWIR nach Batumi, um dort die Verlängerung zu bekommen. Es folgt der dritte Anlauf, den Miriam vom Grenzzaun aus verfolgt.

Das Tor geht auf und ein ranghoher Offizier tritt an uns heran und prüft streng die Pässe und Visa. Akzentfrei sagt er: „Sie haben ein großes Problem. Wo sind Sie eingereist? Der Einreisestempel fehlt auf

Ihrem Visum." Der Mann spricht perfekt Deutsch. Das erleichtert alles. Klar, dass wir keinen Einreisestempel haben. Der ist ja auf dem anderen Visum, von dem wir lieber nicht sprechen. Wir erzählen, dass das Visum in Bischkek ausgelaufen sei und wir dort ein neues bekommen hätten. „Ich muss telefonieren." Und er wiederholt, dass wir ein großes Problem haben.

Wen will er denn anrufen? In Bishkek ist es schon Nacht. Da wird er niemand erreichen. Und wenn doch? Was werden ihm die KGB-Leute erzählen? Es ist eine Hängepartie zwischen Hoffen und Bangen. Nach 30 Minuten kommt unser Offizier wieder. Ob er jemanden erreicht hat, bleibt sein Geheimnis. Aber er will uns ausreisen lassen. Zwei Soldaten untersuchen akribisch unser Fahrzeug, dann sehen wir mit großen Augen, wie Stempel in unsere Pässe gedrückt werden. Es sind Ausreisestempel. Das Tor zur Türkei geht auf, wir sind raus aus diesem verrückten Land.

Am nächsten Tag liegen wir am Strand des Schwarzen Meeres und schwören: NIE WIEDER SOWJETUNION!!!

Warum so viel auf unserer Tour schief lief? Ich weiß es nicht. Aber bestimmt tragen wir unseren Anteil Schuld. Ob wir noch einmal Kraft und Mut finden, ins ehemalige Zarenreich zu reisen? Erst mal warten wir ab und schauen gespannt nach Moskau. Wie geht es mit der Sowjetunion weiter?

# Vom Hochgebirgsnomaden bis zum Räuberhauptmann

*Wir schreiben das Jahr 1992. Aus fünfzehn Sozialistischen Sowjetrepubliken sind fünfzehn neue Staaten geworden.*

Hatten wir nicht hoch und heilig am Schwarzen Meer geschworen, die Finger von der Sowjetunion zu lassen? Falls es denn wirklich ein echter Schwur war, dann ist dieser seit dem 31.12.1991 hinfällig. Die Sowjetunion existiert seit diesem Datum auch offiziell nicht mehr. An deren Stelle ist ein loses Staatengebilde entstanden, das sich bis aufs Baltikum GUS nennt.

Noch Wochen nach der Chaosreise des Sommers '91 sind wir uns sicher, dass wir die nächsten Sommersemesterferien einmal stressfrei verbringen möchten. Wir wollen durch Nordamerika touren und dort ohne Schwierigkeiten das Reisen genießen. Aber Monate danach hat sich die Stimmung um mehr als zehn Zeitzonen gedreht. Nicht die USA, sondern die mittelasiatische GUS steht auf unserem Wunschzettel. Nach Amerika können wir immer noch, wenn wir in Rente sind, nicht wahr? Das sind die Argumente von Andreas, Michael und mir. Diesmal geht also eine reine Männercrew auf Tour.

Wir wollen sachlich planen, wollen die Fehler der letzten Tour vermeiden. Dazu gehört auch das Besitzen von vernünftigen Visa. Wir haben doch die Zusage vom OWIR-Chef Degusarew für die problemlose Einladungsbeschaffung vorliegen.

Gesagt, getan. Degusarew hat Wort gehalten. Nach einem Anruf in Kirgistan hat er uns innerhalb eines Monats die Einladungen zugeschickt. Einige Wochen vor der Abfahrt in Deutschland haben wir schon die Visa in der Hand. Außerdem haben wir uns einen Packen Visaanträge beschafft, diverse Marschrouten eingetragen und mit diversen Stempeln versehen. Für den Fall der Fälle...

In der Firma Sony haben wir sogar einen Sponsor für unsere Filmausrüstung gewonnen. Neben der technischen Ausrüstung führen wir kistenweise kleine Werbegeschenke wie Schreibblöcke, Kugelschreiber und verschiedene Aufkleber mit. Auch die Routenplanung gestaltet sich diesmal realistischer. Nicht die halbe Welt müssen wir umrunden, sondern nur das kirgisische Hochgebirge ist unser Ziel.

### Anreise

Unsere geplante Route verläuft über Italien, die Türkei und den Iran. Vom Iran aus wollen wir in die GUS einreisen. Davon versprechen wir uns die größten Zeitvorteile. In weniger als sieben Tagen haben wir es tatsächlich von Deutschland an die iranisch-türkische Grenze geschafft. Längst geht nicht alles glatt vonstatten. In der Osttürkei haben wir durch Steinschlag die Windschutzscheibe verloren, aber binnen eines Tages Ersatz gefunden.

Bei der Einreise in den Iran geraten wir richtig in die Bredouille. Die genauen Grenzer finden eine Flasche Brandy, die als Geschenk für unsere Freunde in Kirgistan gedacht ist. Die Sache wird zum Skandal sondergleichen, als die Iraner auch noch unsere gut versteckten Bierdosen finden. Diese sollen eigentlich die Polizeikontrollen in der GUS beschleunigen. Nun bremsen sie uns schon davor gewaltig aus. Alkohol im Iran! Was sie mit uns machen werden? Sie stellen uns vor die Wahl: 600.000 Dollar Sofortzahlung oder die Verurteilung durch einen Geistlichen abwarten.

In 30 heißen Stunden schaffen wir es mit Geduld und Einfühlungsvermögen, sowohl Geldstrafe als auch Verurteilung zu umgehen. Einzig und alleine das Bier und Brandy, vom Grenzpersonal „sichergestellt", sind weg. Sicher ist, dass es dort schnell durstige Kehlen finden wird... Einmal die Grenze hinter sich gelassen, erweist sich der Iran als wunderschönes und sehr sicheres Reiseland mit unglaublich gastfreundlichen Menschen.

### Ottokatalog oder Autoradio

Aber wir wollen in die GUS und müssen noch eine letzte kritische Grenze, nämlich die zwischen dem Iran und Turkmenistan überwinden. 70 Jahre lang war die iranisch-sowjetische Grenze geschlossen, erst vor kurzem ist die diplomatische Eiszeit beendet worden. Der Grenzübertritt ist damit wieder möglich geworden.

# 1992 - Vom Hochgebirgsnomaden zum Räuberhauptmann

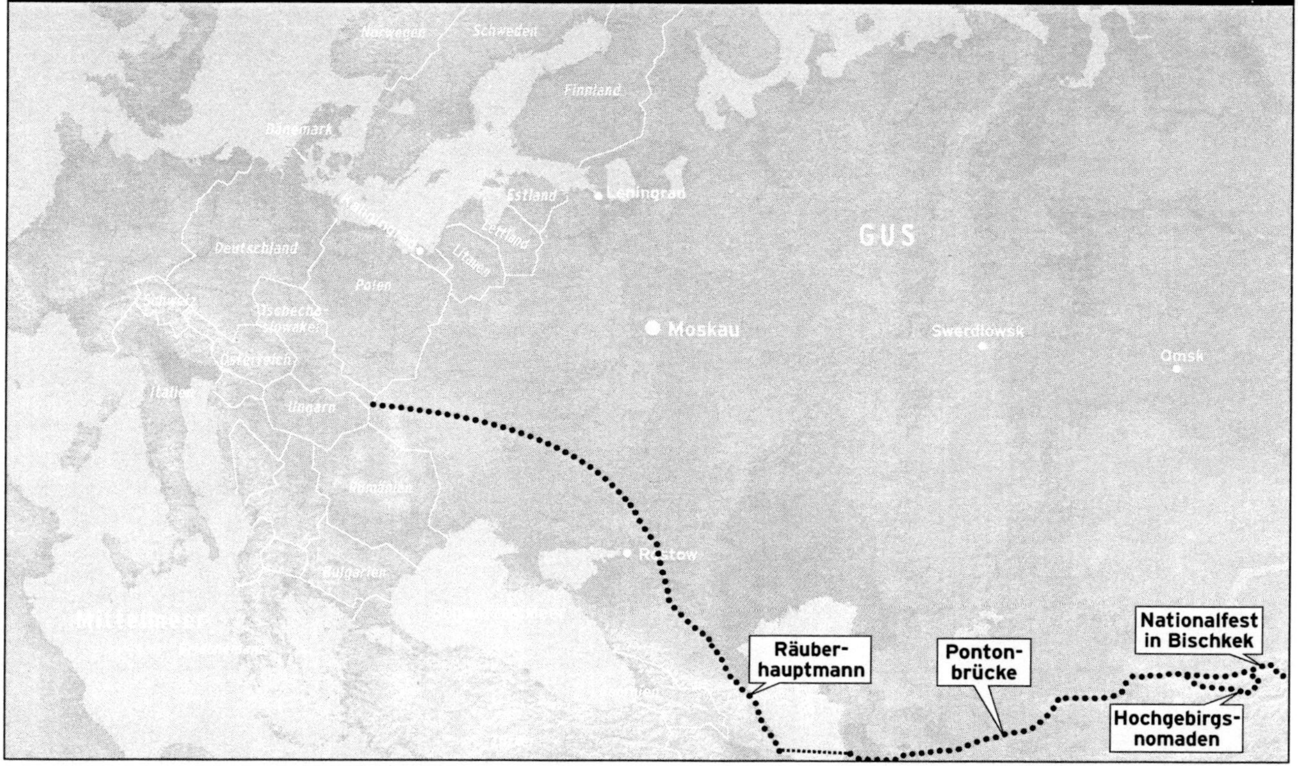

Wir sind die einzigen Ausreisewilligen am Grenzpunkt Gudriolum, nicht weit vom Kaspischen Meer. Zwei Stunden sind wir bei den Iranern. Es ist ein Spaziergang im Vergleich zur Einreise. Man merkt, dass hier fast noch niemand die Grenze passiert hat. Sie sind alle so freundlich und hilfsbereit, schicken uns mit guten Wünschen zu der turkmenisch-russischen Grenzmannschaft. Auch bei denen sind wir tatsächlich die einzigen, die zur Zeit mit ihrem Fahrzeug passieren.

Zehn Grenzsoldaten und ein Arzt kommen auf uns drei Deutsche. Da ich in den letzten Monaten intensiv Russisch lerne, fällt die Verständigung entsprechend leichter, als bei den vorangegangenen Reisen.

Das Grenzprozedere sucht seinesgleichen. In glühender Hitze müssen wir, abgesehen von den Lebensmitteln, alle mitgeführten Dinge in den Zollraum auf die dafür vorbereiteten Tische legen. Zehn laufende Meter Ausrüstung, Kleidung, Werbematerial von Sony und Geschenke für unsere Freunde in Kirgistan kommen dabei zustande. Dann werden Andreas und Michael herausgeschickt. Als Fahrzeugbesitzer muss ich allein mit den Beamten in dem Zollraum bleiben. Mich überkommt ein mulmiges Gefühl, als die Soldaten anfangen, gründlich unsere Sachen zu durchforsten. Bald werde ich direkt angesprochen, welches Geschenk ich mir denn für die Soldaten gedacht hätte. Ich erkläre ihnen, wie sehr uns die Iraner bei der Einreise gebeutelt haben und dass wir gerne das Dosenbier gegeben hätten. Aber es sei mir doch klar, dass ohne Geschenk an eine Weiterreise nicht zu denken sei, wird mir entgegnet.

Aufgrund unserer korrekten Papiere und wohl wissend, dass sie uns gar nicht zurückschicken können, lasse ich mich zunächst auf keinen Deal ein. Zwei Gegenstände haben sie sich trotzdem herausgesucht und wollen mir diese unbedingt abringen: Einen Ottokatalog und ein Blaupunkt-Autoradio. Beides ist eigentlich für unsere Freunde, die Deutschrussen in Kirgistan, gedacht. Ich teile ihnen mit, zwei Gegenstände seien zuviel, sie dürften nur einen haben. Es geht mittlerweile ziemlich locker zu, so wie auf dem Basar. Wir lachen und flachsen, ohne dabei das Handeln zu vergessen.

Dann kommt die Qual der Wahl. Sie beraten sich kurz und entscheiden sich wohl einstimmig für den Otto-Katalog. Jetzt dürfen Andreas und Michael wieder herein und wir können unsere Sachen zurück ins Fahrzeug räumen.

Die letzte uns bevorstehende Prozedur ist der Gang zum Grenzarzt. Er misst bei allen drei von uns die Temperatur. Bei mir muss fünf Mal gemessen werden, bis die Temperatur stimmt... Kein Wunder bei 40 Grad Außentemperatur und der langen Bekleidung, die wir wegen der strengen iranischen Grenze angezogen hatten! Schließlich bekommen wir unsere Reisepässe mit den gestempelten Visa ausgehändigt. Dann wünschen sie uns eine gute Reise. Längst hat sich das gesamte Grenzpersonal um den Ottokatalog gruppiert und ist vertieft in die besonderen Kapitel des Werkes: Bei westlichen Dessous sind alle hin und weg. Ein Soldat muss sich förmlich losreißen, um uns das Tor zur GUS aufzumachen.

### In der GUS

Nach sechs Stunden haben wir die Grenze passiert. Wir sind in der GUS. Es ist ein Supergefühl. Wasser- und Dieseltank haben wir im iranischen Elbrusgebirge bis zur Oberkante gefüllt. Wir sind endlich mal völlig ohne Sorgen.

Die Landschaft ist karg, aber trotzdem beeidruckend. Fester, trockener und ebener Lehmboden, soweit das Auge reicht. Der Untergrund trägt ohne Probleme das Fahrzeug. Also nichts wie runter vom Asphalt und rein in die unbewohnte GUS. Wie auf Wolken gebettet, gleitet unser Reisemobil über den Untergrund, den sehr wahrscheinlich zuvor noch nie eine Menschenseele betreten hat.

Nach fünf Minuten stoppen wir. Irgendwo an einer Stelle, die wir bestimmt kein zweites Mal finden werden. Stille kehrt ein. Wir sammeln uns. Die Freude ist groß. Die ganze Grenzpassage lassen wir Revue passieren. Nun sind wir in der GUS. Was für eine Einsamkeit. Welch ein Platz, was für eine große Freiheit. Nichts wie raus aus den langen Kleidern aus Iranzeiten. Und dann räumen wir nach der Filzerei an der Grenze unser Fahrzeug auf.

Wir sind in Hochstimmung und genießen einen wundervollen Sonnenuntergang. Es ist ein Stellplatz, der schöner nicht sein könnte. Diesmal, das spüren wir schon jetzt, klappt es besser als vor einem Jahr.

*Idealer Standplatz: Fester ebener Untergrund in unendlicher Einsamkeit.*

Alles das, was wir da verpasst haben, holen wir nun nach. Mindestens dreifach.

Auf eine herrliche Nacht unter klarem Sternenhimmel auf dem Dach unseres Reisemobils folgt früh der Morgen. Die Sonne treibt uns bald von dem exponierten Platz herunter. Im Fahrzeuginneren ist es noch relativ kühl, gute Vorraussetzung für ein genussvolles Frühstück.

Anhand unserer Reifenspuren finden wir den Weg zurück zur Straße. Es ist eine asphaltierte Nebenstrecke, die uns über dreihundert Kilometer parallel zur turkmenischen Grenze durch karges Hügelland führt.

Bewundernswert, wie die Menschen und Tiere in dieser scheinbar lebensfeindlichen Umwelt klarkommen. Einige Male treffen wir auf turkmenische Hirten, die ihre Schafe und Ziegen entlang der Berghänge führen, wo es wenigstens noch etwas Vegetation gibt. Ehrlich gesagt fragen wir uns, wie die Tiere hier jemals ihren Magen füllen können. Die Hirten sind zu unserem Erstaunen mit dicken, manchmal sogar schwarzen Schafswolljacken und langen Hosen bekleidet. Oft tragen sie eine mit Schafswolle überzogene Kopfbedeckung. Vierzig Grad zeigt das

*Turkmenistan ist das Land der Höckertiere: Fahrer seid achtsam, rechnet auf der Straße mit Kamelen.*

Thermometer an. Aber sie scheinen es besser als wir zu wissen – lebt dieser Volksstamm doch schon seit Jahrhunderten in dieser heißen Region. So viel dicke Kleidung hält die Hitze besser ab. Trotzdem bevorzugen wir kurze leichte Sommerbekleidung. Aber wir haben es aufgrund des angenehmen Fahrtwindes auch nicht so heiß.

Immer wieder liegen Kamele mitten auf der Straße und rühren sich keinen Millimeter, solange wir nicht ganz nahe an den Tieren dran sind. Dann erheben sie sich in aller Gemächlichkeit, trotten langsam zur Seite und lassen sich nur durch den lauten Dieselmotor zum kurzen Galopp nach rechts oder links bewegen.

Gegen Nachmittag erreichen wir die M37, die Straße, auf der wir im letzten Jahr westwärts fluchtartig das Land verlassen haben. Andreas und ich erinnern uns noch genau, was wir bei unserer Flucht alles haben links liegen lassen oder nur im Schnelldurchlauf besuchten. Jetzt wird alles anders. Erstes Ziel ist der unterirdische Thermalsee Kow-Ata, nicht weit des Dorfes Bacharden. Wir steigen auf einer nicht mehr enden wollenden Treppe durch eine imposante Grotte ins Innere der Felsen hinab. Unten angelangt, erstreckt sich der warme See, der mich stark an die blaue Grotte auf Capri erinnert. Mit einigen nicht unwesentlichen Unterschieden. Es gibt hier außer uns keine Touristen und wir dürfen, solange wir wollen, in dem klaren und warmen Wasser schwimmen. Das ist einfach faszinierend. Ein so toller Platz und kein bisschen überlaufen. Wir sind an diesem Nachmittag tatsächlich die einzigen Besucher dieser turkmenischen Touristenattraktion.

**Die Karakum-Wüste**

Am nächsten Tag erreichen wir Aschchabad. Die Hauptstadt Turkmenistans kann nicht mit historischen Gebäuden oder alten Stadtvierteln aufwarten. Aber die einladenden Parks mit viel Grün und die großen Obst- und Gemüsemärkte sind wie eine Oase. Schon wenige Kilometer vom Stadtzentrum entfernt fängt die Wüste an, egal in welche Himmelsrichtung man aufbricht.

Wir brechen Richtung Osten auf, halten dabei Kurs auf die berühmten Sandgebiete der Karakumwüste. Die M37 führt mitten hindurch, durch die faszinierenden Sanddünenberge, die nun links und rechts an uns vorbeiziehen. Die Station Repetek, die einzige menschliche Siedlung in diesem Abschnitt, lädt zu einem Ausflug in die Wüste ein. Umgeben von Sandbergen sind hier zwei Forscher tätig, die uns auf eine Exkursion mit einem Allrad-Lkw tiefer hinein in die Sandwüste mitnehmen. Wir sind heute die einzigen Besucher, hören jedoch von unseren Gastgebern, dass ab und zu auch andere Ausländer vorbeikommen. Aber mit dem Reisemobil war hier vor uns noch niemand gewesen.

Schier unfassbar, welche Steigungen der russische Lkw Marke GAS in der Wüste meistert. Halb sitzend, halb stehend, klammern wir uns am Pritschenrand fest und staunen über das, was der Fahrer sich und dem Lkw zutraut. Überzeugend arbeitet sich das geländegängige Fahrzeug auch steile Sandhänge hinauf. Nach 20 Minuten extremer Fahrt durch Sandberge stehen wir plötzlich inmitten eines grünen Wüstenwaldes. Vor unseren Augen befindet sich nun der größte Saxaulbaumwald der Erde, klären uns die Forscher auf. Diese Bäume schaffen es, ohne nennenswerte Niederschläge jahrelang im Sand zu überdauern. Ist es zu lange trocken, werfen die Bäume ihre dünnen, astförmigen Blätter ab. Die kahlen Pflanzen schlagen erst beim nächsten Regen wieder aus. Trotz extremer klimatischer Bedingungen – wir messen 50 Grad im Schatten – gibt es hier also Leben.

Der Sand ist durch die Mittagssonne auf über 75 Grad aufgeheizt. Barfuß laufen – so verführerisch der feine Sand auch sein mag – ist jetzt sehr schmerzhaft. Wir wollen es fast nicht glauben, dass hier im Winter Fröste bis minus 25 Grad gemessen werden. Vom Polarkreis bis hier in die Wüste stehen keine Gebirge im Weg, die die kalten Luftmassen Sibiriens abhalten könnten. Zur Zeit ist aber Hochsommer und Mittagszeit dazu. Wir sind nicht so genügsam wie die Saxaulbäume und fahren wieder zurück zur Station.

Fast alle Wüstenbewohner wie Rennmäuse, Reptilien und Insekten, haben sich bei diesen Temperaturen zurückgezogen und warten auf den kühleren Abend. Eine kluge Entscheidung. Auch wir gönnen uns einige Stunden Siesta in einer schattenspendenden Jurte. Jurten sind die Zelte der asiatischen Nomadenvölker, also auch der Turkmenen. Einen warmen Tee schlürfen und einfach darauf warten, dass es etwas abkühlt – das ist genügend Beschäftigung bei solchen Temperaturen.

Gegen Abend werden wir aktiv. Die Forscher zeigen uns die Stellen, wo der Wind die eindrucksvollsten Dünen aufgetürmt hat. Nirgendwo sonst auf der Welt weist der Sand so extreme Formen auf wie in der Karakum. Hier liegen die steilsten Dünen der Welt. Tausende von Sandbergen breiten sich vor uns aus. Keine Fußstapfen von irgendwelchen Touristen. Niemand ist hier außer uns und den Forschern, die wir allerdings längst hinter uns gelassen haben. Das, was für uns so faszinierend ist, ist für sie Alltag.

Jetzt sind wir wieder ganz alleine mit uns und dem Wunder „Natur“. Ein Fotomotiv jagt das andere, wir sind fast wie im Rausch. Den Hang der steilen Dünen mehrere Meter hinabspringen und im weichen Sand landen – etwas Schöneres könnte es gar nicht geben.

Der Abend bricht heran, die Sonne senkt sich dem Horizont entgegen. Es ist die Stunde der Schatten- und Lichtspiele der Wüste. Deutlich zeichnen sich die vom Wind mannigfaltig gemalten Muster ab. Jetzt entstehen die wahren Postkartenmotive. Und dennoch finden wir neben

*Die Karakum-Wüste bedeckt mit ihren steilen Sanddünen große Teile Turmenistans.*

Filmen und Fotografieren genug Zeit, die Schönheit dieses besonderen Platzes in der mittelasiatischen GUS ganz bewusst wahrzunehmen. Weiterer Balsam auf unsere Seelen. Wahrhaftig hatten wir auf unserer Flucht im vergangen Jahr viel, sehr viel verpasst.

Die Nacht wird erholsam kühl. Die folgende kleine Exkursion auf der Suche nach Tieren bleibt allerdings erfolglos. Außer frischen Spuren können wir keinen der typischen Wüstenbewohner ausmachen. Aber wir sind auch nicht gerade geduldig. Die überwältigenden Eindrücke in der Wüste und die große Tageshitze haben uns müde gemacht. Schon bald ziehen wir uns in unser Fahrzeug zurück und finden bei angenehm kühlen Nachttemperaturen einen erholsamen Schlaf.

### Pontons statt Fähre

Gut ausgeschlafen, nehmen wir wieder die Fahrt auf der Route der nördlichen Seidenstraße, heute die M37, auf. Bevor wir die Städte Buchara und Samarkand erreichen, müssen wir allerdings die Kleinigkeit einer Flusspassage hinter uns bringen. Gemeint ist eine ganz besondere, nämlich die über den Amudarja bei Tschardshou, wo Andreas und ich bereits letztes Jahr einschneidende Erlebnisse hatten. Aber dieses Jahr läuft einfach alles besser. Zwar haben die Turkmenen die weggespülte Brücke noch nicht instand gesetzt. Besser gesagt, sie haben noch nicht mal damit angefangen. Aber statt der Fähre – bestimmt ist der Schlepper kaputtgegangen oder irgendwann das Stahlseil gerissen – haben sie eine Pontonbrücke installiert, die nun beide Ufer des Amudarja miteinander verbindet. Etwa ein Dutzend schwimmende Stahlsegmente bilden die Brücke. Kaum sind wir behutsam auf das erste Segment aufgefahren, verliert es merklich an Höhe über Wasser. Je näher wir der Verbindungsstelle zwischen erstem und zweitem Segment kommen, umso mehr senkt sich ersteres unter dem Gewicht unseres Reisemobils ab. Der zu überwindende Höhenunterschied zwischen beiden Segmenten besteht mittlerweile aus 30 Zentimetern. Wie sollen wir diese Kante überwinden, ohne dabei Reifen und vielleicht die tiefliegenden Tanks zu beschädigen? Wie sollen wir über zehn Segmente passieren, ohne dabei das Fahrzeug zu ruinieren? Und wie schaffen das überhaupt die Pkw?

Wir setzen zurück und merken, wie das Segment unter nachlassender Last wieder mehr aus dem Wasser kommt. Das Segment reagiert aufgrund seiner Größe träge. Sollten wir relativ schnell darüber fahren, schafft es das Ponton vielleicht nicht, sich so tief abzusenken, bevor wir auf dem nächsten sind. Also probieren wir es.

Mit einer Geschwindigkeit von 20 Kilometern fahren wir erneut auf die Brücke und halten auf den Übergang zum zweiten Segment zu. Und es klappt. Nur circa zehn Zentimeter groß wird der Unterschied zwischen den Pontons. Da springen wir mit den Vorderrädern locker drüber. Die schwere Hinterachse drückt das erste Segment noch etwas tiefer ins Wasser und der Schlag beim Auffahren auf das Zweite ist schon ganz schön heftig. Aber wir ziehen durch und schaffen es tatsächlich unbeschadet auf die andere Seite. Die Überfahrt bei Tschardshou ist scheinbar immer für ein Abenteuer gut. Glücklicherweise dauert es diesmal nicht unzählige Stunden, sondern nur wenige Minuten.

Erwartungsvoll steuern wir der turkmenisch-usbekischen Grenze entgegen. Seit dem Ende der Sowjetunion sind Turkmenistan und Usbekistan souveräne Staaten. Was wird uns an der Grenze erwarten?

Nichts, wie wir bald feststellen. Es gibt nämlich noch keine Kontrollen, geschweige denn Gebäude. Hat sich seit dem Ende der Sowjetunion nichts verändert? Doch. Die nächsten Straßenkontrollen bringen es an den Tag. Wir zeigen unsere Visa mit dem eingetragenen Reiseziel in Kirgistan. Städte in Usbekistan sind nicht extra ausgewiesen, was auch keine Pflicht ist. Trotz regulärem Visum bestehen die usbekischen Polizisten aber auf die Marschroute. „Das hier ist Usbekistan und nicht die Sowjetunion." Also ziehen wir unseren nächsten Trumpf. Die Zuhause vorbereiteten Marschrouten kommen jetzt zum Einsatz. Und siehe da, es klappt damit auf Anhieb. Zufriedenheit auf allen Seiten. Wir können weiterfahren.

Die nächsten Tage genießen wir Orient pur, begegnen den historischen Stätten mit der angemessenen Muße. Ach, wie angenehm ist es, ohne Zeitdruck und putschende Militärs durch Bucharas und Samarkands Straßen zu laufen.

Die durch westliche Journalisten verbreitete Absicht, der Islam habe das Zepter in Mittelasien fest in der Hand, können wir nicht bestätigt finden. Das Schwert des Islam erscheint uns während unserer Zeit sehr viel stumpfer, als von unserer Presse dargestellt. Nicht ein einziges Mal haben wir einen Muezzin rufen gehört. Einige der Koranschulen sind aber nach 70 Jahren Kommunismus wieder ins Leben gerufen worden.

## Endlich das Hochgebirge

Wir passieren zwei GUS-Grenzen, nämlich Usbekistan-Kasachtstan und Kasachstan-Kirgistan, ohne dabei auf irgendwelche Kontrollen zu stoßen. 300 Kilometer hinter Taschkent, der letzen und größten usbekischen Stadt auf unserer Besuchsliste, sind wir unserem Traum des letzten Jahres wieder ein Stück näher gekommen. Wir sind in Kirgistan. Das Hochgebirge ist zum Greifen nahe – so nahe wie noch nie. Diesmal fahren wir nicht daran vorbei, um uns anschließend vom KGB verhören zu lassen. Nein, diesmal lassen wir uns die Berge nicht nehmen. Noch bevor wir unsere Freunde in Kara-Balta besuchen werden, suchen wir uns den Weg ins Hochgebirge.

*Passaufstiege in Kirgistan haben es in sich.*

Die wenigen kirgisischen Fahrzeugkontrollen werden zu angenehmen Begegnungen. Die Polizisten fragen nicht nach einer Marschroute oder sonstigen Papieren, sie sind einfach nur erstaunt und äußern sich fast ungläubig, dass wir aus dem 7000 Kilometer entfernten Deutschland kommen sollen. Besonders unser Gefährt übt eine große Faszination auf die Gesetzeshüter aus. Ein Haus auf Rädern, dazu aus dem europäischen Westen, und der Marke Godzilla, ist doch etwas ganz anderes. Wir können unsererseits Informationen über den uns bevorstehenden Weg einholen. Mit einigen Werbegeschenken von Sony enden die Kontrollen so fröhlich und freundlich, wie sie begonnen haben.

Vor dem ersten kirgisischen Gebirgspass stoppen uns wieder die Polizisten. Als erstes werde ich gefragt, wo es denn hingehen soll. „Richtung Sussamir“, antworte ich. Dann folgt die Frage, wie viele Plätze unser Fahrzeug denn hat. Die Sitzgruppe im Wohnraum einbeziehend, antworte ich stolz: „Neun!“ Der Polizist läuft freudestrahlend zurück in das kleine Kontrollpostenhäuschen um kurze Zeit später wieder herauszukommen. Aber er ist nicht allein. Neben seinen zwei Kollegen kommen neun waschechte Kirgisen auf unser Fahrzeug zu. Jetzt verstehe

*Man nimmt so viele mit, wie man Plätze hat.*

ich den Hintergrund der Frage. Die sollen wir alle mitnehmen. Aber ich habe nicht umsonst geprahlt, wir haben wirklich neun Sitzmöglichkeiten. Über die geöffneten Hecktüren schwingt sich einer nach dem anderen ins Reisemobil. Die müssen wohl irgendwo vom Regen überrascht worden sein, ihre Kleidung ist noch ganz nass. Schnell verbreitet sich ein durchaus herber Pferdegeruch im Fahrzeug, fast alle hier in Kirgistan haben nämlich etwas mit Pferden zu tun. Los geht's. Mit zwölf Personen an Bord quält sich der Ersatzgebirgsbus Godzilla den Pass hinauf.

Im Hochgebirge, das über 80% des Landes ausmacht, ist neben dem Lkw das Pferd wichtigstes Transportmittel. Beim Passaufstieg begegnen wir riesigen Herden freilaufender Pferde, welche die geschotterten Hochgebirgspisten als Zugweg benutzen. Einmalig! Hunderte, nein, es müssen Tausende von Tieren sein.

Erst bei 3330 Metern findet der Passanstieg sein Ende. Zwischendurch klopft immer mal einer unserer Fahrgäste an die Durchreiche zur Fahrerkabine, um zu signalisieren, dass er jetzt aussteigen möchte. Weit und breit ist kein Haus, kein Dorf, aber die Kirgisen werden schon wissen, was sie tun.

*Die wilden Pferde nutzen die Schotterpisten im kirgisischen Hochgebirge als Zugwege.*

Zwei Stunden haben wir für den Anstieg benötigt. Jetzt biegen wir Richtung Norden, Richtung Kara-Balta, ab. Die restlichen Kirgisen steigen hier aus und bedanken sich herzlich. Einige möchten sogar für die Mitnahme zahlen, was wir natürlich ablehnen. Sie wollen Richtung Süden und werden bestimmt nicht zu lange auf die nächste Mitfahrgelegenheit warten. Per Anhalter fahren ist hier genauso selbstverständlich, wie das Mitnehmen von Menschen, wenn man selbst freie Plätze hat.

Fast einhundert Kilometer Hochebene liegen vor uns. Wir wollen nach den Anstrengungen das Aufstieges die Natur der gewaltigen Bergwelt auf uns wirken lassen, möglichst abseits jeglicher Zivilisation. Wir verlassen die Straße und folgen zwei Fahrspuren, die durch die grüne Ebene führen. Nach 15 Minuten sind wir am Ziel. Das Hochgebirge. Gewaltige, mit Schnee bedeckte Berge umgeben uns, davor erstrecken sich smaragdgrüne Hänge, an denen freilaufende Pferde weiden. Sagte ich, wir sind am Ziel? Zumindest haben wir ein Etappenziel erreicht. Natürlich ist bei so einer weiten Reise der Weg das Ziel, aber Etappenziele brauchen wir wohl einfach, um zwischendrin auch einen Erfolg, eine Eroberung, ein Errei-

*Weideland, 3000 Meter über dem Meeresspiegel.*

chen eines Zieles erleben zu können. So ein Erlebnis haben wir jetzt. Noch vor zehn Tagen bestimmten Kamele und Wüstensand das Bild, jetzt sind es die Pferde in grünen Hochgebirgslandschaften.

Wir sind ganz allein hier oben auf 3000 Meter hohem Grasland. So schnell kommt hier wohl niemand hin. Während wir gerade am Essen sind, hören wir Geräusche. Irgendetwas scheuert da doch an der Außenhülle. Beim Blick heraus entdecke ich die Ursache. Ein Pferd ist an die hintere Stoßstange angebunden und stößt ab und zu an unser Fahrzeug. Sein Herr ist gerade auf der anderen Seite unseres Fahrzeuges am Staunen. Wir sind also entdeckt. Unser rotes Reisemobil auf grünem Hintergrund ist aber auch nicht zu übersehen. Kurze Zeit später weiß es anscheinend die ganze Hochebene. Frauen, Kinder und Männer, zwanzig, vielleicht sind es dreißig, kommen zur Besichtigung von Godzilla.

Die Hochebenen des Tien Schan sind die Weidegründe der

Tschabany, der kirgisischen Halbnomaden, die hier von Schaf- und Pferdezucht leben. Die Verständigung läuft auf Russisch, welches diese Nomaden, ein Turkvolk, genauso wie alle andern Völker zu Zeiten der Sowjetunion lernen mussten.

*Gastfreundschaft wird in Kirgistan großgeschrieben. Unsretwegen wird eine Ziege geschlachtet und darauf in mehreren Gängen verspeist.*

Was sind das für packende Momente. Die Frauen entdecken unsere Milch in Tüten und fließend Wasser in Küche und Dusche. Die Männer fachsimpeln über den Motor und können es nicht fassen, dass dieses Fahrzeug schon über 20 Jahre auf dem Buckel haben soll. Wir sind ungewollt die Sensation der Hochebene. Ehe wir's uns versehen, lernen wir, was Gastfreundschaft bei den kirgisischen Hochgebirgsnomaden bedeutet. Unsretwegen wird extra eine Ziege geschlachtet und in mehreren Gängen bis ein Uhr nachts serviert. Die fettigsten Stücke gelten bei den Tschabany als das Beste – und das Beste kriegen natürlich die Gäste....

Längst sind wir nicht mehr in unserem Haus auf Rädern, sondern in Jurten, den Behausungen der Tschabany, gelandet. Immer wieder bieten sie uns Kumys, vergorene Stutenmilch, an. Ein Getränk, mit dem ich mich zumindest nicht habe anfreunden können. Aber die Gastfreundschaft kennt keine Gnade. Bis an die Schmerzgrenze werden wir mit Ziegen- und Schafsfleisch sowie Kumys gefüttert.

Unser Fahrzeug schließen wir hier nicht ab. Die Tschabany verbürgen sich dafür aufzupassen, damit nichts gestohlen wird.

Wir spüren, wie ernst und ehrlich das gemeint ist und haben keine Sorge um unsere Ausrüstung im Reisemobil.

Es folgen zehn unvergessliche Tage, die wir mit den Tschabany verbringen, die alle anfängliche Scheu uns gegenüber abgelegt haben. Hätten sie doch auch manchmal die ungeheure Gastfreundschaft abgelegt, wäre es unseren Mägen besser ergangen. So pilgern wir aber von Jurte zu Jurte und freuen uns, wenn es außer Schafsfleisch und Kumys auch mal selbstgebackenes Fladenbrot und Tee gibt.

Sie melken die Pferde so wie wir Kühe. In großen, aus Tiermägen zusammengenähten Behältern bereiten sie täglich 20 Liter Kumys. Dieser Stoff darf ihnen einfach nicht ausgehen. Selbst die kleinen Kinder bechern schon kräftig die vergorene Stutenmilch. Sie lassen uns auf ihren Pferden reiten und tragen dafür Sorge, dass unsere Trinkbecher niemals leer werden.

Das auf den ersten Blick so romantische Leben im Hochgebirge erweist sich als hartes und bescheidenes Dasein. Keinen Strom, kein fließendes Wasser, keinen Arzt. Keine Geschäfte, außer Fleisch und Brot keine andere Nahrung. Unser Vorhaben, einen der umliegenden Berge zu besteigen, können sie nicht verstehen. Warum so viel Mühe auf sich nehmen, um in ein Gebiet zu gelangen, in dem es gar kein Weideland für die Schafe gibt? Unsere Antwort, der Schönheit der Natur wegen, ist für sie kaum nachvollziehbar. Was kann daran schön sein, wenn da nichts wächst? Aber sie haben es schwerer, müssen hier im Hochgebirge irgendwie überleben, während wir aus freien Stücken mit unserem Reisemobil durch die mittelasiatische GUS reisen.

Wir sind hier die ersten Ausländer, die mit ihrem Fahrzeug die Tschabany besuchen. Wir haben viel über das Leben dieser faszinierenden Menschen gelernt. Vieles hat uns sehr beeindruckt, so die Bescheidenheit, die Gastfreundschaft, die Ehrlichkeit, die Kinder, die mit drei Jahren schon im Sattel sitzen. Anderes hat uns etwas erschreckt. Die niedrige Lebenserwartung der Menschen – sie sterben im Schnitt mit 50 Jahren – oder die grobe Art beim Umgang mit ihren Tieren. Eindeutig überwiegen aber die positiven Erlebnisse.

Nun setzen wir wieder auf die 130 Pferdestärken unseres Reisemobils, das uns nach Kara-Balta, zu unseren Freunden ins kirgisische

*Der Tunnel auf 3500 Meter Höhe wird als Abkürzung für die Hirten und ihre Tiere benutzt. Für die Fahrer bedeutet das stundenlange Wartezeiten.*

Flachland bringen soll. Vor uns liegt ein weiterer Pass, mit 3500 Metern der höchste Punkt auf unserer Strecke. An der Passhöhe ein Tunnel der besonderen Art: Mehrere Stunden müssen wir auf die Durchfahrt warten, weil Hirten den Tunnel als große Abkürzung für ihre Herden nutzen. Tausende von Schafen, Pferden und Ziegen werden durch den fünf Kilometer langen Tunnel ohne Rücksicht auf Verluste getrieben. Pferde, die trotz eines gebrochenen Beines weiterlaufen müssen oder scheuende Tiere, die in den Tunnel geprügelt werden.

Kleine Bäche ergießen sich im teilweise völlig dunklen Tunnel von der Decke. Wenn wir schon im Fahrzeug die Luft anhalten, muss das für die Tiere ein wahrhaftig beängstigender Weg sein.

Der Passabstieg ist nur etwas für schwindelfreie Fahrer. In engen Serpentinen schlängelt sich die Straße in das Tal. In wenigen Kilometern geht es runter bis auf 500 Meter Höhe über dem Meeresspiegel. Unser mit Motorbremse ausgestattetes Reisemobil hat mit der kilometerlangen Gefällstrecke glücklicherweise keine großen Probleme.

**Wenn der Minister wüsste...**

In Kara-Balta angekommen, ist die gegenseitige Freude über das Wiedersehen mit unseren Freunden groß. Die Umstände sind diesmal andere. Keine Visaprobleme, kein KGB und genügend Zeit für weitere Touren mit dem Reisemobil.

In Bezug auf die Gastfreundlichkeit unterscheiden sich Flachlandkirgisen von denen im Hochgebirge überhaupt nicht. Wir werden auch jetzt fürstlich umsorgt. Die viel zu oft und zu üppig angebotenen Speisen sind im Gegensatz zu denen im Hochgebirge aber abwechslungsreicher. Morgen soll in Bischkek, der auch im Flachland gelegenen Hauptstadt Kirgistans, das erste eigenständige Nationalfest des noch so jungen Staates stattfinden. Das müssen wir einfach sehen.

Vor Ort erfahren wir, dass alle Eintrittskarten für dieses Fest verkauft sind und es ohnehin einiger Beziehungen bedarf, um überhaupt an Karten heranzukommen. Die Ordner machen keine Ausnahme und weisen uns ab. Frustriert trotten wir vom Eingang des Festes. Ein Kamera-Team kommt uns entgegen und geht schnurstracks auf die Kontrolleure zu. Und was machen diese? Sie lassen sie durch. Einfach so. Ohne Karten. Das ist es! Unsere Kamera sieht auch ziemlich professionell aus und unsere Reisepässe funktionieren wir zu Presseausweisen um. Mit Kamera auf der Schulter und den vorgehaltenen Pässen gehen wir auf den Eingang zu. „Germania TV" rufe ich – und siehe da, sie lassen uns alle durch. Wir kommen doch noch zu unserem Erlebnis „Kirgisisches Nationalfest". Es werden landesübliche Speisen angeboten, so eine Art „all you can eat" auf dem ganzen Fest. Wettkämpfe und Präsentationen sorgen für die Unterhaltung der geladenen Gäste. Junge Burschen zeigen Kunststücke auf schnell galoppierenden Pferden, die stärksten Männer geben sich rauen Reiterkämpfen hin. Wrestling auf Kirgisisch. Dazu präsentieren Züchter ihre schönsten Jaks, Trampeltiere, Pferde und Greifvögel.

Irgendwann landen wir in einer der mit leckersten Speisen versehenen Jurten. Uns gegenüber sitzt der Minister des Innern. Wir schmausen und plaudern mit ihm über eine Stunde. Wenn der wüsste, wie wir ins Fest gekommen sind, hätten wir wohl wieder ein Problem in Bischkek. Aber niemand merkt es, wir erleben einen tollen Tag.

**Camping am Himmelsspiegel**

Schon sind wir auf dem Weg zu einem der am höchsten gelegenen Gebirgsseen der Welt, dem Issyk-Kul. Viele Kirgisen haben uns von den Campingplätzen am Ufer des Sees vorgeschwärmt. Aber sie waren wohl selbst seit langem nicht mehr am See. Zumindest hat dieses Camping nicht viel gemeinsam mit dem, was wir Westeuropäer darunter verstehen. Standplätze für Reisemobile geschweige denn Caravans gibt es nicht. Wir können uns nur eine von vielen aneinander gereihten Blockhütten mieten. Aber das Ambiente – von schlechten Stellplatzmöglichkeiten bis hin zu Schmutz und bescheidener Lage des Platzes – lässt uns schnell verschwinden. Wir sind mit unserem Haus auf Rädern doch flexibel und der See ist so groß. 420 Kilometer Uferstraße umrunden das über 1000 Meter tiefe Gewässer fast völlig.

Das, was wohl an allen westeuropäischen Seen fast unmöglich ist, lässt sich hier problemlos realisieren. Nahe am Ufer finden wir einen herrlichen Platz, der weit genug von der ohnehin schwach befahrenen Uferstraße entfernt ist. Die kleine Bucht mit Sandstrand gehört uns ganz alleine. Schwimmen und dann mit wenigen Schritten im Reisemobil – einfach herrlich.

Die Hecktüren weit geöffnet, speisen wir mit Blick auf den tiefblauen See. Das gesamte Gewässer ist von über 4000 Meter hohen Gebirgszügen umgeben. Die Wolken bleiben in den Bergen hängen und lassen dort ihre Niederschläge fallen. Über dem See herrscht fast immer Sonnenschein. Himmelsspiegel nennen die Einheimischen ihren Issyk-Kul. In dem glasklaren und ruhigen Wasser spiegelt sich der Himmel, wie er mit seinen Wolken an die schneebedeckten Gipfel des Tien-Schan-Gebirges stößt. Es ist ein Schauspiel sondergleichen, wenn sich die Schneefelder der Berge in der Abendsonne gleich zweimal in glühendes Rot verfärben. Einmal auf den Bergen und einmal im Wasser. Es gibt keinen Zweifel. Wir haben den schönsten Stellplatz der Welt...

Sieben Tage Issyk-Kul sind wie im Fluge vergangen. Dieser See und seine Umgebung sind ein Eldorado für den naturliebenden Reisemobilisten. Es gibt hier so viele herrliche Stellplatzmöglichkeiten, wie es bei uns in Westeuropa Übernachtungsverbote für Wohnmobile gibt. Wie schade, dass der See 8000 Kilometer von Zuhause entfernt ist.

**Der Heimweg**

In Kara-Balta bereiten wir uns auf die Abreise vor. Aber bevor es nach Westen geht, sind wir eingeladen bei dem Herrn, der uns letztes Jahr aus den Fängen des KGB befreite. Was ist das für eine Freude, als wir uns wiedersehen. Die Degusarews haben für uns keine Mühen gescheut und eine mittelasiatische Spezialität gezaubert. Es gibt Plow, ein fettes, aber leckeres Reisgericht mit Gemüse und Fleisch. Während des Essens stoßen wir mehrmals mit Arak, kirgisischem Schnaps, an. Mehrmals, sagte ich. Für mich entschwinden viele Erinnerungen ab dem sechsten Glas. Ich erinnere mich nur, dass Degusarew und ich auf dem Weg zum Nachtlager gemeinsam in die Büsche gesegelt sind. Und natürlich an den nächsten Morgen, wo das Aufstehen selten schwer fällt.

Wir nehmen Abschied von Kirgistan, haben tatsächlich die Reise so gestalten können, wie im Groben geplant. Natürlich sind wir nach der Chaosreise des vorangegangenen Jahres viel schlauer und vermeiden so viele Fehler. Trotzdem birgt das Reisen mit dem Auto durch die GUS immer wieder Überraschungen, die von einem Reisemobilisten Improvisationskünste abverlangen. Unser Rückweg liefert einige Beispiele.

Mitte September sind viele der riesigen mittelasiatischen Getreidefelder bereits abgeerntet. Für uns stellen diese manchmal zehn Kilometer langen Felder einen wunderbaren Standplatz für die Nacht dar. So auch jetzt, wo wir ein kleines Stück Nordwest-Kasachstan durchfahren haben und abseits der Hauptstraße einige hundert Meter ins Stoppelfeld gefahren sind. Die Berge im Rücken, auf der Gegenseite die ewige Weite der Steppe – wieder ist es ein herrlicher Standplatz. Keine Wolke zeigt sich am Himmel, wir schlafen auf dem Dach bei angenehmem Mondlicht ein. Der tiefe Schlaf findet ein jähes Ende, als die ersten dicken Regentropfen fallen. Schnell ziehen wir uns ins Fahrzeuginnere zurück. Innerhalb weniger Minuten fängt es richtig zu schütten an und hört erst am Morgen wieder auf.

Wir wollen losfahren, fressen uns aber schon nach einigen Metern im aufgeweichten Untergrund fest. Zum Glück haben wir vier Sandbleche dabei und arbeiten uns Blech für Blech bis zur Straße vor. Nach zwei Stunden Frühsport haben wir wieder Asphalt unter den Rädern.

*Das Reisemobil ist sicherlich nicht das geländegängigste, aber mit Sandblechen und gutem Zureden kommen wir auch aus dem Feld wieder heraus.*

Wir treffen zwei Fahrer eines usbekischen Melonen-Lkw, die mit uns das gleiche Ziel haben: das Kaspische Meer. Natürlich erhalten wir sofort einige Melonen als Gastgeschenke.

Es ist erstaunlich, dass die Melonen bis in die Ukraine gebracht werden sollen. Aber die Fahrer erklären uns, Dieseltreibstoff in Turkmenistan sei fast kostenlos zu bekommen. Deswegen haben sie sich auf dem Auflieger einen 3000-Litertank installieren lassen. Mit einer Tankfüllung kommen sie damit hin und fast wieder zurück. Auch andere Lkw transportieren Güter über ungeheuer weite Strecken. Oder ist es nicht etwas weit, gebrannte Ziegelsteine 3000 Kilometer bis nach Südrussland zu befördern? Es gibt nur eine Straße, die direkt zum Kaspischen Meer führt. Immer wieder treffen wir auf Lkw und überholen sie oder sie überholen uns, während wir fotografieren. Nach einigen Überholvorgängen kennt man sich.

Da steht er am Straßenrand, der Melonenlaster mit dem riesigen Tank. Die Fahrer winken uns schon von weitem zu sich heran. Irgendetwas ist dort schief gegangen. Als wir neben dem Lkw stehen, sehen wir das Desaster. Der 3000-Liter-Tank auf dem Auflieger hat den Erschütterungen nicht standgehalten und ist an den Schweißnähten aufgeplatzt. Nun fließt vor unser aller Augen der Dieselkraftstoff einfach so auf die Straße.

Der Tank unseres Reisemobils ist relativ leer, wir können mittels eines dicken Schlauches immerhin noch knapp 600 Liter Treibstoff aufnehmen. Der Rest fließt unwiederbringlich dahin, genauso wie die Geschäftsträume der Lkw-Fahrer. Sie wollen von uns kein Geld für den Dieselkraftstoff, der hier umgerechnet ein bis zwei Pfennige pro Liter kostet. Knapp 2000 Liter Dieselöl versickern im Boden. Aber keiner außer uns verschwendet auch nur einen Gedanken an das, was der Umwelt angetan wird.

Längst hat uns der Wunsch überkommen, mit all den schönen Erlebnissen und Aufnahmen möglichst schnell nach Hause zu reisen. So starten wir morgens um fünf und fahren bis spät in die Nacht hinein. Während der Dunkelheit ereichen wir die Stelle, an der die Autofahrer den Fluss Amudarja überqueren müssen. Ja, die Pontonbrücke ist noch da, aber es ist nicht mehr alles so, wie es auf dem Hinweg war. Einige der Segmente hängen jetzt tiefer im Wasser, sodass die Räder unseres Gefährts mindesten an drei Stellen über 25 Zentimeter Höhenunterschied überwinden müssen. Ich traue mich nicht, diese Stellen mit Schwung zu nehmen und fahre behutsam an die Stelle des ersten kritischen Übergangs heran. Das Ponton unter uns senkt sich weiter. Jetzt sind es schon mindestens 40 Zentimeter, die die Reifen klettern müssten. Und jetzt 50! Das geht einfach nicht mit unserem Fahrzeug. Ich setzte zurück und lehne mich ratlos auf das Lenkrad. Müssen wir wieder übernachten und morgen etwas basteln, um hier drüber zu kommen?

Ich verharre einige Minuten in Lethargie, bis sich ein Fahrzeug nähert. Mit Spannung verfolge ich, wie der mit circa 20 Passagieren besetzte Autobus die Pontonbrücke passieren wird. Und das ist in der Tat spannend. Couragiert hält der Autobus auf die Pontonbrücke zu. Die erste kritische Übergangsstelle. Der Bus nimmt sie mit mindestens 20 Stundenkilometern. Die Vorderräder sind jetzt schon auf dem nächsten

Ponton. Es folgt die Hinterachse. Der Bus macht einen gewaltigen Sprung und ich sehe im Fahrzeuginnern die Passagiere von ihren Sitzen fliegen. Noch zweimal heben die Menschen im Bus fast synchron ab, dann haben sie es geschafft.

Andreas und Micha schlafen in der Wohnkabine. Ob sie auch so hoch fliegen werden, wenn ich das auch so probiere? Zumindest werden sie weich auf den Polstern landen. Also, los geht's! Mit Vollgas im dritten Gang lenke ich Godzilla auf die Pontonbrücke. Nicht Zaudern, Handeln ist hier gefragt. Die Schläge an den Segmentübergängen sind gewaltig. Bei der Hinterachse habe ich das Gefühl, diese gleich abzureißen. Aber dann sind wir drüben. Andreas und Michael haben ihre Flüge überstanden und sind nun nicht mehr am Schlafen.

Ich checke die Reifen und stelle fest, dass scheinbar alle Pneus die harten Schläge überstanden haben. Gerne hätte ich gewusst, wie Pkw oder niedrig liegende Fahrzeuge diese Pontons überqueren. Nach zweistündiger Irrfahrt durch Tschardshou sind wir wieder auf der M37.

In Aschchabad wollen wir uns bei der iranischen Botschaft ein Visum besorgen. Damit würden wir die Option besitzen, über den Iran auszureisen. Aber die Iraner weisen uns ohne Begründung ab und raten uns, es in Baku zu versuchen.

An der Fähre über das Kaspische Meer treffen wir wieder einige der Fahrer, die uns überholt haben. Es warten nun viel mehr Fahrzeuge, als vor einem Jahr. Schon zwei Tage stehen die meisten Lkw hier. Wann die Fähre kommt? Das weiß keiner. Immer wieder hören wir, dass die nächste Fähre zunächst einen Güterzug und dann nur ein paar Lkw aufnehmen soll. Wir müssten dann noch zwei Tage warten.

Die Stimmung unter den wartenden Lkw-Fahrern ist wegen der Sorgen, nicht auf die nächste Fähre zu kommen, merklich angespannt. Bald sollen die Tickets verkauft werden, aber keiner weiß, wann. Es gibt kein Wartesystem. Der schnellste und raffinierteste hat hier die besten Chancen. Mehrmals in der Nacht laufen die Fahrer hektisch zum Häuschen, wo die Fahrkarten verkauft werden. Aber immer ist es Fehlalarm.

Am Folgetag erreicht die Fähre den Hafen von Krasnowodsk. Und erst nachdem klar ist, dass kein Güterzug zu verladen ist, werden die Tickets verkauft. Viel Geschrei, unschöne Szenen, ein Hauen und

Stechen setzt ein. Auch ich schreie mit und lege mich mit dem dicken Typen an, der sie verkauft. 800 Dollar will er uns abknöpfen, obwohl wir wissen, dass die Fahrer der großen Lkw nur 200 zahlen müssen. Ich gebe nicht nach und bekomme schließlich mit Hilfe eines Fahrers für 150 Dollar das Ticket.

Das Auffahren auf die Fähre erinnert mich an das Fährchaos bei Tschardshou im vergangenen Jahr. Alle Lkw drängen gleichzeitig unter ohrenbetäubendem Motorengeräusch auf die Fähre. Die Fahrer haben keine Berührungsängste. Beim Auffahren schrammen ihre Fahrzeuge aneinander. Das ist uns entschieden zu wild. Als Letzte fahren wir schließlich auf die Fähre. Die Hektik war also völlig unbegründet. Alle Lkw passen in ihren Bauch. Es folgen noch über tausend Passagiere, die alle nach Baku wollen. Meist sind es mit vielen Tüten und Paketen bepackte Händler. Die Fähre ist hoffnungslos überfüllt. Die sanitären Anlagen, eigentlich nur für Fahrer ausgelegt, sind in einem nicht beschreibbaren Zustand.

Das Oberdeck dient vielen zur Verrichtung der Notdurft. Alle Gänge sind rappelvoll mit auf dem Boden sitzenden Menschen. In den geschlossenen Räumen verbreitet sich schnell ein strenger Geruch. Auch hier will ich keinen Beschreibungsversuch wagen. Wir haben uns in der Nähe einer Tür zum Mitteldeck auf dem Boden niedergelassen und wissen, dass wir mindestens zwölf besch...eidene Stunden vor uns haben.

Wieder ist die See stürmisch, wir darben auf dem Boden und hoffen auf ein baldiges Ende. Jämmerliche 13 Stunden Fahrt liegen hinter uns, als die Fähre in Baku anlegt. Das Ende ist nahe. Aber die Ernüchterung folgt. Das Anlegebecken ist zu eng, es klafft eine 90-Zentimeter-Lücke zwischen Fähre und Festland. Die Passagiere ohne Fahrzeug sind fein raus. Über einen Holzsteg verlassen sie das Schiff. Wir warten genervt, bis im benachbarten breiteren Hafenbecken das Frachtschiff seine Ladung gelöscht hat. Das Ärgerlichste ist die chaotische Organisation. Dieses schmale Frachtschiff gehört nämlich an die Stelle, wo jetzt die zu breite Fähre liegt. So staunen wir über erneute Schildbürgerstreiche in der GUS.

Nach neun Stunden Wartezeit im zu engen Becken wechselt die Fähre an die nun freie Anlegestelle.

Ein kleiner Trost bleibt: Wir sind das erster Fahrzeug, das die Fähre verlassen darf. Das geschieht den Dränglern recht!

In Baku erhalten wir tatsächlich ein iranisches Visum. Allerdings warnt uns das iranische Botschaftspersonal ausdrücklich davor, den südlichen Grenzübergang zu wählen. Die Aserbaidschaner würden uns nicht herauslassen.

Nach dem Erlebnis mit der Fähre haben wir keine Lust auf Experimente und wählen trotz vorhandenem Iran-Visum den nördlichen Weg über Russland und die Ukraine.

Im Jahr zuvor gab es zwischen Russland und Aserbaidschan noch keine Grenze, aber jetzt ist eine aufgebaut. Sie gleicht eher einem Ausbildungscamp für Freiheitskämpfer. Bewaffnete, mit Tarnanzügen bekleidete dunkle Gestalten fordern uns auf, das Fahrzeug zu verlassen und abzuschließen. Sie führen uns auf Schotterwegen einen Hügel hinauf. Zum Fahrzeug haben wir bereits den Blickkontakt verloren. Was haben die mit uns vor? Wird der bisher so gut verlaufenen Reise ein böses Kapitel hinzugefügt?

Wir werden bis zu einem mit Tarnnetzen überspannten Zelt geführt und dann hereingebeten. Drinnen sitzt der Chef der Grenze, ein ganzer Kerl: dunkle Haare, langer Bart, Militärkleidung und bis an die Zähne bewaffnet. Ja, so habe ich mir immer einen Räuberhauptmann vorgestellt. Mit grimmiger Miene prüft er unsere Pässe und murmelt etwas von Visa für Aserbaidschan. Natürlich haben wir kein Visum für Aserbaidschan. Aber ich würde nicht mal im Traum wagen, ihm das zu sagen. In meiner Furcht vor harten islamischen Strafen zeige ich auf die iranischen Visa, die ja in Baku ausgestellt worden sind. Und das Wunder nimmt seinen Lauf. Er liest das Wort Baku, fängt an zu lächeln, steht auf und gibt uns die Pässe. Dann murmelt er etwas zu seinen Soldaten. Es muss etwas Freundliches gewesen sein, denn wir bekommen Granatäpfel geschenkt und werden zurück zu unserem Auto begleitet. Winkend verabschieden sich die Soldaten von uns. Mit einem iranischen Visum sind wir aus Aserbaidschan ausgereist. Die GUS ist immer für eine Überraschung gut. Es zieht uns dahin, wo solche Überraschungen eher selten sind. Nach Hause. Jetzt liegt ja nur noch Europa vor uns. Das schaffen wir mit links, passieren nach zwei Tagen die russisch-ukrainische Grenze und weitere drei Tage später die ukrainisch-tschechoslowakische.

Auch in der Tschechoslowakei klebt mein Fuß am Gaspedal, nach 36 Stunden Fahrt sind wir wieder Zuhause.

Ehrlich gesagt, diese Reise war doch nicht langweilig, auch wenn im Vergleich zu den vorangegangenen Touren fast nichts schief ging.

Der Räuberhauptmann an der aserbaidschanischen Grenze hätte schon mehr mit mir anstellen müssen, um mich von meiner nächsten Tour abzuhalten. Warum das so ist und warum mich auch nichts Anderes abhält, wieder in die GUS zu fahren, können Sie leicht herausfinden. Kommen Sie einfach wieder mit.

# Küsse auf Kola

*Wir schreiben das Jahr 1993. Die Welt hält den Atem an. Schon wieder rollen die Panzer durch Moskaus Straßen. Boris Jelzin gewinnt den Kampf gegen die Putschisten.*

Sie fragen sich, warum ich auf der Reise nach Kirgistan im letzten Jahr schon etwas Russisch sprechen konnte? Es gibt da einen Grund, der zum immer sprudelnden Motivationsquell in meinem Leben geworden ist. Gemeint ist Anja, die Frau, die mein Herz erobert hat. Als wir uns 1992 bei meiner Kurzreise auf die nordrussische Halbinsel Kola in Murmansk kennen lernten, sprach keiner von uns die Muttersprache des anderen. Englisch war unsere Umgangssprache. Ich konnte nur ein paar Brocken Russisch, Anja noch weniger Deutsch. Aber es reichte, um sich im Juni '92 unsterblich zu verlieben.

Keine zwei Monate später fuhr ich wieder auf Straßen der GUS. Es war die lange Reise ins kirgisische Hochgebirge, die Sie ja schon hinter sich haben. Mit Schmetterlingen im Bauch, mit süßen Träumen im Kopf und mit Herzklopfen sah die Welt für mich ganz anders aus. Natürlich wollte ich Russisch lernen, beschäftigte mich täglich mit einem Selbstlernkurs, hörte beim Einschlafen Sprachkurskassetten über Kopfhörer nach jedem auch noch so langen Reisetag. Meistens schaffte ich es nicht, die ganze Kassette bewusst zu hören. Ich schlief schneller ein als meine Freunde Andreas und Michael, die neben mir Dank verrutschtem Kopfhörer so manche russische Vokabel am nächsten Morgen besser konnten als ich...

Acht Monate blieben, bis ich Anja wieder sehen konnte. Solange hatte ich Zeit, zu lernen. Es war eine selbstauferlegte Aufgabe. Ich wollte, ich musste doch irgendwie Eindruck machen. So lernte ich unabhängig von meinem Zustand jeden Tag mindestens eine halbe Stunde. Egal ob Kopfweh oder hundemüde, es gab keine Entschuldigung. Jeden Tag etwas Russisch!

Schon 1990 hatte ich Schrift und ein paar Worte gelernt. Aber ich war nie intensiv bei der Sache. Seit besagtem Juni war das anders. Und es hat sich bis heute nicht geändert. Heute, das ist der Tag, wo es endlich Richtung Nordosten geht. Genau dahin, wo Anja wohnt. Auf die Halbinsel Kola, knapp 3500 Kilometer von meinem Wohnort entfernt.

Heiko und Alexander, die beiden von der ersten Tour 1990, sind diesmal wieder mit von der Partie. Sie werden im Laufe der nächsten Wochen hoffentlich das Denken für mich übernehmen, wenn meine Gedanken wieder nur bei einem Menschen zu finden sind.

### Diesel, Diebe und Aufkleber

Stolz habe ich ein Schild Mainz–Murmansk an die Frontscheibe von unserem Mobil gehängt. Eine freche Stofffigur – Kater Garfield – findet einen Ehrenplatz auf der Ablage. Er ist eins von vielen Geschenken für – na, für wen wohl?

Die Bäume sind noch kahl, es ist Anfang März, als wir uns auf den 4000 Kilometer langen Weg Richtung Nordosten machen. Ein Visum für Russland haben wir nicht, wollen uns aber eines in Polen oder im Baltikum besorgen. Wieder sind einige Kisten mit Sony-Werbegeschenken, die wir in Sankt Petersburg und Murmansk unter die Leute bringen wollen, an Bord.

Natürlich passieren wir Warschau an einem Samstag, sodass wir es frühestens montags versuchen könnten, ein Visum zu beantragen. Warten, das hieße ja, später auf Kola anzukommen. Nein, ausgeschlossen. Warten kommt nicht in Frage. Wir müssen unbedingt weiterfahren.

Im nordöstlichen Polen wird aus dem Schneeregen ein ausgewachsener Schneesturm. Bald jagt ein eisiger Wind den Schnee über die Straßen. Bei 10 bis 15 Minusgraden fängt unser Lkw zu stottern an, geht manchmal sogar aus. Wir haben wohl in Polen einen für solche Temperaturen untauglichen Diesel getankt. Der Blick in den Filtereinsatz lässt Böses ahnen. Der Filter ist mit Paraffin durchsetzt. Glücklicherweise gehören auch zwei neue Filterpatronen zu unserem mitgeführten Reparatur- und Ersatzteilsortiment. So wechseln wir den Filtereinsatz und tanken neuen Diesel hinzu.

Nach zwei Betriebsstunden ist auch dieser Filter zu, wir müssen unsere letzte Patrone einsetzen. Durch Aufkochen im Wasser versuchen wir das Wachs in den Filtern zu lösen. Alles stinkt nach Diesel: meine

# 1993 - Küsse auf Kola

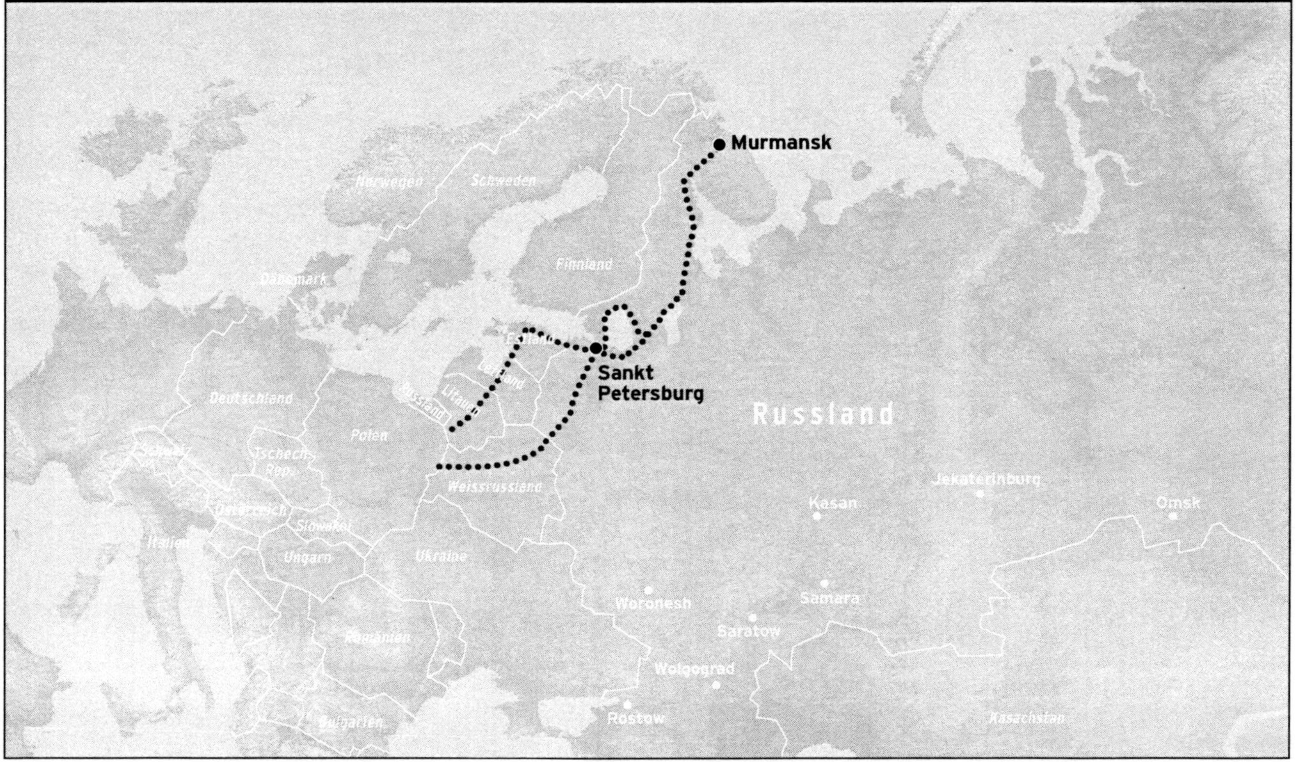

Hände, die Küche und der Motorraum. Um den Motor vor dem kalten Fahrtwind zu schützen, überspannen wir die Lüftungsschlitze mehrfach mit Plastikfolie. Jetzt läuft es wieder, unser Reisemobil.

Die Nacht verbringen wir in der Warteschlange an der polnisch-litauischen Grenze. Am Morgen haben wir es geschafft, sind in Litauen und ich meinem Ziel wieder etwas näher gekommen. 70 Stundenkilometer können wir unserem Gefährt abverlangen, ohne dass es zu stottern anfängt. Wir sind vorsichtig geworden, haben ja nun keinen neuen Filter mehr und wissen nicht, was die Kochaktion gebracht hat.

Die litauisch-lettische Grenze kostet wieder zwei Stunden Wartezeit, obwohl wir uns schon so gut wie möglich vorgedrängelt haben. Unser litauisches Visum gilt für alle drei baltischen Staaten. Alles an der Grenzstation ist chaotisch und vor allem fürchterlich schmutzig. Es nervt mich unheimlich, dass die baltischen Völker sich auch untereinander so sehr kontrollieren müssen. Hier ein Stempel, da ein Formular, dort eine Unterschrift. Das nimmt meine kostbare Zeit in Anspruch. Ich habe doch den wichtigsten Termin der Welt auf Kola.

Wir rasen mittlerweile mit fast 80 Sachen durch das lettische Flachland. Er läuft und läuft, unser Godzilla. Links und rechts rauschen die noch dick zugefrorenen Sümpfe an uns vorbei. Die lettisch-estnische Grenze kostet glücklicherweise nur eine halbe Stunde. Dafür hat das Radio den Geist aufgegeben. Heikos Diagnose ergibt, dass das Ding wohl nicht mehr zu retten ist. Ohne Musik fast 2000 Kilometer – das halte ich nicht aus. Die Musik hilft mir, die Sehnsucht zu verarbeiten. Spätestens in Sankt Petersburg müssen wir uns ein neues Radio besorgen.

Kurz vor Tallin, der Hauptstadt Estlands, suchen wir uns einen ruhigen Standplatz in einem Waldstück. Wir brauchen nach zwei halb durchfahrenen Nächten endlich ein paar Stunden ungestörten Schlaf am Stück. Ausgeruht erreichen wir Tallin, das schon zwei Jahre nach seiner Befreiung von der Sowjetunion sehr westlich aussieht. Überall sind moderne Geschäfte anzutreffen. Im Stadtzentrum gibt es außer ein paar russischen Fahrzeugen nichts, was noch an die Sowjetunion erinnert.

Statt Sightseeing habe ich aber nur eins im Kopf. Schnell zu dem russischen Visum kommen und dann weiter fahren. Das überaus freundliche Personal der russischen Botschaft signalisiert uns Bereitschaft, die Visa auszustellen, wenn wir denn eine Reisebuchung vorlegen könnten. Diese gibt es im benachbarten Reisebüro. Für 14 Tage bekommen wir vom Reisebüro die Buchung ausgestellt, ohne etwas bezahlen zu müssen, da wir ja mit dem Reisemobil unterwegs sind. Die russische Botschaft ist mit unserer Buchung zufrieden und stellt uns innerhalb einer Stunde für insgesamt 60 Euro die Visa aus. Warum klappt das nicht immer so?

Keine fünf Minuten später rollen wir Richtung Osten, immer entlang der Ostseeküste. Narwa ist die Grenzstadt auf estnischer Seite, dann fängt das riesige Russland an. Alle Grenzer, sowohl die Esten als auch die Russen, sind zu uns sehr freundlich. Alles läuft korrekt und schnell ab. Innerhalb von 20 Minuten haben wir russischen Boden unter den Rädern. Der Unterschied zwischen den Baltischen Staaten – insbesondere Estland – und Russland ist doch sehr deutlich. Hier in Russland ist alles ärmer, grauer, die Straßen schlechter, die Städte dunkler.

Nach nur drei Stunden Fahrt sind wir in der Stadt von Peter dem Großen, in Sankt Petersburg. Es ist längst dunkel, als wir uns durch die riesige Metropole kämpfen. Vor drei Jahren haben wir über den schlimmen Zustand der Straßenbahnschienen gestaunt. Jetzt erscheint es uns, als ob alles noch schlechter geworden sei.

Anja hat uns die Adresse ihrer Freundin Marina gegeben, die jetzt in Sankt Petersburg wohnt. Ehrensache, dass wir ihr einen Besuch abstatten. Wir haben einen Stadtplan und mit Heiko einen Meister in Orientierung. Sicher geleitet er uns durch fast vierzig Kilometer Stadt. Alexander ist im Wohnteil unseres Reisemobils längst eingeschlafen.

Es ist gar nicht so einfach, in den überall gleich aussehenden Mikrorajons, den hässlichen Betonplattenbausiedlungen der russischen Großstädte, eine Adresse zu finden. Alles sieht gleich aus. Wir haben es erst geschafft, als es schon 22 Uhr ist. Aber wir wollen wenigstens kurz „Hallo“ sagen, bevor wir schlafen gehen. Unser Reisemobil stellen wir direkt vor dem Hauseingang ab. Alexander lassen wir schlafen, verriegeln unser Fahrzeug und steigen die Treppen zu Marinas Wohnung hinauf. Wir werden bereits erwartet, sie und ihre Oma haben für uns Tee und Gebäck aufgetischt. Es ist so warm und gemütlich in der Wohnung. An den Wänden hängen überall Teppiche. Auf dem Tisch kocht der

Samowar. Ein herzlicher Empfang nach anstrengender Tagesetappe. Jawohl, ein paar Geschenke von Sony wären jetzt nicht schlecht.

Ich steige die Treppe hinab und will schnell einiges aus unserem Auto holen. Sofort fällt mir auf, dass die kleine Seitenscheibe auf der Fahrerseite ausgestellt ist. So etwas vergesse ich doch nicht. Und Kater Garfield sitzt nicht mehr auf der Ablage, sondern liegt auf dem Boden. Irgendetwas stimmt hier nicht. Nervös schließe ich die Seitentür des Wohnaufbaus auf, wo Alexander schlafen sollte. Und er ist Gott sei Dank da, schläft den Schlaf der Gerechten. Nun schaue ich in der Fahrerkabine nach. Das Radio ist weg. Außerdem fehlen Kartons mit 200.000 Sony-Aufklebern. Verdammt. Diebe! Und das, obwohl wir gerade mal 15 Minuten weg waren.

Ich wecke Alexander und rufe Heiko. Sie sollen checken, was ihnen fehlt. Alexander hat tatsächlich alles verschlafen. Außer dem Radio und den Aufklebern – beides kein großer Verlust – fehlt seine Jacke, die auch im Führerhaus lag. Heikos älteres Modell haben sie zurückgelassen wie die gesamte Reisekasse von Heiko, die sich in den Taschen dieser alten Jacke befand. Warum haben sie Garfield nicht mitgenommen? Ich glaube, der freche Kater hat sich gewehrt und den Dieben nur die Sachen mitgegeben, auf die wir verzichten können. Am Radio werden die Gauner noch lange reparieren müssen, und die Aufkleber sind sicherlich keine sehr wertvolle Beute. Wir waren leichtsinnig, das Geld im Führerhaus zu lassen und nicht zu verstecken oder mitzunehmen. Trotzdem sind wir mit einem blauen Auge davon gekommen. Marina und ihrer Oma ist es sehr unangenehm, dass ihre Landsleute uns beklaut haben. Wir versuchen sie zu trösten, dass das in jedem Land der Welt vorkommt. Der Platz vor dem Haus ist eigentlich sicher, zumal die Wohnung von Marina gerade mal ein paar Meter entfernt ist. Sie lassen das Fenster für den Fall der Fälle auf. Ich könnte dann schnell um Hilfe rufen, wenn etwas wäre. So bleiben wir die Nacht am Ort des Diebstahls stehen. Zur Sicherheit schlafe ich in der Fahrerkabine, um auch vorne alles mitzubekommen. Außerdem habe ich ja Garfield. Aber es bleibt wie erwartet ruhig.

Wir frühstücken bei Marina, dann machen wir uns ins Zentrum auf, um ein Autoradio zu suchen. Gerade ein paar Meter gefahren, trauen wir kaum unseren Augen. Vor uns radelt ein kleiner Bub auf seinem Zweirad entlang, welches mit mindesten 30 unserer Sonysticker beklebt ist. Soll dieser Pimpf der Dieb gewesen sein? Leider entwischt er mir zwischen den Betonburgen. Aber ich muss ganz nah am Gangsternest sein. Hier stehen zwei Autos mit einigen unserer Sonyaufkleber. Und in der Nachbarschaft entdecke ich noch ein Fahrzeug mit unserem Sponsor. Das kann kein Zufall sein, das sind unsere Aufkleber. Sticker in Russland sind nämlich eine absolute Seltenheit. Aber was rege ich mich auf, die Diebe erfüllen doch unseren Auftrag, scheinen die Aufkleber rege zu verteilen. Wir stellen die Suche ein und fahren ins Zentrum, wo wir tatsächlich ein neues Autokassettenradio bekommen. Außerdem machen wir auf dem Newski-Prospekt, der größten Einkaufsmeile der Stadt, eine sensationelle Entdeckung. An einem Kiosk können wir unsere eigenen Aufkleber im Aushang sehen. Für zehn Rubel das Stück könnten wir einige zurückkaufen. Das ist ein Ding. Die Diebe haben schnelle und ganze Arbeit geleistet. Es muss noch sehr viel mehr Kioske geben, die mit unseren Aufklebern handeln, denn wir entdecken allein auf dem Weg aus der Stadt ein Dutzend Fahrzeuge, die sich unsere Sticker auf die Scheiben ihrer Autos geklebt haben.

### Ungewollte Hindernisse

Raus aus der Stadt, rauf in den Norden, das ist die Devise. Auf der Karte erscheint es uns nicht als Umweg, sondern als kleine Abkürzung, den Ladogasee entlang des Westufers zu umfahren.

Die ersten 100 Kilometer verlaufen auch gut, bis wir vor einem Schlagbaum stehen. Die freundlichen Soldaten wissen nicht so recht, was sie mit uns machen sollen. Ihr Vorgesetzter bittet uns zu sich ins Stationshäuschen. Er fragt uns, warum wir hier auf der Nebenstrecke fahren. Und was das für ein merkwürdiger Lastwagen mit Fenstern ist.

Das Eis zwischen uns ist spätestens geschmolzen, als wir das Innere unseres Reisemobils bereitwillig erklären. Dann öffnet er den Schlagbaum und bittet uns, bei der Ausfahrt aus dem Gebiet nicht zu sagen, dass wir von ihm durchgelassen worden sind.

Leider sagte er uns nichts über den nun rapide schlechter werdenden Zustand der Straßen. Es ist ein einziger Schlaglochteppich. Mehr als 30 Kilometer pro Stunde sind nicht drin. Nach einem Tag Polterfahrt durch eine

*Niedrige Brücken in Karelien stoppen manch einen Lkw.*

wunderschöne Winterlandschaft entlang des zugefrorenen Sees stoppt eine Brücke mit 3,0 Meter Durchfahrtshöhe unser Abkürzungsvorhaben. Bei einer Fahrzeughöhe von 3.70 Meter brauchen wir es nicht mal versuchen, auch wenn andere Lkw-Fahrer schon einen halben Meter unter der Brücke freigeschürft haben. So müssen wir südwestlich abbiegen und dem Ufer des Sees weiter folgen. Aber wir haben nicht nur Pech. Als wir am nächsten Morgen eine Anhalterin mitnehmen, stellt sich heraus, dass diese ausgerechnet die Freundin des Leiters der Kontrollstation für den nordöstlichen Teil am Ladogasee ist. Am Schlagbaum angekommen, geht sie ins Häuschen am Kontrollposten. Nur wenige Momente später geht der Schlagbaum auf, wir sind aus dem kontrollierten Gebiet – es muss wohl ein militärisches Sperrgebiet gewesen sein – wieder draußen.

Einen Tag hat uns die vermeintliche Abkürzung gekostet. Nun soll es aber ohne weitere Stopps Richtung Norden gehen. Die M18, die Magistrale, die Sankt Petersburg mit Murmansk verbindet, ist heimtückisch. Die Straße hat sich manchmal abgesenkt, es sind Höhenunterschiede bis 20 Zentimeter, die bei einer Geschwindigkeit ab 50 Kilometer unser Fahrzeug springen lassen.

Je weiter wir nach Norden kommen, umso kälter wird es. War es gestern noch über Null, herrscht nun tiefster Winter. Das wäre alles nicht schlimm, wenn nicht wieder der Motor zu stottern anfangen würde. Diesmal liegt es nicht an dem Filter. Er ist sauber und kein Paraffin ist ausgeflockt. Mehrmals innerhalb einer Stunde geht der Motor aus. Jedes Mal muss ich raus und aufs Neue belüften. Als am Abend zum X-ten Mal der Bock nicht mehr will, reicht es auch mir. Wir stellen ein Warndreieck heraus und schlafen einfach auf der M18. Das ist kein idealer, aber zumindest ein sehr pragmatisch gewählter Standplatz.

Am frühen Morgen drängt es mich aber schon wieder aus dem Schlafsack heraus. Ich habe ein Ziel, und da werde ich auch hinkommen, notfalls zu Fuß. Aber erst mal versuche ich, unsere Wohnung auf Rädern bei 20 Grad unter Null in Gang zu kriegen. Ich entlüfte alle Leitungen und versuche den Motor mit zitternden, nach Diesel stinkenden Händen zu starten. Ob der überhaupt noch bei der Kälte anspringt? Er tut es so, als ob er gestern vom Band gerollt wäre. Und er läuft ohne Mucken. Bald hat der Motor Betriebswärme, die Heizung taut meine blaugefrorenen Finger auf. Kilometer um Kilometer bringt mich Godzilla näher an Murmansk heran. Die verschneiten Kiefernwäldern, die zugefrorenen Seen und Flüsse, die Berge, der ewig weit entfernte Horizont, das große barmherzige und zugleich gnadenlose Russland, seine armen und so gastfreundlichen Menschen – das alles berührt mich tief. Ich wische mir die Tränen aus dem Gesicht. Melodien von Enya lassen mich durch Karelien auf dem Weg nach Kola schweben. Jeder Kilometer näher an ihr macht mich glücklich. Ich erlebe alles so intensiv, wie nie zuvor. Ja, es ist die schönste und wichtigste Reise meines Lebens. Die Reise ist meine Existenz. Schaffe ich es nach Murmansk, dann schaffe ich auch den Rest meines Lebens.

Halt, ich bin ins Philosophieren gekommen. Die Realität verlangt aber nach einem 10er Maulschlüssel, mit dem die Belüftungsschraube gelöst werden will. Ja richtig, die süßesten Träume werden durch den erneut stotternden Motor beendet. Immer dann, wenn wir ansteigen, bekommt der Motor Schwierigkeiten und zieht Luft. Aber wir finden einfach nicht den Fehler. Mit Belüften kommen wir immer wieder ein paar Kilometer weiter, aber jetzt, 100 Kilometer vor Murmansk scheint uns die Puste auszugehen. Oft sind es gerade einige hundert Meter, die nach dem Entlüften gefahren werden können. Im zweiten Gang und mit stotterndem Motor quälen wir uns Anstieg um Anstieg hoch. Es sind unglaublich lange und bange Stunden. Um 20 Uhr sind wir noch 70 Kilometer von Murmansk entfernt, um 1.00 Uhr in der Nacht erklimmen wir den letzten Anstieg.

Nun liegt sie endlich vor uns. Die Stadt Murmansk. Diesem Moment habe ich zu intensiv und lange entgegengefiebert, um jetzt damit klar zu kommen. Mein Puls geht so schnell wie noch nie. Es ist die unheimlichste Stimmung, die ein Platz in der Welt jemals auf mich ausgeübt hat. Ich habe Gänsehaut am ganzen Leib. Der frostige Wind treibt Schnee durch die leeren Straßen. Im Leerlauf rollen wir durch die eiskalte Stadt. Die Ampeln stehen auf Dauergelb, blinken also nicht wie normal üblich, wenn sie außer Betrieb sind. Sind sie, wie auch alles andere, eingefroren? Noch nie in meinem Leben habe ich Kälte so grausam empfunden. Es ist Sonntag Morgen. Es müssen doch Leute unterwegs sein. Murmansk ist doch so groß. Das gibt es doch nicht! Und ich müsste... – ja, ich müsste den Rest der Nacht in den Schlafsack. Ich werde niemanden herausklingeln. Die paar Stunden werde ich warten können. Ich parke unser Fahrzeug auf einem Parkplatz vor einem Geschäft. Es ist ja Sonntag. Da darf man das.

### Winterglück trotz Motorschaden

Ein paar Stunden später haben wir uns. Sie wissen schon, wen ich nun mit „wir" meine. Es folgen wunderschöne Tage. Wir feiern gemeinsam das wohl schönste Osterfest des Lebens. Unser Reisegefährt haben wir längst auf einen bewachten Parkplatz unweit des Häuserblocks gestellt, in dem Heiko, Alexander und ich wohnen. Gemeinsam mit Anja und ihren Freunden unternehmen wir Tagestouren in die nähere Umgebung. Tagsüber schafft es die Frühlingssonne manchmal sogar, die Temperaturen über Null zu drücken. Nachts wird es locker noch 15 Grad minus.

Heute, am siebten Tag, planen wir eine Exkursion mit dem Reisemobil zu der Station Nord, 50 Kilometer östlich von Murmansk. Hut ab von unserem Reisemobil. Es springt auch nach einigen Tagen Standzeit in der Kälte ohne Schwierigkeiten an. Wir überqueren den Fluss Tuloma, auf dem Eisschollen Richtung Polarmeer treiben. Die Straße schlängelt sich 20 Kilometer entlang des Flusses, bis wir dem Schild zur Station Nord folgen, einer Stelle, wo sich die Murmansker im Sommer erholen. Im März ist aber noch tiefster Winter, und wir haben einen mit zehn Grad Frost kalten, aber sonnigen Tag für unseren Ausflug gewählt.

Erstaunlich ist, dass unser Reisemobil selbst alle Steigungen ohne Aussetzer bewältigt, obwohl wir nichts repariert haben.

Vor uns tut sich ein riesiger See auf, natürlich dick zugefroren und mit einer dünnen Schneeschicht bedeckt. Der größte Teil des Schnees ist vom eisigen Wind in die Wälder geweht worden. Am Waldesrand haben sich um kleine Holzhütten riesige Schneewehen mit Überhängen gebildet. In deren Windschatten wärmen wir uns auf, tanken Sonne und tollen dann im metertiefen Schnee der Verwehungen herum. Nach dreißig Minuten sind wir ziemlich zugefroren und suchen die Station Nord auf. Es ist ein gemütliches Holzhaus, in dem Andrej, sein Besitzer, jedes Wochenende verbringt. Jetzt tauen unsere Köper nach der Schlacht im tiefen Schnee langsam auf. Wie angenehm ist das wohlige Kribbeln auf der Haut in der warmen Hütte, während draußen der eisige Wind an Tür und Fenster rüttelt. Wie romantisch klingt das knisternde Feuer. Wie gut tut der heiße Tee und die dazu servierten Hartkekse.

Natürlich will Andrej auch unser Gefährt einmal sehen. Sein Wunsch ist uns Befehl. Jetzt sind wir die Gastgeber. Wir drehen die mit Gas betrieben Heizsonne auf volle Touren, öffnen eine Dose halbgefrorener Pfirsiche und kochen eine Suppe. Wir fühlen uns alle so wohl. Auf Kola ist die Welt noch in Ordnung. Zumindest für uns. Am Nachmittag machen wir uns auf den Heimweg nach Murmansk, Andrej bleibt noch einen Tag in seinem Holzhaus.

Ich bin im siebten Himmel. An meiner Seite den Partner fürs Leben, rauschen die schneebedeckten Bäume an uns vorbei. Gerade als wir glauben, alles sei gut, gibt es einen Schlag im Motor, der danach nicht mehr normal läuft. Heiko schwant Böses. Er vermutet den Ausfall eines Zylinders. Das hätte zur Folge, dass wir den Schaden in Murmansk beheben müssten, wollten wir mit dem Wohnmobil wieder bis nach Deutschland kommen. Mich berührt das alles nicht so sehr. Es ist mir ehrlich gesagt nur recht, wenn sich durch eine größere Reparatur die für übermorgen geplante Abreise verzögert. Mit niedrigem Drehmoment steuere ich unser Reisemobil zu unserem bewachten Parkplatz in Murmansk. Dort öffnen wir den Ventildeckel, um etwas besser in den laufenden Motor hineinzuhören. Ja, es scheinen nur fünf Zylinder einwandfrei zu verdichten. Mit einem ist irgend etwas geschehen. Wir müssen den Motor öffnen, um das herauszufinden. Dazu brauchen wir aber eine Werkstatt, und die werden wir erst übermorgen finden, denn morgen ist Sonntag, alles geschlossen, und heute ist es schon zu spät. Juchhu, wir haben mindestens einen Tag hinzugewonnen.

Der Sonntag wird einfach wieder mal schön. So schön, dass meine Sinne nicht mehr ganz beieinander sind. Ich verlege Sachen, ohne es zu merken, an die absurdesten Plätze. Die Atlanten auf die Toilette, den Autoschlüssel in den Küchenschrank. Dann stelle ich mehrere Töpfe Wasser zum Duschen auf die Herdplatte, so wie ich es im Reisemobil gewohnt bin, obwohl wir in der Wohnung fließend heißes Wasser haben…

Am Montag ruft das Studium nach Anja und der defekte Reisemobilmotor nach uns. Auf der Suche nach einer Werkstatt fragen wir bei den Stadtwerken Murmansks an. Gleich der erste Versuch wird zum Volltreffer. Sie nehmen sich sofort Zeit für uns. Mit dem Reisemobil fahren wir in die Werkstatt des Busdepots. Hier werden Gelenkbusse repariert, die bei uns längst als schrottreif gelten würden.

Nach drei Stunden haben wir gemeinsam mit den Russen den Zylinderkopf ausgebaut und heben diesen mit einem Gabelstapler aus dem Führerhaus. Nun können die russischen Meister und Heiko das Problem lösen. Ich muss mal ganz kurz dahin, wo ich gedanklich schon die ganze Zeit bin… In meinem Zustand bin ich ohnehin bei der Reparatur eher störend als nützlich.

Später erfahre ich mehr über das Problem. Der Schaft eines Ventils ist verbogen und kann den Zylinderinhalt nicht mehr verdichten. In der Werkstatt haben die Ingenieure das Ventil neu eingeschliffen. Die beim Demontieren des Zylinderkopfes gerissene Dichtung schneiden sie selbst, so wie sie es auch bei den Murmansker Stadtbussen machen müssen.

*Russische Ingenieure sind wahre Improvisationskünstler. Mit viel Geschick bekommen sie den Motor unseres Reisemobils wieder zum Laufen.*

Bis zum Abend werkeln vier Ingenieure, drei aus Murmansk und einer aus Mainz, nämlich Heiko, an dem Motor herum, bis der Zylinderkopf wieder eingesetzt werden kann. Um 21 Uhr läuft der Motor schon wieder ganz sauber auf allen sechs Töpfen. Das war eine wahre Meisterleistung von den Vieren. Die Russen wollen nichts für die Reparatur berechnen! Nichts! Ich frage sie vorwurfsvoll: „Stellt euch vor, ich wäre ein Russe und ihr nicht gastfreundlich. Was würdet ihr ihm berechnen?" Sie nennen die Summe von 5000 Rubeln, knapp 20 Mark. Mehr Geld wollen sie auch nicht annehmen. Aber wir lassen es uns nicht nehmen, den drei Ingenieuren jeweils ein Geschenkpaket zusammenzustellen und übergeben ihnen dies am nächsten Tag.

Dieser nächste Tag ist auch der Tag des vorläufigen Abschiedes. Es fällt mir außerordentlich schwer. Was mussten sich die Herren Ingenieure auch so beeilen...

Anja ist meine große Liebe und es zerreißt mir fast das Herz, als wir uns das letzte Mal umarmen. Ich dufte nach ihrem Parfum und sauge immer wieder ganz behutsam diesen Duft auf, als wir drei, Heiko, Ale-

*Schwerer und herzlicher Abschied von unseren Freunden aus Murmansk.*

xander und ich, Richtung Süden unterwegs sind. Möglichst lange will ich ihren Duft an mir genießen und nicht alles auf den ersten hundert Kilometern verbrauchen.

Nach sechs Stunden wird mir auch dieses letzte Glück genommen. Der Motor des Reisemobils zieht irgendwo wieder Luft, ich komme beim Entlüften mit Diesel in Berührung. Logisch, dass der Dieselgeruch alle süßen Düfte der schönsten Winterromanze überlagert.

Bald kriegen wir Tauwetter, der Motor stottert nun nicht mehr. Warum er das bei Kälte tat, auch wenn wir guten Winterdiesel im Tank hatten, haben wir bis heute nicht herausgefunden.

In Sankt Petersburg staunen wir nicht schlecht, dass mittlerweile an jedem zehnten Fahrzeug unsere Sonyaufkleber zu finden sind. Selbst Straßenbahnen und Busse haben die Sticker. Die Diebe haben für uns ganze Arbeit geleistet.

Über Brest reisen wir aus, haben Glück, dass wir in der Lkw-Spur einfach durchgewunken werden. Zwei Tage später sitze ich am Telefon in Mainz und bestelle ein Ferngespräch nach Murmansk.

*Küsse auf Kola – der Liebe zu Russland folgt auch das private Glück.*

Soviel Gefühl in Russland hat mein Leben verändert. Nicht mehr das Reisen quer durch alle GUS-Länder ist jetzt das Wichtigste, sondern der Aufbau eines gemeinsamen Lebens mit Anja. Wir führen zwei Jahre eine Fernbeziehung, bevor wir zusammen ziehen können. Zur Finanzierung unserer Hochzeit verkaufe ich Godzilla und erwerbe mit dem Rest einen alten, als Camper ausgebauten VW-Bus, mit dem wir alsbald auf Hochzeitstour gehen wollen. Zunächst hole ich Anja und ihre Familie mit dem VW-Bus in Murmansk ab, um gemeinsam Hochzeit in Deutschland feiern zu können.

Nach der deutschen Feier folgen die Feiern in Moskau und auf der Krim, zu denen wir jeweils mit dem VW-Bus anreisen. Der kleine Camper muss im Heiratsjahr einiges leisten. Über 15.000 Kilometer sind wir damit nur zwischen Ost und West hin und her gependelt. Er hat nur eine Sitzbank, auf der bei gutem Willen maximal vier Personen Platz finden. Zwei vorne, vier hinten – das ist nicht immer genug. So bestuhlen wir für die Fahrten auf der Krim einfach die freien Stellen und bringen insgesamt zehn Personen unter...

Wieder in Deutschland angekommen, verkaufen wir den VW-Campingbus und fangen an, uns erneut nach etwas Größerem umzuschauen.

Frisch verheiratet, denken wir nicht an Abenteuer in Russland. Unseren Honeymoon verbringen wir in den Vereinigten Staaten von Amerika.

In den nächsten beiden Jahren folgen mehrere Reisen nach Russland und in die Ukraine. Zweimal überführen wir ein Fahrzeug nach Russland, dazu kommen Besuche der Verwandten und ein Reportageauftrag in Sankt Petersburg. Natürlich haben wir auch dabei viel erlebt. Aber das alles wird von einer Reise in den Schatten gestellt, die mein langjähriger Freund Oliver unternommen hat. Ich weiß gar nicht, ob ich Ihnen ruhigen Gewissens raten kann, im russischen UAS-Jeep neben Oliver Platz zu nehmen. Aber sonst erfahren Sie nie, was es heißt, mit elf Mongolen durch Russland zu fahren. Viel Glück dabei. Sie werden es nicht nur einmal brauchen…

# Mit elf Mongolen durch Sibirien

*Wir schreiben das Jahr 1995: Die Russen sind mit ihrem Präsidenten Jelzin unzufrieden. Es steht schlecht um das Land. Viele Menschen werden ständig ärmer. Wären jetzt Wahlen, würde das Volk den Kommunistenführer Sjuganow wählen.*

## Die Aufgabe und die Akteure

Meine Aufgabe ist es, einen russischen Jeep der Marke UAS [uralskij aftamabilnyj sawot] von Deutschland nach Ulan-Bator, der Hauptstadt der Mongolei, zu überführen. Ich bin eigentlich Manager von Beruf, habe aber eine Auszeit gebraucht. Mal etwas anderes machen ist angesagt. Begleiten wird mich der UAS-Besitzer, ein ganz besonderer Mensch. Er ist der einzige mongolische Professor für Nuklearphysik, der eben dieses russische Fahrzeug für einen Spottpreis gekauft hat, um es dann in seinem Land einzusetzen. Er selbst hat aber genauso wie seine Schwester, die bei uns mitfahren wird, keinen Führerschein. Seine drei Kinder – zwei Söhne und eine Tochter – haben sich ebenfalls einen Jeep gekauft. Der Lada Niva ist in erbärmlichem Zustand, aber dafür war er auch entsprechend preiswert. Das macht insgesamt ein halbes Dutzend Menschen mit unglaublich viel mongolischem Gepäck, verteilt auf zwei schrottreife Jeeps, die eine Strecke von 10.000 Kilometer überstehen müssen. Der Niva, längst ohne TÜV, hat ernste Probleme mit dem Motor. Dicker blauer Qualm kommt aus dem Auspuff. Der UAS, also der Jeep, den ich lenke und fortan als meinen bezeichne, hat fast ein Jahrzehnt in der Kaserne gestanden.

Wir haben es bisher nicht geschafft, den Schalter für das Licht zu finden. Und trotzdem wollen sie am Abend starten, die Mongolen. Aber ich kann ihnen die Nachtfahrt noch ausreden, weil der UAS doch kein Licht hat und das auf unseren Autobahnen Probleme nach sich zieht. Auch des Professors Vorhaben, den völlig dunklen UAS vom Niva dann eben über die Autobahn abschleppen zu lassen – der Niva hat ja immerhin Licht – kann ich ihm ausreden. Wir starten also am nächsten Tag in der Frühe und erreichen am Abend die Warteschlange der deutsch-polnischen Grenze bei Frankfurt an der Oder. Falsch eingeordnet und ohne Möglichkeit, in die Pkw-Spur überzuwechseln, schmachten wir in der Lkw-Spur 24 Stunden. Wenigstens haben wir hier genug Zeit, herauszufinden, wo das Licht an meinem Jeep eingeschaltet wird.

Am Grenzkontrollpunkt angekommen, bietet unser Zweierkonvoi ein jämmerliches Bild. Mein UAS läuft nicht mehr und wird vom blau qualmenden Niva abgeschleppt. Die deutschen Grenzer winken uns Chaoten ohne Kontrolle durch. Offensichtlich sind sie erleichtert, nun zwei Problemfälle weniger in ihrem Land zu haben. Wären wir in anderer Richtung unterwegs, wäre bei den Deutschen wohl Endstation gewesen.

Durch Polen verläuft unsere Reise so erbärmlich, wie der Zustand unserer Autos ist. Eine Woche sind wir von einer zur anderen polnischen Werkstatt unterwegs. Wir haben nur einen Maulschlüsselsatz für 9,99 Mark aus dem Woolworth dabei. Meine Kfz-Kenntnisse sind sicherlich nicht die besten. Aber im Vergleich zu den Mongolen müsste ich zwei Meisterbriefe haben.

Unter den Blinden ist der Einäugige König. Wie wahr. Aber ich bin ein armer König. Als hinter Warschau wieder mal mitten in der Nacht mein Jeep ausgeht, lassen sich Straßenbanditen diese Chance nicht entgehen und überfallen uns. Der Professor verliert Dollars und wir alle haben einen großen Schrecken weg. Die Autos haben uns die Gangster aus nachvollziehbaren Gründen natürlich nicht weggenommen.

An der polnisch-weißrussischen Grenze stehen wir in einer riesigen Warteschlange. Es dauert 40 Stunden, bis wir durch sind. Aber die Warterei war nicht ganz umsonst. In der Warteschlange treffen wir auf weitere Mongolen in vier deutschen Fahrzeugen, zwei BMW und zwei Audi, alle in durchaus passablem Zustand. Die sechs jungen Männer haben die Fahrzeuge in Deutschland gekauft und sind auf dem gleichen Weg wie wir: nach Ulan-Bator. Wenn das keine Fügung ist! Ursprünglich hatten sie sogar sechs Autos, aber schnelle Autobahnen und jugendlicher mongolischer Fahrstil sind nur bedingt kompatibel. Ein BMW erlitt bei 200 Stundenkilometern einen kapitalen Motorschaden. Er wurde an den Seitenstreifen gerollt und dort einfach stehen gelassen. Ein weiterer BMW erfuhr einen fulminanteren Abgang. Im mongolisch-deutschen Geschwindigkeitsrausch ging es per Mehrfachüberschlag die Böschung

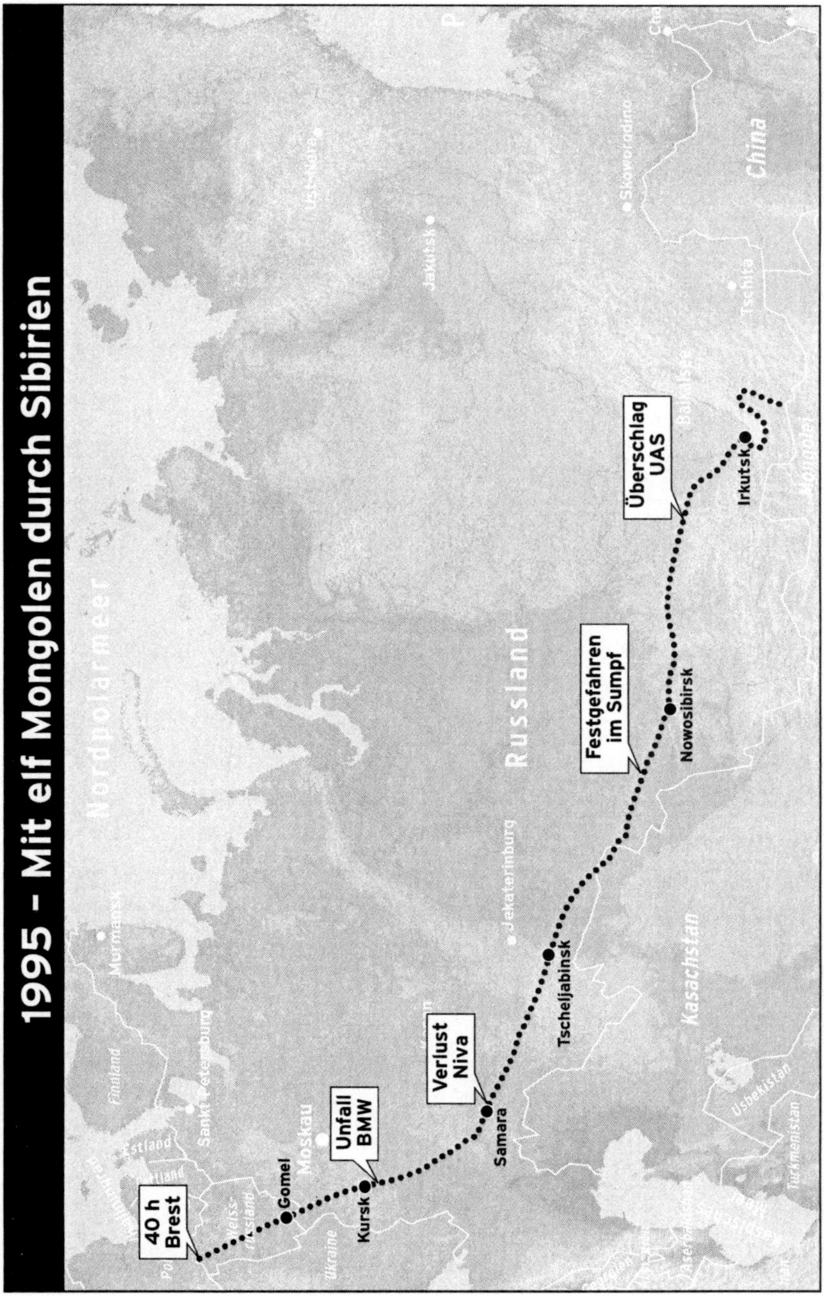
1995 - Mit elf Mongolen durch Sibirien
Nordpolarmeer
Finnland
Murmansk
Estland
Sankt Petersburg
40 h
Brest
Weiss-
russland
Gomel
Moskau
Ukraine
Unfall
BMW
Kursk
Verlust
Niva
Samara
Jekaterinburg
Russland
Tscheljabinsk
Festgefahren
im Sumpf
Nowosibirsk
Kasachstan
Überschlag
UAS
Baikalsee
Irkutsk
Tschita
China
Mongolei
Skoworodino
Jakutsk
Ust-Nera
Usbekistan
Turkmenistan

hinunter. Das Auto war hin. Der Fahrer kletterte wie durch ein Wunder unversehrt heraus und stieg in eins der übrigen vier Fahrzeuge um.

Es liegt nahe, dass wir uns zusammentun, da dies unsere Sicherheit erhöht. Zwölf Personen werden nicht so schnell überfallen. Außerdem haben wir in den Jeeps zwei Dinge, die auf einer Fernreise mit dem eigenen Fahrzeug doch sinnvoll sind:
1. Eine Landkarte im Maßstab 1:5.000.000. Zur Veranschaulichung: Deutschland ginge bei diesem Maßstab auf eine DIN A4-Seite.
2. Das besagte Maulschlüssel-Set. Die sechs Jungs haben weder Karte noch Werkzeug außer Wagenheber und Radkreuz. Wie gut, dass wir bei Woolworth waren…

## „Freie" Fahrt Richtung Osten

Um zwei Uhr nachts haben wir alle polnisch-weißrussischen Grenzkontrollen hinter uns gebracht, wir haben endlich freie Fahrt nach Osten. Jetzt kann es losgehen. Unser nun aus sechs Fahrzeugen bestehender Konvoi kommt nicht mal richtig in Fahrt, da werden wir durch einen weiteren Schlagbaum gestoppt. Weißrussische Milizionäre fordern uns auf, eine Versicherungspolice für den Transitweg abzuschließen. Außerdem sei es viel zu gefährlich, ohne Geleitschutz zu fahren. Aber für elf Dollar pro Wagen bekommen wir ein Polizeifahrzeug zugewiesen, dass unsere Weiterreise sichern soll. Wir zahlen, weil wir weiteres Warten einfach satt haben. In der Tat setzt sich daraufhin ein Polizeiwagen mit Blaulicht an die Spitze und lässt uns folgen. Aber nach einem Kilometer ist es vorbei mit der Herrlichkeit. Genug Schutz, denkt sich die Polizei und dreht ab. Das ist ein stolzer Preis, 66 Dollar für einen Kilometer.

Der Konvoi rollt die ganze Nacht durch gen Osten, wir schaffen fast 300 Kilometer ohne nennenswerte Vorkommnisse. Wir haben die Südroute über Gomel gewählt, die Mongolen wollen den Weg durch Minsk und später Moskau meiden. Die Dörfer und die Städte, alles im betroffenen Gebiet der Tschernobylkatastrophe gelegen, sehen in der finsteren Nacht grau und trist aus. Alles ist hoffnungslos heruntergekommen.

Bald lerne ich kennen, was mongolische Koordination bedeutet. Die Jungs in ihren vier Pkw verlieren wir nun gelegentlich. Wir sind uns nur über die grobe Fahrtroute im Klaren. Absprachen, wer wann wo auf wen wartet, gibt es nicht. Aber warum auch? Vielleicht sehen wir Deutschen das zu verbissen. Irgendwo wird man sich schon wieder finden. So wie heute.

An einer GAI-Station, einer von vielen Fahrzeugkontrollpunkten, auf die wir gut und gerne verzichten könnten, treffen wir tatsächlich auf einen unserer BMW. Der Fahrer lamentiert noch immer mit dem Polizisten. Wir können dadurch unbehelligt passieren und entdecken bald auch unsere drei anderen am Straßenrand wartenden Fahrzeuge. Bei sechs Fahrzeugen mit Zollnummern wird immer mindestens eines unserer Autos herausgewunken.

Wir kommen den Umständen entsprechend gut voran. Fast 60 Kilometer pro Stunde ist für weißrussische Straßen ein anständiger Schnitt. Schließlich gibt es mehr als nur einmal pro Tag die zeitaufwändigen Kontrollen. Dadurch treffen wir aber die meist regelmäßig vorgefahrenen Mongolenjungs an den GAI-Stationen.

Der Fahrer des immer noch laufenden Niva, der älteste Sohn des Professors, demonstriert mir eindrucksvoll den Trick mit dem Feuerlöscher bei einer Polizeikontrolle in Gomel. Jedes Fahrzeug muss in Russland und Weißrussland einen Feuerlöscher mitführen und diesen bei praktisch jeder Verkehrskontrolle vorzeigen. Aber für zwei Jeeps zwei Feuerlöscher kaufen – das wollten sie nicht. Einer reicht auch, wenn man nur schlitzohrig genug ist. Und das sind sie zweifelsfrei. Kaum in eine Kontrolle geraten, kommt dicht hinter meinem Jeep der Niva zum Stehen. Der Feuerlöscher ist zur Zeit in meinem Auto, welches als erstes vom Polizisten kontrolliert wird. Erst werden die Papiere kontrolliert, darauf folgt der Feuerlöscher. Kaum ist dies geschehen, kommt die große Stunde des Sohnes. Im ersten günstigem Moment schnappt er sich den Feuerlöscher aus unserem Jeep und platziert ihn wieselflink in seinem Auto. Als der Polizist zum Niva geht, ist der Feuerlöscher schon da. Ich komme aus dem Schmunzeln nicht heraus. Einfach genial. Übrigens wissen die sechs Jungs um die Bedeutung eines Feuerlöschers für Transitreisende auf osteuropäischen Straßen, und haben in Polen jedes Fahrzeug mit einem bestückt.

## Reparatur auf Mongolisch

Wir haben Weißrussland verlassen, sind auf russischem Boden, und haben es nicht einmal bemerkt. Zwischen beiden Ländern gibt es grüne Grenzen und freie Fahrt für Reisende. Überhaupt kommen wir seit einigen Stunden einigermaßen voran. Nur die Jeeps machen uns zunehmend Sorgen. Der Niva qualmt nun so stark, dass wir bald etwas unternehmen müssen. Und mein Jeep hat immer wieder Probleme mit der Lichtmaschine. Das haben sie bereits in Polen zu reparieren versucht. Jetzt rutscht der Keilriemen. Der Jeep ist kilometerweit zu hören. Mit unserem professionellen Werkzeug sind wir natürlich nicht in der Lage, den Riemen zu spannen und so das Quietschen abzustellen.

Auf unnachahmbare Art und Weise ziehen wir die Aufmerksamkeit eines jeden entlang unserer Strecke auf uns. Der UAS quietscht und der Niva qualmt, dann folgen noch vier Westlimousinen dahinter, allesamt mit Zollnummern – auffälliger geht's wirklich nicht mehr. Zwielichte Gestalten stehen am Straßenrand, steigen dann schnell in ihre aufgemotzten Ladas und überholen uns schließlich langsam, manche sogar ohne Licht, um uns später an sich vorbeifahren zu lassen. Sehr merkwürdig. Wer weiß, welche Begierden unser merkwürdiger Konvoi bei unseren Beobachtern ausgelöst hat. Wir in den Jeeps haben noch immer den Schrecken vom Überfall in Polen in den Knochen. Es beschleicht uns wieder Angst. Überall scheinen Banditen zu lauern. Jetzt bloß nicht anhalten. Bis Kursk, der nächsten größeren Stadt auf unserer Route, wollen wir weiterfahren, um dort an einer Polizeistation zu übernachten.

Halb zwei in der Nacht ist es, als wir Kursk erreichen. Wir werden trotz später Stunde von Polizisten kontrolliert. Direkt hinter der Station sollten wir doch sicher sein und parken unsere sechs Fahrzeuge am Straßenrand. Aber die Polizisten jagen uns hier weg. Weitere 500 Meter entfernt stehen bereits andere Fahrzeuge, die wohl ein ähnliches Schicksal ereilt haben. Also stellen wir uns dazu. Keine zwei Minuten dauert es, dann taucht ein uniformierter Mann auf und will eine Park- und Schutzgebühr von fünf Dollar. Wir haben keine Energie mehr zum Diskutieren und zahlen. Ich bin gerade hinter dem Lenkrad, halb sitzend, halb liegend, aber gewiss nicht bequem, eingeschlafen, da wird unser nächtlicher Schlaf durch lautes Klopfen an den UAS gestört. Schon wieder ein uniformierter Mann. Auch er will Geld, weil wir hier auf einem Privatgelände stehen würden. Als wir ihm mitteilen, dass wir bereits einem Kollegen bezahlt hätten, erfahren wir, dass jener überhaupt nichts mit dem Gelände zu tun hat und wir einem Trick aufgesessen sind. Wer von den beiden Uniformierten hier Gauner ist, lässt sich nicht sagen. Also zahlen wir nochmals fünf Dollar. Immerhin haben wir danach Ruhe für den Rest der Nacht.

Am Morgen muss ich feststellen, dass mein Jeep Kühlflüssigkeit verloren hat. Die Wasserpumpe ist defekt. Jetzt brauchen wir wirklich eine Werkstatt. Während der gemeinsamen Suche in der Umgebung von Kursk hören wir plötzlich einen lauten dumpfen Schlag. Bei einem Wendemanöver hat der jüngste der Mongolen ein entgegenkommendes Auto übersehen. Dieses ist ihm ziemlich heftig in die rechte Seite gekracht. Gelassen, zügig und ohne jegliches Gezeter regeln die Betroffenen die Angelegenheit unter sich. Der Junge zahlt zweihundert Dollar, das dürfte hier für die Reparatur reichen. Zudem haben beide Glück im Unglück. Die Fahrzeuge sind noch fortbewegungstüchtig und das reicht ja.

Jetzt brauchen wir schon mindestens für die Hälfte der Fahrzeuge eine Werkstatt. Schließlich finden wir eine, die sich des Niva annimmt. Für andere Fahrzeuge hat der Werkstattmeister keinen Platz und keine Zeit. Wir beraten uns, was zu tun ist. Die Wasserpumpe des UAS müssen wir vor der Werkstatt auf eigene Faust reparieren. Mit unserem tollen Werkzeugsatz inklusive Wasserrohrzange und zwei Schraubenziehern, die wir inzwischen im Kofferraum eines der BMW gefunden haben, gehen wir an die Arbeit und holen die leckende Wasserpumpe und die Lichtmaschine in drei Stunden heraus.

Inzwischen haben die übrigen Mongolen angefangen, ihre eigenen Autos einer technischen Kontrolle zu unterziehen. Das sieht schon chaotisch aus vor der kleinen Werkstatt. Abgeschraubte Verkleidungen, abgenommene Türen, Reifen und Lampen liegen herum. Man stelle sich vor, alles das geschieht mit ganz wenig brauchbarem Werkzeug. Ich bin schon am Rande der Verzweifelung, wenn ich mal irgendeinen Schlüssel unseres Sets aus dem Woolworth brauche. Manchmal fluche ich laut herum. Ab und zu hilft mir der älteste der Mongolen, der auch am meisten Ahnung von dem UAS hat. Bei den vier Pkw herrscht das reine

Chaos. Jeder darf mal bei jedem schauen, raten, ziehen, drücken, rütteln und schrauben.

In der Zwischenzeit hat der russische Kfz-Meister den ganzen Motor des Niva ausgebaut und zerlegt. Aber auch bei meinem UAS geht es richtig zur Sache. Die Wasserpumpe ist undicht. Wir brauchen Ersatz. Auf dem größten rollenden Basar der Welt besorgen wir uns die nötigen Ersatzteile. Der größte rollende Basar – das sind 15 Millionen Autos russischen Fabrikats von Königsberg bis Wladiwostok, die über eine nicht zu überbietende Auswahl an Ersatzteilen in ihren 15 Millionen Kofferräumen verfügen. Der Einkaufsmodus ist einfach. Man stellt sich an den Straßenrand, hält winkend Autos an und erklärt oder zeigt dem Fahrer, was man braucht. Ich will es kaum glauben, aber das System funktioniert. Fast jeder hält und nach 15 Minuten an der Straße haben wir alles zusammen, was wir brauchen.

Der jüngste der Jungs hat seinen arg demolierten Audi zu verarzten. Über 100 Meter Klebeband schließen die völlig eingedrückte Beifahrerseite und die durch die herausgeflogenen Seitenscheiben entstandenen Löcher. Bald sieht sein Auto von der Seite aus, als ob Christo seinen Verpackungskünsten freien Lauf gelassen hätte.

Ich entdecke keine Spur von Ärgernis in den Gesichtern und den Handlungen der Mongolen. Vielmehr scheinen sie gut gelaunt zu sein. Selbst nach dem Unfall heute morgen war niemand merklich geknickt. Ich bin erstaunt über so viel Gelassenheit, die uns Europäern wohl ziemlich verloren gegangen ist. Die Frauen in unseren Jeeps sind unglaublich leidensfähig. Sie ertragen es, fast rund um die Uhr zugeschüttet von Gepäck auf den Rücksitzen zu verbringen, um dann spät in der Nacht oder innerhalb der unzähligen Reparaturstopps die gesamte Mongolenclique mit Mahlzeiten zu versorgen.

Früh am Abend werde ich mir der vorangeschrittenen Zeit bewusst. Um uns sieht es aus wie auf einem Schlachtfeld. Und in drei Stunden wird es dunkel. Es ist nicht ratsam, hier zu lange zu verweilen. Wir sind mit gegenwärtig sechs nicht fahrbereiten Fahrzeugen verletzlich für unangenehmen Besuch. Wir sollten nicht vergessen, dass wir uns am Rande der Durchgangsstrecke auf dem Präsentierteller für alle neugierigen Augenpaare befinden. Zu meiner Beruhigung machen die Mongolen

*Kein Werkzeug? Kein Problem. Man muss sich nur zu helfen wissen.*

ihre Fahrzeuge innerhalb einer Stunde wieder flott. Und auch der Niva kommt wie neugeboren aus der Werkstatt. Der Meister verriegelt anschließend alle seine Tore und macht Feierabend. Wir bleiben zurück und schrauben nun mit vereinten Kräften an dem UAS – abgesehen von dem ältesten Sohn, der sein neues Glück des nicht mehr qualmenden Niva kaum fassen kann und den Motorraum seines Gefährts immer wieder aufs Neue inspiziert.

Nach zwei Stunden – die Dämmerung hat bereits eingesetzt – sind wir fertig. Mehr oder weniger erfolgreich, denn die Lichtmaschine wollte einfach nicht mehr passen und wird nun mit Hilfe eines im Motorraum verbleibenden Maulschlüssels gehalten, der unserem Sortiment natürlich bitter fehlen wird. Gegen zehn Uhr abends setzt sich der Konvoi aus unseren frisch reparierten Fahrzeugen wieder in Bewegung. Natürlich ist keiner von uns richtig ausgeschlafen. Wir halten gerade mal vier Stunden durch, bis wir wieder in der Nähe einer GAI-Station übernachten. Sie sind doch nicht so schlecht, die Polizisten. Und diesmal habe ich die Zeit und die Motivation, meine Luftmatratze aufzublasen und mich abseits von mongolischem Essensgelage zum Nachtlager niederzulassen. Die Momente vor dem Einschlafen sind fantastisch, der Schlaf kommt im Eilschritt und erlöst mich von den Strapazen des Alltages.

### Bis zur Wolga

Die Lichtmaschine singt wieder mal so inbrünstig das Lied vom ewigen Sterben und vergisst dabei, dass sie eigentlich die Batterie laden soll. Die logische Folge bei einem Benziner ist das Ausgehen des Motors. So suche ich nach dem Fehler und muss feststellen, dass wir den Maulschlüssel und einen Haltebolzen der Lichtmaschine verloren haben.

Es ist schon ärgerlich, wenn der UAS wieder seinen Geist aufgibt und alle Mongolen-Pkw nach vorne geprescht sind, obwohl wir auf deren Reparaturhilfe angewiesen sind. Immerhin herrscht aber soviel Konvoidisziplin, dass nach einer gewissen Zeit die schnelleren Pkw auf uns warten. Auf dem größten rollenden Basar besorgen wir neue Bolzen und sichern die Lichtmaschine so gut wie uns möglich ist. Das gelegentliche Gequietsche bleibt. Aber was soll's, die Weite Russlands kann Lärm vertragen.

Immer wieder geht mein Jeep aus. Ich brauche dann eine Batterie aus einem der anderen Fahrzeuge. Irgendwie lädt die Lichtmaschine nicht richtig. Aber wir finden nicht heraus, warum. In der Dunkelheit fahre ich ohne Licht hinter dem nun gut laufenden Niva, um die Batterie nicht zu schnell zu leeren. Es ist nach Mitternacht, als wir uns im Einzugsgebiet von Saratow ein Nachtlager suchen. Damit haben wir das Wolgagebiet erreicht, ein Drittel der Gesamtstrecke liegt hinter uns.

Der Professor sieht nach elf Tagen Reise in seiner zusammengekauerten Schlafstellung auf dem Beifahrersitz des UAS einfach nur erbärmlich aus. Elf Tage keine Dusche, elf Tage nicht rasiert, Tag und Nacht immer dieselben Kleider an – das überzeugt weder Auge noch Nase. Auch die anderen und ich sind gezeichnet von dem, was hinter uns liegt. Aber die Jungs im Pkw ohne Gepäck oder ich ab und zu auf der Luftmatratze finden doch etwas bequemere Schlafstellungen, als die mongolischen Jeepinsassen. Übrigens: Der UAS verfügt über die wohl härteste Federung, die ich jemals in einem Fahrzeug erleben durfte. Außer mir sagt aber keiner etwas. Wie gesagt, die Leidensfähigkeit der Mongolen ist bemerkenswert.

Das Geheule der Lichtmaschine schreckt jeden auch noch so tief schlafenden Polizisten einer GAI-Station auf, sodass wir eigentlich nie passieren können, ohne herausgewunken zu werden. Das muss doch irgendwie abzustellen zu sein. Drei der Jungs und ich probieren wieder mal unser Glück. Dabei entdecken wir, dass der gesamte untere Teil des Motorblocks ölig ist. Irgendeine Dichtung ist wohl defekt, hoffentlich wird das nicht schlimmer.

Diese Reparatur scheint etwas gebracht zu haben. Wir fahren die nächsten Stunden ohne jegliche Aussetzer des UAS. Endlich haben wir keine technischen Schwierigkeiten und ich habe die Ruhe, die ungeheure Weite des Landes zu bewundern. Nicht weniger Bewunderung und gleichzeitig etwas Schrecken überkommt mich, als ich die einige Zentimeter großen Pferdefliegen beobachte, die sogar neben unseren Fahrzeugen fliegen, obwohl wir immerhin 60 Stundenkilometer schnell sind. Bei Pausen sind sie inzwischen sehr unangenehme Gäste geworden. Die pfeilschnellen Insekten lassen erst von ihrem Opfer ab, wenn sie mit schmerzhaftem Biss genügend Blut gesaugt haben oder erschlagen werden.

Der Verkehr nimmt in der Nähe der Wolgastädte Saratow und später Samara stark zu. Es gilt das Gesetz des Stärkeren, und das sind nun mal die Lkw. Mit überhöhten Geschwindigkeiten donnern die klapprigen Sattelschlepper, meist der Marke Kamas, über die schadhafte und enge Asphaltpiste. Dabei liefern sie sich riskante Überholmanöver ohne Rücksicht auf andere kleinere Fahrzeuge. Wir als langsame Jeeps werden ein ums andere Mal von Lkw riskant überholt und scharf geschnitten. Ich muss oft stark bremsen, um eine Kollision zu vermeiden. Viele Straßengräber entlang dieser Strecke zeugen von verhängnisvollen Havarien.

Die Pisten hier sind nicht im geringsten mit denen in Westeuropa zu vergleichen. Sie sind eng, dicht befahren, die Lkw donnern beim Ausweichen über die Schlaglöcher und den Schotterrand. Dabei ziehen sie eine Wolke aus Staub und Steinen hinter sich her. Es ist vorbei mit dem Genießen der Landschaft. Hier tobt Überlebenskampf pur. Es geht so wild zu, dass ich gar nicht weiß, wie es der Crew im Niva ergeht. Zu groß ist der Stress, um auch noch auf sie zu achten. Zudem lässt die Staubwolke hinter uns nur schlechten Blickkontakt zu.

Ein GAI-Posten kurz vor Samara beendet unseren Höllenritt. Was ist das für eine Station. Ein Dutzend Milizionäre laufen herum und kontrollieren den Verkehr. Alle Fahrzeuge werden hier angehalten. Auf den Feuerlöscher kommt es an, und dafür haben wir ja einen Spezialisten.

Es ist Nacht, als wir die Station hinter uns haben. Wir entschließen uns, hier am Straßenrand in der Nähe der Polizei zu übernachten. Schließlich sind wir schon nahe an Samara dran und werden bei Dunkelheit kaum einen menschenfreien sicheren Stellplatz für unsere sechs Fahrzeuge finden. Ich übernachte auf meiner Luftmatratze unter freiem Himmel, circa 50 Meter von den Autos entfernt. Direkt bei den Autos am Straßenrand ist es durch die Abfälle und Exkremente entsprechend schmutzig. Mich treibt allein schon der üble Geruch weg. Die Russen und Mongolen sind da weniger sensibel. Sie picknicken am Straßenrand und schlafen in ihren Autos, wie alle anderen auch, die hier stehen.

Mit der ersten Sonne bin ich wach, genauso wie zwei der Jungs, die aufs Losfahren drängen. Wir sind relativ schnell fahrbereit. Der UAS springt heute auf Anhieb an. Die Lichtmaschine scheint jetzt wirklich zu laden. Alles sieht nach einem erfolgreichen Tag aus. Vielleicht schaffen wir endlich mal eine große Etappe. Zunächst liegt Samara vor uns. Es ist viel Verkehr auf den Straßen und wir kommen zeitweise nur „stop and go“ voran. Ohne dass die Jungs sich besonders beeilen, wird unser Konvoi bald zerpflückt, sodass wieder mal nur wir zwei Jeeps übrig sind. Diesmal sind die Jungs aber hinter uns.

Was für ein dichter Verkehr in Samara, der Stadt, wo alle Ladas gebaut werden. Vergeblich suchen wir die Durchgangsstraße oder Schilder, die uns den Weg nach Osten weisen. Wir haben uns kräftig verfahren und zudem den Niva verloren. So etwas ist uns bisher noch nie passiert. Irgendwie werden es die Kinder vom Professor auch schaffen. Auf uns allein gestellt, sind wir alles andere als erfolgreich. Die Wegbeschreibung eines befragten Passanten führt uns immer entlang der Gleise, bis wir vor einer Werkshalle stehen. Es vergeht wohl noch eine halbe Stunde, bis wir uns aus dem Straßenlabyrinth Samaras befreit haben und nun die Straße Richtung Ural gefunden haben. Hinter der nächsten GAI-Station, einige Kilometer östlich von Samara, warten wir auf die anderen. Es spricht aber viel dafür, dass die fünf Fahrzeuge den Posten bereits passiert haben. Wir hatten uns doch hoffnungslos verfranzt und viel Zeit verloren. Nach zehn Minuten entschließen wir uns, weiterzufahren.

### Katastrophe bei Samara

Wenn wir gestern auf den letzten Kilometern vor Samara dachten, es würde auf den Straßen rau zugehen, werden wir nun eines Besseren belehrt. Wir schwitzen Blut und Wasser, als uns ein Lkw so knapp überholt, dass wir fast über die Böschung gegangen wären. Keine Minute später tauchen aus dem Staub zwei Lkw vor uns auf. Nebeneinander! Die Straße ist eng, ich habe auf meiner Seite keinen Seitenstreifen. Verdammt, ich sehe, das reicht nicht. Verzweifelt reiße ich das Lenkrad nach links, um auf die Gegenseite auszuweichen, wo ich einen Schotterstreifen entdeckt habe. Es wird dunkel. Steine fliegen, überall Staub. Die Laster donnern nur Zentimeter an uns vorbei. Waoh! Das war knapp. Wir wissen jetzt, dass wir verdammt auf der Hut sein müssen.

Auf den nächsten 40 Kilometern spielen sich weitere atemberaubende Jagdszenen ab. Es ist nicht verwunderlich, dass entlang der Straße Dutzende von Gräbern stehen. Einmal zähle ich sogar sechs Kreuze. An einer breiten Stelle der Straße sehen wir am Rand die vier mongolischen Pkw. Die Jungs warten hier auf uns. Wir sind überrascht, dass der Niva nicht dabei ist. Wir gingen fest davon aus, als letzte die GAI-Station passiert zu haben. Dem ist anscheinend nicht so, wahrscheinlich haben die drei sich in Samara noch mehr verirrt als wir, obwohl das eigentlich kaum zu übertreffen ist. Oder sind sie etwa doch weiter gefahren?

Eine Stunde verstreicht. Sie kommen nicht. Der Professor wird, unsere Ausweichmanöver noch in bester Erinnerung, langsam unruhig. Es vergeht eine weitere Stunde, ohne dass seine drei Kinder auftauchen. Er ist mittlerweile höchst beunruhigt, läuft zur Straße und hält vorbeikommende Fahrzeuge an. Das zehnte Auto bringt die Hiobsbotschaft. Keine zwanzig Kilometer von hier soll es einen schweren Unfall mit einem weißen Geländewagen gegeben haben, der sich mehrfach überschlagen haben soll. Gepäckstücke seien auf Hunderte von Meter verteilt. Kreidebleich erzählt der Professor uns die Neuigkeiten und steigt dann mit der Schwester in den großen BMW, um zur Unfallstelle zu fahren. Die anderen Fahrzeuge folgen, ich als letzter und langsamster. So fahre ich wieder auf der Höllenpiste zurück, immer auf der Ausschau nach dem Unfallort. Aber niemand von uns findet etwas.

Wieder an der großen GAI-Station angekommen, sind alle ratlos. Die Polizisten, die Mongolen und ich. Keiner weiß etwas von einem Unfall. Erst nach einigen Telefonaten finden die Polizisten etwas heraus. 40 Kilometer östlich von hier hat sich tatsächlich ein Unfall ereignet, die Betroffenen liegen im örtlichen Krankenhaus.

Zwei Stunden später im Krankenhaus hat der Professor Gewissheit. Alle drei leben, die Tochter ist schwer verletzt, die Söhne haben außer Schnittwunden und einem Schock keine weiteren Verletzungen.

Im Hinterhof des Krankenhauses steht der abgeschleppte Niva. Das Fahrzeug ist schwer demoliert. Man sieht die Spuren eines mehrfachen Überschlags. Das Dach ist eingedrückt, alle Scheiben rausgeflogen. Der Niva ist nicht mehr zu retten und ich will wenigstens die Batterie für unseren UAS ausbauen. Ein Blick unter die Motorhaube, und ich muss feststellen, dass jemand schneller war. Die Batterie ist weg, genauso wie ein Großteil des Gepäcks.

Wir verbringen einen halben Tag im Krankenhaus, bis wir ans Weiterfahren denken. Die drei Verletzten müssen hier bleiben und dürfen erst bei fortschreitender Genesung mit der Eisenbahn nach Ulan-Bator reisen.

Professors Schwester ist sichtlich gezeichnet von dem Unfall. Sie hatte vor einigen Monaten ihren Mann bei einem Verkehrsunfall verloren. Von nun an fährt sie in einem Pkw der Jungs mit. Wir laden dafür das Gepäck der Kinder auf die Rückbank unseres Fahrzeuges.

Der Vorfall hat die jetzt noch aus fünf Fahrzeugen bestehende Zweckgemeinschaft Reisender enger zusammengeschweißt. Ursprünglich waren ja acht Fahrzeuge in Deutschland gestartet. Mit der Aufnahme der Schwester in einen der Pkw ist klar, dass wir die restlichen 6000 Kilometer wirklich zusammen bewältigen wollen. Vorher dachte ich immer daran, dass wir bald mit unseren Jeeps wieder allein sein könnten. Kein normaler Mensch hat soviel Geduld und Zeit. Aber was ist schon normal auf dieser Tour?

**Kontinentwechsel**

Wir bewegen uns auf den Ural zu, das erste Gebirge auf unserer Strekke überhaupt. Die Landschaft hat sich verändert. Soweit das Auge reicht, Nadelbäume in weiter hügeliger Landschaft. Wir treffen auf einen Konvoi von fünf Mercedes-Pkw, alles alte 240er Diesel mit Transitnummern. Die Fahrzeuge stammen aus Deutschland, wo sie – wie könnte es anders sein – von Mongolen gekauft wurden. Auch dieser Konvoi ist auf dem Weg in die Mongolei und hat so seine Probleme. Ein Pkw hat vor zwei Tagen einen Motorschaden erlitten und befindet sich im Schlepptau eines anderen. Die Mongolen tauschen ihre Erfahrungen aus, dann ziehen wir an ihnen vorbei. Mit dem defekten Daimler am Abschleppseil sind sie selbst für uns zu langsam.

Nach insgesamt fünf Stunden Fahrt haben wir den Ural hinter uns gelassen. Die Landschaft hat sich wieder in das weite grüne Flachland verwandelt. Wir passieren gegen vier Uhr am Nachmittag Tscheljabinsk, eine Industriemetropole, Millionenstadt und Kontinentgrenze. Wir sind in Asien.

Keine 40 Kilometer hinter der Stadt – unser Konvoi ist schon wieder verstreut – hat der Verkehr vollends abgenommen. Die M51 führt für knapp 150 Kilometer durch Kasachstan, bevor es dann auf Omsk und später auf Nowosibirsk zugeht. Wir sind gespannt, welche administrativen Hürden an der Grenze auf uns warten. Aber es gibt noch gar keine Grenzstation. Einzig eine Polizeistation steht hier, wo jeder Einreisende und die Fahrzeuge registriert werden.

Kasachstan! Das ist irgendwie schon echtes Asien. Zum ersten Mal begegnen wir Fahrzeugen, die aus Japan nach Westen überführt werden. Diese sind an Transitnummern und dem Lenkrad auf der rechten Seite zu erkennen. Außerdem entwickelt man im Laufe so einer Reise einen Blick für diverse Typen von Fahrzeuginsassen. Solche Wagenüberführer, die unglaubliche Risiken und Strapazen auf sich nehmen, sehen nach einer gewissen Strecke so aus wie… ja, so wie wir.

Niemand akzeptiert hier unsere Dollar oder Rubel, wir hätten extra eine Wechselstube aufsuchen müssen. Deswegen tanken wir nicht und hoffen, dass in Russland gleich eine Tankstelle kommt. Sie kommt tatsächlich direkt nach der kontrollfreien Grenze. Man hat nicht nur Pech im Leben.

Bis Omsk haben wir es locker geschafft. Östlich der Stadt mit den vielen Schlaglöchern wird die Straße immer besser. Bald ist sie so breit wie eine deutsche Autobahn, einzig die Mittelleitplanke und die Fahrbahnmarkierungen fehlen. Das ist schon fast unheimlich – keine Autos außer uns und eine Strecke so gut wie noch nie. Laut meiner Karte sind wir richtig. Die Sonne versinkt in unserem Rücken, also stimmt auch die Richtung. Was soll's, wir fahren weiter. Selbst in der Dunkelheit ist es ein Hochgenuss, diese Strecke zu befahren.

Das Gefühl der Skepsis nimmt mit jedem, in totaler Einsamkeit gefahrenen Kilometer zu. Hätten wir eine vernünftige Karte, könnte man natürlich manch einen Fluss oder die Namen kleinerer Dörfer abgleichen, aber auf dem Maßstab unserer Karte entsprechen 100 Kilometer gerade mal einem Fliegenklecks.

**Feldweg durch Sibirien**

Knapp 100 Kilometer haben wir nun auf der tadellosen Straße zurückgelegt und sind keinem einzigen Auto, geschweige denn einem Menschen begegnet. Es muss da einen Haken geben. Und tatsächlich. Abrupt werden wir von dem Traum der leeren breiten und glatten Asphaltpiste in die russische Realität katapultiert. Die Superstraße hört einfach auf. Am Ende der Straße stehen ein paar alte Baumaschinen auf einem großen geschotterten Platz.

Es ist spät am Abend und wir beschließen, hier zu übernachten. Morgen bei Helligkeit werden wir entscheiden, wie es weiter geht. Jetzt sind wir wirklich weitab von jedem Straßenverkehr. Ich genieße auf meiner Luftmatratze die Stille und Schönheit einer sternenklaren Nacht inmitten der weiten grünen Steppe Zentralrusslands.

Der neue Tag beginnt mit alten Problemen. Wie geht es weiter? Vor uns liegt eine Baustelle. Auf einem Bulldozer sitzt ein Mann. Als wir den müden Kerl nach dem Weg nach Nowosibirsk fragen, zeigt er auf einen Feldweg, der in die Weite der Landschaft führt. Das soll der richtige Weg sein? Ab jetzt geht es mit erheblich verlangsamter Geschwindigkeit voran. Wir fahren auf einem Feldweg mit hoher Grasnarbe in der Mitte. Die große M51 kann das doch nicht sein. Eine gute Stunde fahren wir so und schaffen 20 Kilometer, übrigens zum ersten Mal im geschlossenen

*Schwere Kost für normale Pkw.*

Konvoi, was allerdings weniger an der Fahrdisziplin als an der durch die Pistenbeschaffenheit aufgezwungenen Langsamfahrt liegt.

Bald kommen wir an die erste Siedlung, ein kleines vergessenes sibirisches Dorf mit vielleicht 50 Holzhäusern, von denen mindestens die Hälfte verlassen ist. Einige alte Menschen sitzen auf Holzbänken vor ihren Häusern und schauen erstaunt zu, wie sich unser Konvoi durch das Dorf bewegt. Die Dorfstraße hat es aber in sich. In der Mitte des Dorfes haben die Einwohner eine Sperre aus Reisig und Brettern errichtet. Dahinter ist eine riesige, vielleicht 50 Meter lange, verschlammte Wasserpfütze, die wir mit etwas Schwung bestimmt passiert hätten. Aber genau das wollen die Anwohner nicht. Durch das schnelle Hindurchfahren von Fahrzeugen werden nämlich ihre Vorgärten und Frontseiten der Häuser verdreckt. Die Dorfbewohner zeigen uns unmissverständlich, dass wir zurückfahren sollen. Das hieße, nicht nur die bisher bewältigte Feldwegstrecke, sondern auch die gesamte neue Asphaltpiste sind wir umsonst gefahren. Ratlos stehen wir vor der Sperre. Umkehren, das missfällt uns doch sehr. Da entdecken wir, nur zwei Häuser vor der Sperre, einen stark vergammelten Holzzaun. An einer Stelle ist dieser von einem großen Fahrzeug niedergewalzt worden. Die Spuren führen hinter die Häuser mitten durch drei Gärten, um dann jenseits der Sperre wieder auf die Dorfstraße zu münden. Das müssten wir auch mit unseren Autos schaffen. Selten waren wir uns so schnell und ohne viel Worte einig. Im Nu setzen wir die Fahrzeuge etwas zurück, um mit Schwung diese Umgehung der besonderen Art zu nehmen. Noch bevor wir die Hälfte des circa 100 Meter langen Stückes bewältigt haben, stürzt eine alte, aber noch ziemlich rüstige Frau aus ihrem Haus. Wahrscheinlich ist es die Besitzerin des Gemüsebeetes, welches wir gerade durchfurchen. Mit lautem Geschrei versucht sie, uns zu stoppen, aber wir halten nicht an, wir sind jetzt fast durch. Wie ein Wunder bleibt keines unser Fahrzeuge in den Gemüserabatten stecken und binnen einer Minute sind wir wieder auf der Dorfstraße, jenseits der Sperre.

Das war richtig toll, so toll, dass wir guter Dinge sind und am Ende des Ortes noch mal anhalten, um uns der Richtigkeit des Weges bei den Ortsansässigen zu vergewissern. Denn vor uns verläuft wieder nur so ein endloser Feldweg.

Schnell hat sich der Professor mit einigen älteren Männern, die hier anscheinend wohnen und bis zu unserer Ankunft einen wohl eher langweiligen Tag hatten, angefreundet und weist seinen Landsleuten in den vier Pkw den Weg. Dieser Feldweg soll tatsächlich auf die Straße nach Nowosibirsk führen. Der Professor will die von den Einheimischen ausgesprochene Einladung zum gemeinsamen Trinken annehmen und hier noch ein bisschen bleiben. „Mein Jeep ist auf diesen Straßen das schnellste Fahrzeug, wir werden die anderen einholen,“ sagt er mir. Wir! Das heißt er und ich sollen sibirische Geselligkeit üben. Alarm für Oli. Das ist nicht mein Ding und das mache ich ihm auch klar. Aber er will unbedingt noch bleiben. Ich will hier nur so schnell wie möglich weg. Fluginsekten der übelsten Sorte wollen mir ans Leder. Ganze Wolken von Moskitos und blutsaugenden Fliegen treiben mich fast zum Wahnsinn. Es ist erstaunlich und irgendwie bewundernswert, dass das weder die Einwohner noch die Mongolen sonderlich stört.

Ich bin heilfroh, dass die Jungs nicht ein gemeinsames Saufgelage eröffnen, sondern genauso wie ich weiter wollen. Da weder Professor noch ich nachgeben, verlasse ich zum ersten Mal den Platz hinterm

Steuer des UAS und steige in den 318er BMW um. Einer der Jungs übernimmt den Fahrerjob im Jeep.

Wie leise und bequem können Fahrzeuge sein, denke ich, als mein Gesäß in den Beifahrersitz des BMW sinkt und der Motor gestartet wird. Trotz heftigem Geschaukel durch die miserable Piste fühle ich mich wie auf Wolken gebettet.

Hoffentlich halten die Autos das aus. Die Spuren sind so tief, dass man die Pflanzen, die dazwischen wachsen, fast ständig am Boden schleifen hört. Nach fünf Minuten Feldweg steckt der erste Wagen schon fest. Der Untergrund ist zu sumpfig. Mit sechs Mann schieben wir ihn raus. Aber nach einigen Metern weiter steckt er wieder fest. Die anderen Fahrer versuchen mit Schwung ihre Pkw um das festgefahrene Fahrzeug herumzulenken. Ohne Erfolg. Binnen weniger Minuten stecken sage und schreibe alle vier Pkw fest.

Die riesigen Pferdefliegen und abertausend Stechmücken scheinen auf unser Desaster nur gewartet zu haben. Wann kommt bloß der Professor mit dem UAS nach? Zwei Stunden warten wir vergeblich. Dieses geländegängige Fahrzeug könnte uns hier locker herausziehen. Also müssen wir ins Dort zurück und sehen, woran es hängt.

Gott sei Dank haben wir nur eine kleine Strecke mit unseren Pkw zurückgelegt. Der Fußmarsch zurück zum Dorf hat Dank geflügelter Quälgeister trotz seiner Kürze viel Würze. In 20 Minuten haben wir das Dorf erreicht und sehen gleich am ersten Haus den so sehr herbeigesehnten Jeep. Die Haustür steht auf und drinnen finden wir sie alle. Den jungen Mongolen und designierten Jeepchauffeur, den Professor und die Einheimischen. Sie sind in ihrer mongolisch-sibirischen Geselligkeit hoffnungslos versackt. Der Professor hat seinen ganzen Kummer im Wodka ertränkt und der Junge ist auch nicht gerade nüchtern. Jedenfalls müssen beide gestützt werden, um in den Jeep zu gelangen. Die wären erst am nächsten Tag wieder fahrtauglich gewesen.

Mein UAS arbeitet sich locker durch den Feldweg. Mit einer erstaunlichen Leichtigkeit kann ich alle vier Pkw frei schleppen. Sie fressen sich zwar noch einige Male fest, können aber durch meinen allradbetriebenen Jeep immer wieder herausgezogen werden. So bewältigen wir fünfhundert schlammige Meter, bis der Feldweg wieder trockener ist.

*An der Grenze des Machbaren. Ohne Allradjeep wären die Pkw nicht weit gekommen.*

An ein Zurück ist spätestens nach dieser Schlammpassage und dem Ausflug durch die Gemüsebeete nicht mehr zu denken. Was machen wir aber, wenn es noch schlimmer kommt? Dann bekommen wir ernsthafte Probleme mit dem Sprit. Ich mache mir so meine Gedanken. Die Mongolen sind sorglos wie eh und je. Für sie scheint das die normalste Sache der Welt zu sein. Immer wieder hören wir die schweren Diesellokomotiven der transsibirischen Eisenbahn brummen. Zu Gesicht bekommen wir sie jedoch nicht. Auf jeden Fall signalisiert uns die Eisenbahn und der Sonnenstand, dass unsere Richtung nicht falsch ist. Auf meiner Karte läuft die Eisenbahn direkt neben der M51. Soweit können wir von der Straße, auf der wir uns eigentlich befinden müssten, gar nicht sein.

Bis zum Nachmittag quälen wir uns auf feldwegartiger Straße gen Osten. Unzählige Pferdefliegen umschwirren die Fahrzeuge. Jeder Ausflug ins Freie wird zum Spießrutenlauf.

Wieder fressen sich die Pkw im weichen Untergrund fest. Und wieder kann ich sie mit meinem UAS herausziehen. Ohne ihn wären wir verloren. Am frühen Abend – wir haben seit dem Dorf wohlgemerkt 60 Kilometer geschafft – legen wir eine kurze Pause ein. Ich riskiere eine Kontrolle des Ölstandes im Motor und muss mit Entsetzen feststellen, dass der Messstab nichts mehr anzeigt. Der Unterboden des Fahrzeuges ist ganz verölt. Wir sind vielleicht näher am vorläufigen Ende unserer Tour, als ich mir bisher ausmalte. Ein Motorschaden am einzigen Allradfahrzeug – nicht auszudenken. Keiner, wirklich keiner der Jungs hat Öl dabei. Die modernen Fahrzeuge brauchen ja nichts. Hätte ich doch nur darauf bestanden, Öl in Omsk zu kaufen. Ich wusste doch, dass mein Jeep Öl verliert. Jetzt haben wir den Salat. Salat! Das ist das Stichwort. Wir haben noch Speiseöl dabei, eigentlich für die fettigen Kochkünste der Mongolen bestimmt. Der Professor wird meinen unkonventionellen Plan bestimmt ablehnen. Deswegen frage ich nicht groß. Als er gerade eine Zigarette raucht, schlägt meine Stunde. Hektisch wühle ich die Flasche Speiseöl aus dem Gepäck und entleere den Inhalt in den Motor. Keiner hat etwas gemerkt. Es ist so auf jeden Fall besser, als ohne jegliches Schmiermittel zu fahren. Mein UAS läuft jetzt mit Salatöl, auch wenn sein Besitzer es nicht weiß. Keine zwei Stunden später treffen wir auf die echte M51. Wir haben heute gerade mal 120 Kilometer zurückgelegt, obwohl wir 14 Stunden unterwegs waren. Aber wir sind durch und suchen jetzt einen Stellplatz für die Nacht.

Nowosibirsk ist der nächste markante Punkt unserer Route. Schlappe 400 Kilometer sind es bis ins geographische Zentrum des größten Landes der Welt. Jetzt wird mir klar, wie groß dieses Russland ist, wenn man bei einer West-Ostdurchquerung erst in Nowosibirsk Bergfest feiern kann. Für uns geht es Gott sei Dank nicht so weit. Ulan-Bator liegt viel weiter westlich als der Ferne Osten Russlands. Einen Stadtbesuch in Nowosibirsk – der Professor hat dort Bekannte – streichen wir. Alle anderen wollen einfach nur so schnell wie möglich nach Ulan-Bator. Mit Nowosibirsk haben wir die vierte Zeitzone innerhalb Russlands passiert.

**Kurz vorm Baikal**

Es geht weiter gen Osten: Kemerowo, dann Krasnojarsk, dann Kansk, immer liegen einige Hundert Kilometer zwischen den sibirischen Städten. Zwei Tage lang kommen wir unseren Möglichkeiten entsprechend gut voran.

Wir schaffen heute 600 Kilometer, sind 18 Stunden auf Achse. Einziger Vorteil dieses Marathonprogramms: Die Müdigkeit kaschiert das unangenehme Gefühl des Schmutzigseins. Täglich schwitzen wir unsere gleiche Montur in staubiger und heißer Luft aufs Neue durch. Und immer wieder basteln wir an den Autos herum und haben kaum die Gelegenheit, uns die Hände geschweige denn den Rest des Körpers vernünftig zu waschen.

Schon zehn Stunden fahren wir auf der unebenen M53. Drei der vier Mongolenautos sind uns schon seit geraumer Zeit enteilt, nur der kleine BMW mit der Schwester an Bord ist hinter uns. Wir sind kurz hinter Kansk, haben die nächste Zeitzonengrenze unmittelbar vor uns. Mittlerweile ist es stockdunkel. Beleuchtung oder irgendwelche Randmarkierungen gibt es hier natürlich nicht. Dafür ist die Straße mit Schlaglöchern, Asphaltflicken und anderen Unebenheiten überzogen. Ich habe jetzt das Licht an, schließlich ist keiner der unsrigen vor mir, um das zu übernehmen. Wir kommen mit durchschnittlich 50 Stundenkilometern gut voran.

Ich bin völlig entspannt, denke gerade darüber nach, was ich am Baikalsee machen werde. Weniger als 700 Kilometer müssten wir doch morgen schaffen, wenn es so weiter läuft.

Völlig unerwartet verliere ich die Kontrolle über den Jeep. Es scheint, als ob jemand unserem Fahrzeug plötzlich den Boden unter den Rädern wegzieht. Vielleicht ist die Straße weggebrochen. Die folgenden Sekunden werden zu den längsten in meinem Leben. Wie von Geisterhand zieht es das schwerbeladene Fahrzeug erbarmungslos immer weiter nach rechts, wo die vier Meter tiefe Böschung beginnt. Reflexartig reiße ich das Lenkrad nach links. Aber es ist zu spät. Das Fahrzeug kippt weiter nach rechts ab und dreht sich im Fallflug einmal um die eigene Achse. Ich klammere mich in Todesangst an das Lenkrad und rufe nur: „Don't die, don't die!" Einen Moment später der Aufschlag.

Dann rieche ich feuchte Erde. Ich weiß nicht, wie lange es dauert, bis wir verstehen, wo oben und wo unten ist. Auf jeden Fall lebe ich noch und verspüre keine Schmerzen. Querschnittslähmung – schießt es mir durch den Kopf. Ich taste meine Beine ab. Erleichterung. Gefühl in beiden Beinen. Der Professor hängt über mir, während ich darunter sitze. Die Windschutzscheibe ist nicht rausgeflogen. Der Motor ist aus, das Licht brennt und leuchtet in die sibirische Natur.

Langsam erholen wir uns von dem ersten Schock. Der Professor gibt mir sein Okay. Auch er hat wohl nichts Ernstes abbekommen. Er versucht vergeblich, die Beifahrertür über ihm aufzudrücken. In der Zwischenzeit sind Schwester und der BMW-Fahrer herbei geeilt und helfen uns, aus dem Auto zu klettern. Überall ist Scheinwerferlicht von den über uns auf der Straße stehenden Autos.

Der Jeep liegt auf der Fahrerseite, in den linken Reifen hat sich ein Ast gebohrt.

Jetzt hat es also auch uns erwischt. Das ist endgültig das Aus der Unternehmung „Jeepüberführung“. Aber wir sind beide unverletzt, und das ist ja das Wichtigste.

Sowohl der Professor als auch der BMW-Fahrer ergreifen gleich die Initiative. Sie erklettern die Böschung und wollen einen Lkw anhalten, der uns rausziehen soll. Ich hätte ja eher an einen Bergungskran gedacht, aber lasse sie mal machen, zumal ich mehr unter Schock stehe, als sonst jemand von den Betroffenen. Nach zehn Minuten können sie einen Ural-Lkw, ein riesiges Allrad-Ungetüm, stoppen. Das ist genau das Richtige für unseren Fall. Der Fahrer hat ein langes Stahlseil dabei, welches er zielbewusst am rechten Ende der Vorderachse des UAS festzurrt. Dann klettert er hoch und positioniert seinen Koloss quer zur Straße, hängt das andere Ende des Seiles in einen seiner auf der riesigen Stoßstange befindlichen Abschlepphaken. Mit einem sanften Ruck stellt er den Jeep wieder auf seine Räder. Das ist ein echter Profi, das hat er bestimmt schon oft gemacht. Jeder Handgriff sitzt, seine Aktionen wirken überzeugend. Ich selbst bin noch geschockt und staune tatenlos, was um mich herum passiert. Mit vereinten Kräften gelingt es dem Professor und seinem jüngeren Landsmann, den Holzknüppel aus dem Vorderreifen zu ziehen.

Jetzt gilt es, den Jeep zurück auf die Straße zu kriegen. Dazu hängt der Fahrer das Seil aus, bringt seinen dreiachsiges Fahrzeug in eine neue Position. Der Professor schickt mich hinter das Lenkrad und fordert mich auf, den Motor zu starten. Beim Herumdrehen des Zündschlüssels habe ich so meine Zweifel, aber ich werde Lügen gestraft. Der UAS springt tatsächlich an und läuft, wenn auch etwas holprig, ohne wieder auszugehen. Jetzt wird das Seil vom Lkw Fahrer an der Stoßstange des Jeep eingehängt. Mit Leichtigkeit zieht er den Jeep die Böschung hoch. Nach fünf Minuten ist die Rettungsaktion „Ural" beendet. Beeindruckend, dieser Ural. Aber auch von der Robustheit unseres UAS bin ich wirklich überzeugt. Im Scheinwerferlicht des Lkw, der danach noch einmal wenden muss, um seine Fahrt fortzusetzen, begutachten Professor, BMW-Fahrer und ich den Jeep. Ein paar Kratzer hat er weg, einen Platten links, mehr nicht. Vielleicht ist der Rahmen etwas verzogen, aber das stört in der Mongolei kaum einen.

Erst jetzt wird mir bewusst, was für ein Glück im Unglück wir doch hatten. Der Landeplatz unseres Absturzes konnte nicht besser beschaffen sein. Gräser, Farngewächse, dicke Moospolster, weicher Boden und eine nicht zu steile Böschung sind verantwortlich dafür, dass wir und der Jeep mit dem Schrecken davonkommen. Nicht auszudenken, wenn hier Felsen oder Bäume gewesen wären. So sind wir keine zwei Stunden nach dem Desaster schon wieder dabei, den UAS zur Weiterreise herzurichten. Der Reifen wird gewechselt, das Gepäck ist kräftig durcheinandergewirbelt worden und will wieder qualifiziert verstaut werden. Wir brauchen fast eine weitere Stunde, um den Jeep fit zu kriegen.

In der Zwischenzeit sind die drei übrigen Fahrzeuge unserer Gruppe zurückgekehrt. Sie hatten geahnt, dass da irgendetwas nicht stimmt.

### Wahnsinn bis zur Grenze

Wir fahren noch eine gute Stunde bis zur nächsten GAI-Station, wo wir übernachten. Hier im Südosten Russlands komme ich mit den Worten „Transit, Germania, Ulan-Bator" gut weiter. Das ist nun nichts Besonderes mehr, vielmehr Alltag. Hier kommen täglich einige Dutzend Fahrzeugkonvois an, die von Japan nach Moskau oder von Westeuropa in die Mongolei transferiert werden.

Die Qualität der Straße hat gewaltig nachgelassen, Schlaglöcher und immer wieder Schotterstücke kosten uns Zeit und machen das Fahren nicht gerade zum Genuss. Die Mongolen haben aber keine Lust mehr, mit 50 Sachen wie wir durch das endlose Sibirien zu kriechen. Mit ihren alles andere als geländegängigen Autos brausen sie an uns vorbei. Jetzt gehen denen die Pferde unter der Haube durch. Ich habe den einzigen geländegängigen Wagen und die fahren mit ihren empfindlichen Karossen doppelt so schnell. Wahnsinn! Das kann nicht lange gut gehen. Der Professor und ich werden Augenzeuge, wie der 3er BMW an einer Bodenwelle aufsetzt und seinen kompletten Auspuff abreißt. Der Fahrer steigt aus, sammelt den Auspuff ein und fährt dann laut röhrend weiter. Aber wer glaubt, der Junge würde jetzt vorsichtiger fahren, irrt.

Das Gegenteil ist der Fall. Die anderen sind ja weitergedonnert, und er will sie unbedingt einholen. Das wird aber leichter als erwartet. Denn der große 5er BMW ist keinen Kilometer weiter liegengeblieben. Irgendein spitzer Gegenstand hat die Ölwanne aufgeschlitzt. War das denn nötig? Vielleicht macht das endlose Sibirien verrückt. Vielleicht verunglücken deswegen so viele Fahrer hier.

Aus Sicht der Mongolen ist alles halb so wild. Keiner ist hektisch oder irgendwie aufgeregt. Der große BMW wird einfach abgeschleppt. Da bin ich ja Experte drin, innerhalb von zehn Minuten bin ich wieder die Nummer eins des Konvois, den schicken BMW im Schlepptau.

Zwei Stunden schleppen und holpern wir durch die stockfinstere Nacht, suchen uns dann einen Schlafplatz abseits der M53. Den Plan mit dem Baikalsee am nächsten Tag kann ich getrost vergessen.

Der heutige Tag steht ganz im Zeichen von Reparaturen. Wir schleppen uns mit einem laut röhrenden BMW, einem quietschenden Jeep, der einen weiteren BMW abschleppt sowie dem seit Kursk sehr lädierten Audi bis nach Angarsk, wo wir die BMW reparieren. Einzig der zweite Audi hat noch nichts größeres abbekommen. Aber wir arbeiten dran…

In einer Kfz-Werkstatt leihen Russen uns gegen ein paar Dollar das nötige Werkzeug. Und dann bewundere ich die Improvisationskunst der Mongolen. Das Fünf-Mark-Stück große Loch in der Ölwanne bekommen sie mit einem Fetzen Reifenkarkasse, Bolzen, Mutter und Unterlegscheibe dicht. Der Auspuff wird mit einer leeren Konservendose und etwas

Draht wieder zusammengeflickt. Am frühen Abend sind beide Fahrzeuge fahrbereit. Statt dem Ärger über den verlorenen Fahrtag freuen wir uns alle über die geglückten Reparaturen. Sibirischer Wahnsinn.

Am frühen Morgen – wir sind fast die ganze Nacht durchgefahren – erreichen wir Irkutsk, wo wir hinter einer GAI-Station für einige Stunden schlafen. Gleich nach Wiederaufnahme unserer Fahrt entdecke ich ein Hinweisschild nach Moskau mit der Entfernungsangabe von 5270 Kilometern! Wenn man weiß, was das für Kilometer sein können, dann ist es wirklich viel.

70 Kilometer hinter Irkutsk trifft die Straße auf den See. Der tiefste See der Welt gleicht einem Meer. Baikalsee – das ist für mich auch Mongolei. Bei mir ist eine Art positive Endzeitstimmung aufgekommen. Was soll denn jetzt noch passieren? Seit Samara sind unsere Kilometerleistungen immer besser geworden. Es sind nur noch 700 Kilometer bis Ulan-Bator. Nichts soll uns jetzt noch aufhalten, nicht mal die bezirzende Schönheit des glitzernden blauen Sees.

Natürlich machen wir nach zwei Stunden Fahrt entlang des Sees einen Stopp am Ufer. Kaum aus dem Auto ausgestiegen, merke ich, dass wir nicht nur am Baikal, sondern auch in Russland sind. Überall liegt Müll der Reisenden in der sonst so malerischen Umgebung herum. Die Wiese, auf der wir uns zum Picknicken niedergelassen haben, ist mit einem Teppich von abgeknabberten Grätenstücken übersäet. Ich bin viel zu ausgebrannt, um ein Bad im See zu nehmen. Warum auch? In zwei Tagen bin ich in Ulan-Bator. Der Professor wird dort schon eine Dusche haben.

Die M53 führt uns in einer 300 Kilometer langen Schleife um das südliche Ende des Riesensees. Jetzt wird mir klar, wie groß der See wirklich ist. Wir benötigen für die traumhafte Strecke mit unserem Konvoi über sechs Fahrstunden. Die Zeit vergeht wie im Fluge. Schneller als gedacht erreichen wir Ulan-Ude, die letzte große Stadt vor der Grenze, die jetzt noch knapp 300 Kilometer entfernt ist.

Am 20. Tag unserer Reise erreichen wir die Warteschlange an der russisch-mongolischen Grenze. Direkt vor uns – ich fasse es nicht! – stehen die Daimler aus dem Ural. Was mich – und wohl sonst niemanden hier – erstaunt, ist die Tatsache, dass sie das Fahrzeug mit dem Motorschaden bis hierher über eine Wahnsinnsdistanz von fast 4000 Kilometern geschleppt haben. Die haben uns dank unserer Pannen und dem Feldwegabenteuer sogar überflügelt. Spätestens jetzt habe ich keinen Zweifel mehr daran, dass des Professors Vorschlag bei der Abfahrt in Darmstadt vor drei Wochen, nämlich den lichtlosen UAS von dem Niva bei Nacht über die Autobahn bis nach Berlin zu schleppen, ernst gemeint war.

Es ist Mittag, als wir vorne am Schlagbaum angelangt sind. Ein russischer Milizionär macht hier die Vorkontrolle. Alles scheint in Ordnung zu sein, bis er meinen Pass in den Händen hält. Sein Kopfschütteln signalisiert mir, dass es Schwierigkeiten geben wird. Schnell erklärt er dem Professor, dass ich nicht rüber darf. Ich bin weder Mongole noch Russe, und nur die dürfen hier über die Grenze. Wir springen aus dem Auto. Es gibt ein großes Gezeter. Ich bin außer mir. Schließlich habe ich ein ordnungsgemäßes Visum für die Mongolei und von administrativen Schikanen mindestens bis zum Lebensende die Nase gestrichen voll. Erst nach ein paar aufgeregten Minuten erfahren wir, dass ich nicht hier, wohl aber 30 Kilometer weiter westlich über die Grenze kann. Dort gibt es zwar nur eine Eisenbahnlinie, aber ich soll dort keine Probleme mit meinem deutschen Pass bekommen. Bloß wer garantiert uns das? Immerhin wird uns sogar eine Uhrzeit für die Zugabfahrt genannt. Um 17 Uhr fährt täglich der Zug. Ich füge mich meinem Schicksal, nehme den Zug und werde an der ersten Station in der Mongolei von dem Professor und seiner Schwester abgeholt. Einer der sechs Jungs hat den Jeep bis hier gefahren, dann sind sie in ihren vier teils sehr lädierten Pkw weitergefahren. In der späten Nacht sind auch der Professor, seine Schwester und ich in Ulan-Bator.

Wir sind am Ziel und leer. Diese Reise durch die Weiten Russlands mit den Mongolen hat mich verändert. Ich bin ein bisschen mongolisch geworden. Und ich bin so froh, noch am Leben zu sein und nach Deutschland in der transsibirischen Eisenbahn zurückkehren zu dürfen.

## Kleine Nachlese

Als mir Oliver von seinen Erlebnissen auf dieser Reise erzählte, musste ich mich zuerst setzen. Ich dachte eigentlich, ich hätte als Pionierreisemobilist in Russland viel erlebt. Wir verbrachten viele Abende, um über alles zu sprechen.

Allein Olivers Rückreise mit der Eisenbahn spricht Bände. Die legendäre Transsibirische ist in dieser Zeit von chinesischen und mongolischen Geschäftsleuten zum Händlerzug umfunktioniert worden. Auf dem langen Weg nach Moskau versorgen Mongolen und Chinesen die Russen während der Aufenthalte in den Bahnhöfen mit Waren. Alle Gänge des Zuges sind voller Händlerware, sodass man über diese nur kriechen kann, will man zur Toilette oder auf den Bahnsteig.

Ich will Ihnen, liebe Mitreisende, noch etwas zum Denken mit auf den Weg geben. Verurteilen Sie nicht die Mongolen und Oliver zu schnell, obwohl das nahe liegen mag. Wie kann man eine Fahrt machen, ohne das Werkzeug zu checken, ohne zu wissen, wie der UAS-Jeep funktioniert? Wie kann man mit einer defekten Lichtmaschine 10.000 Kilometer fahren? Warum haben die sich vor Ort keine Karte, kein Öl, kein Werkzeug besorgt? Warum haben sie keinen Menschen in Russland aufgesucht, der die Ganghebel im UAS erklärt? Sie sind tatsächlich 10.000 Kilometer im Allradbetrieb gefahren. Warum bloß all dieser Leichtsinn? All das habe ich Oliver auch gefragt. Aber es ist doch etwas anderes, wenn man allein unter lauter Mongolen ist, die so handeln, wie sie es gelernt haben. Es war eine ungewöhnliche Konstellation von Akteuren und äußeren Umständen. Heute bin ich davon abgerückt, das Verhalten der einzelnen Reisenden auf der Tour in die Mongolei auf Gedeih und Verderb verurteilen zu wollen. Das Staunen bleibt...

Wollen Sie wieder etwas bequemer und normaler reisen? Ich kann das wunderbar verstehen. 21 Tage im Sitzen ohne Dusche und mit tagtäglichem Chaos ist nicht jedermanns Sache. Aber es ist ein Stück russische Reisemobilphilosophie. Ein UAS-Jeep oder UAS-Bus, ähnlich groß wie ein VW-Bus, ist das russische Reisemobil. Jäger, Forscher und Arbeiter reisen in diesen Fahrzeugen weite Distanzen und wohnen in den UAS-Fahrzeugen.

*Die Transsibirische Eisenbahn Ulan-Bator – Moskau wird Mitte der 90er Jahre von Chinesen und Mongolen zum Handelszug umfunktioniert.*

Ich bevorzuge es auf weiten Reisen mit einem Wohnmobil nach westeuropäischen Maßstäben unterwegs zu sein. Eine Dusche, ein vernünftiges Bett, eine Küche, in der sich etwas kochen lässt, ist schon etwas wert. Deswegen steht bei uns vor der Haustür wieder ein Reisemobil Marke Eigenausbau. Alt aber stabil – das war die Devise beim Kauf des Fahrzeuges. Dass es in besserem Zustand als der UAS und der Niva ist, kann ich Ihnen aber schon an dieser Stelle versprechen.

Also, ich stelle nun selbst für Sie wieder Fahrzeug und Fahrer. Das Ziel bleibt natürlich Russland – diesmal im Winter. In der kalten Jahreszeit im Reisemobil nach Russland fahren – ist das denn überhaupt reizvoll? Und ob, wie ich Ihnen beweisen werde. Aber ziehen Sie sich warm an.

## Von Eisschwimmern, Schneestürmen und eingefrorenen Reiseträumen

*Wir schreiben das Jahr 1997. Russland steht kurz vor dem Zerfall. Die Autonomen Republiken im Ural und im Kaukasus wollen aus der russischen Föderation austreten. Der wiedergewählte Präsident Jelzin ist mehr krank und betrunken als am Regieren.*

An mein acht Meter neues altes Reisemobil habe ich mich längst gewöhnt. Außerdem liegen kleinere Reisen mit dem Fahrzeug ins nahe Ausland bereits hinter mir. Jetzt sind wir wieder reif für eine gemeinsame Tour. Wir, das sind Oliver, der sich trotz der Erlebnisse in Russland vor zwei Jahren wieder nach Russland traut, und ich. Schon vor einem Jahrzehnt reisten wir gemeinsam durch Nordafrika. Zu zweit garantiert dies außerdem große Flexibilität und eine gewisse Leidensfähigkeit, die wir vielleicht im russischen Winter brauchen.

Wir wählen die Skandinavienroute über Dänemark, Schweden und Finnland, um erst im hohen Norden Europas nach Russland einzureisen. Das ist eine geeignete Route, um sich unter westeuropäischen Bedingungen an die kalten Temperaturen zu gewöhnen. Wir haben vier gefüllte Elf-Kilo-Gasflaschen, fünf Dieselfilter, einen Innenwassertank und zwei warme Schlafsäcke dabei. Zudem haben wir das Fahrzeug mit Winterbereifung versehen. Damit sollten wir fit sein für das Erlebnis „Russland im Winter“. Ich denke dabei an meine Erfahrungen auf der Halbinsel Kola und bin guter Dinge, dass wir diesmal nicht so viele Probleme haben werden.

Schon in Mittelschweden bekommen wir einen Vorgeschmack auf das, was es heißt, mit dem Reisemobil im Winter unterwegs zu sein. Der heftige Regen ist innerhalb einer Stunde in dichten Schneefall übergegangen. Die Temperaturen sind von Null auf minus zehn Grad gefallen. Unser Reisemobil ist mit einem dicken Eispanzer überzogen. Die Gasheizung ist zu schwach, um angenehme Temperaturen im Innern unseres Hauses auf Rädern zu halten.

*Fit machen für die Kälte. Isoliermaterial soll den Motor vor dem Auskühlen bewahren.*

Was an Plusgraden fehlt, gleicht ein zusätzlicher Pulli und nachts der Schlafsack aus. Alle Lüftungsschlitze für den Motor haben wir zwischenzeitlich mit Isoliermaterial zugestopft und vor den Kühler eine Isolierplatte gestellt. Und trotzdem: Der 85-PS-Motor stottert im kalten Fahrtwind, obwohl schwedischer und finnischer Diesel laut Tankstellenreklame bis minus 40 Grad aushalten soll. Zum Glück gibt es hier im Winter an jeder Tankstelle ein Ethanolgemisch, das dem Diesel beigemischt wird. Das Zeug ist ein wahres Zaubermittel, von nun an läuft der Motor rund.

Die Hauptstraßen in Skandinavien sind selbst im Winter in tadellosem Zustand und immer geräumt. Problemlos schaffen wir die Strecke durch Schweden und Finnland bis Ivalo, nördlich von Rovaniemi gelegen, in drei Tagen. Auf der Höhe von Ivalo verlassen wir die E 75 und biegen nach Osten, Richtung russische Grenze ab. Längst neigt sich die Abenddämmerung dem Ende zu, obwohl wir erst vier Uhr am Nachmittag haben. Jenseits des Polarkreises hält zu dieser Jahreszeit die Dunkelheit das Zepter fest in der Hand. Die finnisch-russische Grenze ist im

## 1997 - Eisschwimmer, Schneestürme, eingefrorene Reiseträume

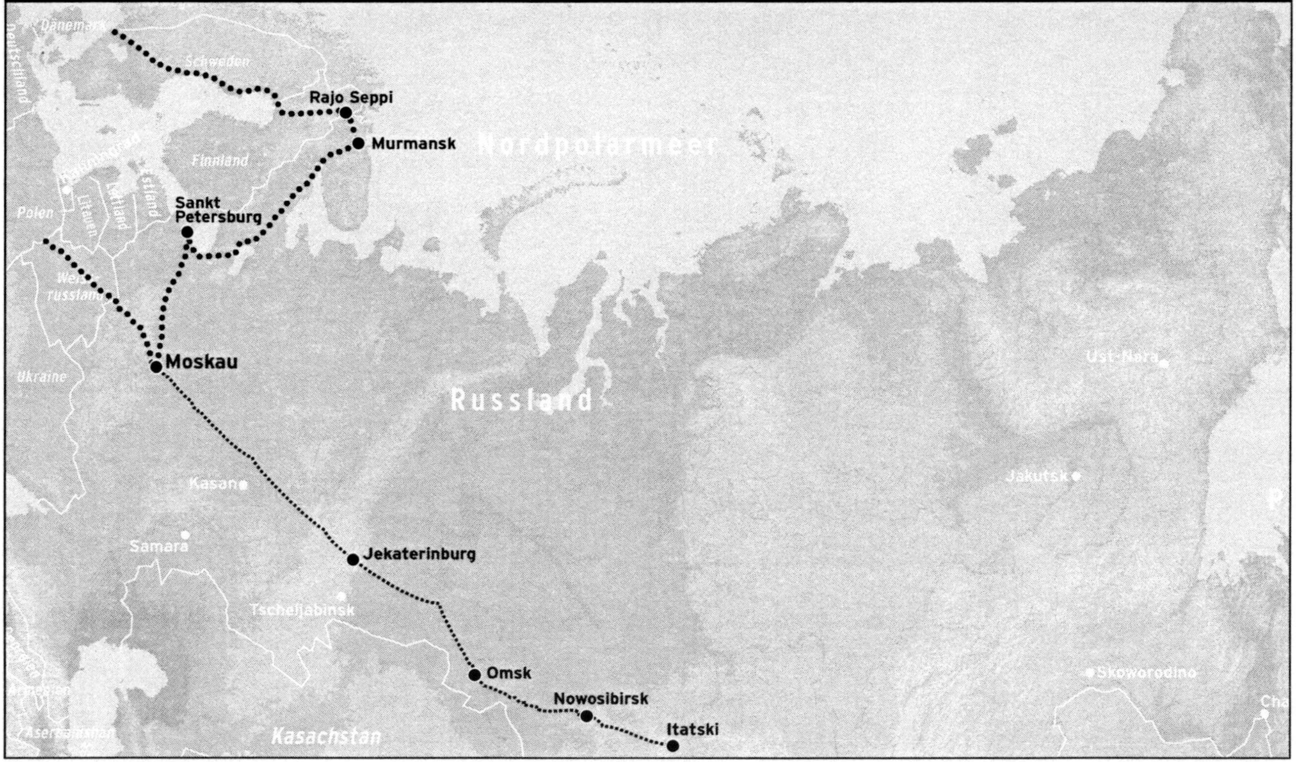

Winter nur von 8.00 Uhr bis 19.00 Uhr geöffnet. Aber bis zum finnischen Grenzpunkt Rajo-Seppi ist es gerade mal eine Stunde Fahrzeit. Immer wieder kreuzen Rentiere unseren einsamen Weg.

Die Finnen verfügen hier nur über ein Grenzgebäude, ähnlich eines großen Containers, umgeben von dichtem Wald. Mit Schäferhunden gehen sie einmal durch unser Fahrzeug und schicken uns dann weiter zu den Russen. Wir sind das einzige Fahrzeug weit und breit, welches zur Zeit die Grenze passiert. 20 Minuten dauern die Grenzformalitäten, dann sind wir in Russland.

Was ist das für ein Unterschied im Vergleich zu Finnland, als wir über die holprige, mit Sand und grobem Schotter abgestreute Straße fahren. Aber es ist doch die gleiche Landschaft, das gleiche Klima, der gleiche strenge Frost wie in Nordfinnland. Die Straßen allein machen den Unterschied nicht aus. Das besondere Russlandgefühl wird auch in unseren Köpfen kreiert. Jetzt sind wir im Reich Boris Jelzins. Man muss mit wilden Bären, allgegenwärtiger Mafia und korrupten Milizen rechnen.

Nein, so schlimm steht es noch nicht um unsere Wahrnehmung. Aber Gedanken an das geheimnisvolle und endlos große Russland spielen schon eine Rolle. Wir sind eben viel gespannter, was uns auf 160 Kilometern bis zur Stadt Murmansk anderes erwarten wird, als auf einer ähnlichen Distanz in Finnland. Hier sind zum Beispiel die grenznahen Checkpoints mit Schlagbaum, den blutjunge Soldaten per Hand hochkurbeln, damit wir passieren können. Bescheiden fragen sie nach einer Zigarette. So bescheiden, dass wir ihnen gerne eine geben. Sind das die korrupten Milizen?

Die Außentemperatur fällt immer tiefer, je weiter wir Richtung Osten fahren. Die Kühlflüssigkeit und das Motorenöl unseres Hauses auf Rädern sind nur noch lauwarm. Eine lange weiße Fahne kommt aus dem Auspuff. Die vom Motor erwärmte Gebläseluft ist kaum in der Lage, das Führerhaus warm zu halten. Unser Fahrzeug ist anscheinend viel zu schlecht isoliert, der Motor der kalten Luft zu sehr exponiert. Ich habe mir eine dicke Thermojacke, eine Pelzmütze und mit Lammfell gefütterte Handschuhe angezogen, um es hinter dem Lenkrad überhaupt auszuhalten. 100 Kilometer vor Murmansk zeigt das Außenthermometer 30 Grad unter Null an. Wie fühlt sich diese kalte Luft an? Um das herauszufinden, halten wir unser Reisemobil auf freier Strecke an. Verkehr herrscht hier am Abend nicht mehr. Wir sind seit der Grenze nur einem Militär-Lkw und den besagten Soldaten an den Checkpoints begegnet. Jetzt erleben wir den ganzen Zauber der Polarnacht. Die Luft ist still und frisch und klar und gar nicht so kalt, wie wir es erwartet hätten. Links und rechts von uns stehen hohe Tannen, deren schwarze Silhouetten sich deutlich vom Sternenhimmel abheben. Unser Blick ins Weltall wird nur durch die Schneise, die die Straße in den Wald schlägt, freigegeben. Das Band der Milchstraße mit seinen unzähligen Sternen ist deutlich zu erkennen. Wir wollen gerade weiterfahren, da glauben wir eine Veränderung am Himmel zu beobachten. Diffuse grüne Lichter tauchen auf, verändern ständig ihre Form. Polarlichter! Ja, das müssen Polarlichter sein. Fasziniert schauen wir dem seltenen Naturschauspiel zu und vergessen für einige Minuten, wie kalt es doch ist.

Ziemlich durchgefroren wollen wir uns im Auto aufwärmen. Aber es folgt die Ernüchterung. Die Gasheizung innen läuft nicht mehr. Im Nu ist der Wohnraum ausgekühlt, das Innenthermometer zeigt 22 Grad unter Null an. Im Lebensmittelschrank sind alle Getränkedosen und einige der Konserven geplatzt. Das Wasser unseres Innentanks ist mit einer dünnen Eisdecke überzogen. Der Versuch, die Gasheizung anzuwerfen, scheitert. Im Schrank mit den Flüssiggasflaschen ist es durch die Lüftungsschlitze innen so kalt wie außen. Das eiskalte Flüssiggas macht seinem Namen jetzt alle Ehre. Es bleibt flüssig, und kann die Gasheizung nicht zünden. Ironie des russisch-winterlichen Camperdaseins: Der immer ausgeschaltete Eisschrank ist dank seiner hervorragenden Isolierung nun der wärmste Platz in unserem Reisemobil.

Es ist ein gespenstiges Szenario. Drinnen gehen die Campinglichter aus, draußen ziehen die Polarlichter über uns hinweg. Wenn wir jetzt unser Gefährt nicht starten können… Wir denken nicht weiter daran und hoffen, dass die grünen Gespenster über uns nicht auch noch den Motor verhext haben. Ja, da ist es wieder, das geheimnisvolle Russlandgefühl.

Puh, der Motor springt sofort an. Jetzt ziehen wir den Vorhang zwischen Fahrerkabine und Wohnraum zu, um die Kälte von hinten fernzuhalten. Mit unserem Eisschrank auf Rädern nähern wir uns der Nordmetropole Murmansk, deren Lichter sich schon von weitem am winterlichen Horizont abzeichnen.

## Schillerndes Murmansk

Dann liegt sie endlich vor uns. Die von Menschenhand jemals größte erbaute Siedlung jenseits eines Polarkreises. Murmansk mit seinen 500.000 Einwohnern, die fast alle in den typischen fünf- und neungeschossigen Betonplattenbauten wohnen.

Was ist das für eine Erleichterung. Wir sind wieder in der Zivilisation. Da draußen in der Kälte fühlten wir uns schon ziemlich allein gelassen. Aber der alte Dieselmotor hat durchgehalten und uns bis ins Zentrum der Stadt befördert.

Im Fahrzeug wohnen ist angesichts der Temperaturen und ausgefallener Heizung sicherlich nicht das Wahre. Aber wir haben von Freunden ein Quartier nicht weit vom Zentrum besorgt bekommen. Die gemütliche und warme Zweizimmerwohnung entschädigt für den überaus hässlichen Hausflur, der im Erdgeschoss nicht mal Licht hat. Aber fast alle Wohnblocks in Russland haben solche schrecklichen Hausflure. Manche sind sogar ganz ohne Licht. Wir werden uns schon daran gewöhnen.

Unser Reisemobil lassen wir direkt vor der Haustür stehen. Wie gut, dass es in Murmansk keine Parkplatzprobleme gibt. Der nächste bewachte Parkplatz ist uns zu weit und unser Haus auf Rädern ohnehin nicht das neueste Modell. Außerdem gehören westliche Autotypen mittlerweile zum russischen Alltag und werden heutzutage nicht mehr oder weniger gestohlen als in Paris oder Rom. Mitte der Neunziger Jahre musste man in Russland die Scheibenwischer noch abnehmen, damit sie nicht geklaut wurden. Heute gehört so etwas der Vergangenheit an.

Sorgen bereitet uns nur die Frage, ob wir die Mengen an köstlichen Speisen, die unsere Gastgeber auftischen, auch aufessen können. Wer in Russland außerhalb der Touristenzentren unterwegs ist – das gilt ja für 99,9 Prozent des Landes – und mit den Menschen zusammenkommt, weiß, wie gastfreundlich die Russen sind. Manchmal ist es einfach zuviel des Guten. Unsere Freunde servieren soviel, dass sich der Tisch durchbiegt. Stundenlang schlemmen und erzählen und lachen wir auf neun Quadratmetern Esszimmer. Oleg, einer unserer Gastgeber, leicht angeschwipst von einigen Wodka, packt seine Balalaika aus. Es gibt Tee und Suschki, hartes Kringelgebäck, und ab und zu noch einen Wodka. Im Fernsehen läuft irgendein amerikanischer Spielfilm. Das Spannendste daran ist der russische Sprecher, der den Text gleich für alle Akteure, egal ob Mann, Frau oder Kind in ein und demselben Tonfall auf Russisch spricht. Alle zehn Minuten gibt es fast ebenso lange Werbepausen, in denen eigentlich nur Westprodukte angepriesen werden. Aber ähnlich wie bei vielen Amerikanern, läuft der Fernseher nur nebenbei. Russische Neuzeitidylle in Murmansker Betonburgen.

Der nächste Tag. Wir werfen einen Blick auf das Thermometer. Minus 33 Grad sind es draußen. Da sind wir doch heilfroh, in der Wohnung übernachtet zu haben. Im Reisemobil ist alles bis auf das geschützte Kühlwasser steifgefroren. Ob wir bei diesen Temperaturen unser Fahrzeug überhaupt wieder starten können? Aber was kümmert uns die Zukunft? Wir leben jetzt und wollen erst einmal die Stadt Murmansk genießen.

Was es hier zu genießen gibt? „Oh, jede Menge", versichert uns Oleg. „Schaut euch die Märkte an, den Zentralplatz am Hotel Arktika und den Prospekt Lenina, unsere große Einkaufsmeile."

Die Fahrt in den Murmansker Bussen ist schon für sich ein Erlebnis. Als wir in den Bus einsteigen, haben wir das Gefühl, eine riesige Gefriertruhe zu betreten. Die Innenscheiben sind mit dickem Reif überzogen. Im Fahrgastraum des Busses ist es eigentlich so kalt wie draußen. Einzig und allein die Fahrgäste strahlen etwas Wärme ab. Die Feuchtigkeit schlägt sich an den Scheiben nieder und gefriert sofort. Einige Fahrgäste hauchen und reiben sich kleine Gucklöcher in die Eisschicht um zu sehen, wo sie sich gerade befindet. Die dicken Pelzmützen, die hier jeder trägt, und die stark vereisten Scheiben verleihen dem Inneren des Busses ein bizarres Aussehen.

Die Märkte sind in der Tat ein Ereignis. Was da alles angeboten wird: Welpen und junge Katzen, gleich nebenan Untis, aus Tierfellen hergestellte warme Winterstiefel. Wir finden überteuerte Kinderüberraschungseier und die daraus stammenden Spielzeuge, Vorhängeschlösser, die so groß sind, dass sie sich schon als Souvenir eignen, bunte Handtücher mit kitschigen Südseemotiven, außerdem viele Stände mit Leder- und Jeansbekleidung. Oft stammen die Händler aus dem 5000 Kilometer entfernten Kaukasus. Aber weder der

*Bad im Murmansker Stadtsee bei 30 Grad unter Null.*

weite Weg noch die Kälte scheinen sie zu schrecken. Einige von ihnen kaufen hier sogar gebrauchte Radiochips auf, um in der Heimat damit zu handeln.

Während hier die Verkäufer frieren und es gerne etwas wärmer hätten, sind die frostigen Temperaturen auf dem Fleischmarkt ein wahrer Segen. Es gibt keine Probleme, die Ware zu kühlen. Auch die Eisverkäufer ersparen sich den Stromanschluss für die Gefriertruhe. Eisverkäufer bei strengem Frost? Ja, das wundert uns auch. Aber immer wieder sieht man Leute, die sich Eis kaufen und es sogar auf der Straße essen. Die Eisverkäufer staunen nicht schlecht, als ich ihnen erzähle, dass die Eisdielen bei uns schon im Oktober schließen, obwohl wir nur selten etwas Frost haben.

Wir trauen unseren Augen kaum, als wir über den meterdick zugefrorenen Stadtsee laufen. Da haben sich doch die Morshy ein großes Wasserloch freigehackt und gehen nun ihrem täglichen Sport nach. Morshy – das ist eine ganz besondere Spezies Mensch. Es sind die Eisschwimmer, die Menschen, die auch bei strengen Frösten in kaltes Wasser steigen, um sich hier zu erfrischen und abzuhärten. Bei fast

*Das Wasser im Murmansker Hafen dampft bei den frostigen Temperaturen. Erwärmt wird es durch den Golfstrom.*

30 Grad unter Null fällt es uns leicht, die ernstgemeinte Einladung der Morshy zum Baden auszuschlagen. Hätten wir wenigstens eine Sauna in der Nähe, dann hätte ich zumindest mal darüber nachgedacht. Aber so bleiben wir lieber nur Zuschauer.

Entlang des Prospekt Lenina liegen die alten und architektonisch viel schöneren Gebäude von Murmansk. Nur dieser den Stadtkern bildende Teil wurde im Zweiten Weltkrieg von deutschen Bomben verschont. Murmansk wurde nach Stalingrad am meisten bombardiert. Und das hatte einen strategischen Grund. Murmansk war und ist der einzige eisfreie Hafen Russlands.

**Kolas schöne Natur**

Anfang Februar schafft die Sonne es erstmals, nach sechs langen Polarnachtwochen die hohen Gebäude von Murmansk mit ihren Strahlen zu kitzeln. An so einem sonnigen, wenn auch sehr kurzen Tag besuchen wir den Murmansker Hafen. Das Hafengewässer dampft in der frostigen Luft wie ein Thermalbad im Winter. In der Kälte des nördlichen Polarkreises schwindet die letzte Wärme des Golfstromes. Der Gedanke, dass das Wasser im 10.000 Kilometer entfernten Golf von Mexiko durch Floridas Sonne aufgeheizt wird und über den gesamten Atlantik seinen Weg bis ins weite Murmansk findet, fasziniert mich. Noch lange schaue ich den im Hafen treibenden Eisschollen zu, die immer wieder von den vereisten Rändern abbrechen.

Die winterliche Natur auf der Halbinsel Kola hat durchaus ihre Reize. Wir wollen über den Murmansker Tellerrand schauen, wollen einen Ausflug ins Innere der Halbinsel Kola machen. Dazu müssen wir unseren Eisschrank auf Rädern mobilisieren. Der arme Camper hat eine Woche in der strengen Kälte gestanden, ohne bewegt zu werden. Wohlwissend um die Leistungsschwäche eisgekühlter Batterien bauen wir diese am Vorabend aus und nehmen sie mit in die warme Wohnung. Am nächsten Morgen geht es dann ans Starten. Nachdem die Batterien wieder eingebaut sind, unternehme ich einen ersten Startversuch. Aber der Motor dreht sich kaum. Klar, das Öl ist sehr dickflüssig.

Wir machen es so, wie es auch Russen machen, wenn sie ihr Fahrzeug in großer Kälte starten wollen. Wir geben ihm Feuer. Mit dem flüssigen Campinggas tränken wir Lumpen, entzünden sie und halten sie unter den Motor, um das Öl wieder flüssig zu machen. Aber die Mühe wird nicht belohnt. Die Batterien sind schon wieder ausgekühlt und damit zu schwach. Nach mehreren Startversuchen müssen wir passen. Außerdem wird uns der vorschriftsmäßige Schmierdienst vor der Abreise zum Verhängnis. Das Fett ist knochenhart, hält Gas- und Kupplungsgestänge fest. So müssen wir erst die zähe Masse aus den Kugelgelenken kratzen um das Gestänge wieder gängig zu machen. Aus eigener Kraft kriegen wir aber unser Reisemobil nicht gestartet.

Am Mittag sind wir dann soweit, dass wir uns einen russischen Laster zum Anschleppen organisieren. Gott sei Dank ist das bei der russischen Hilfsbereitschaft kein Problem. Schon der erste angehaltene Lkw hilft uns auf der Stelle. Als ob er das täglich tut, bringt er seinen Benziner vor uns in Stellung, holt ein Stahlseil heraus und hängt die beiden Fahrzeuge zusammen. Nach einigen hundert Metern Anschleppen läuft unser Reisemobil wieder.

Fast eine Stunde fahren wir entlang der Tuloma, dem Fluss, der in die Barentssee mündet und einen Teil des Murmansker Hafen bildet, um

*Vergeblicher Versuch, das Öl wieder flüssig zu bekommen.*

dann ins Landesinnere abzubiegen. Schon bald sind wir inmitten einer idyllischen Seenlandschaft. Oleg hat uns von den vielen Eisfischern erzählt, die hier ihrer Lieblingsbeschäftigung nachgehen. Eisfischen ist neben dem Pilze sammeln des naturnahen Russen liebstes Kind. Wie beim normalen Angeln geht es auch beim Eisfischen nicht nur um das Fischefangen. Mindestens genauso wichtig ist das ganze Drumherum. Die Vorfreude, die Vorbereitungen, das Draußen sein mit echtem Ziel, und die Zubereitung des frischen Fischfangs.

Victor, ein Eisfischer, den wir hier zufällig aufgespürt haben, nimmt uns mit auf seine Tour. Zunächst müssen wir raus auf den See. Victor kennt die besten Plätze. Mit dem riesigen Handbohrer rückt er der meterdicken Eisdecke zu Leibe. In das wenige Zentimeter breite Loch wird der Angelhaken mit Köder herabgelassen. Die Angel befestigt Victor mit aufgehäuftem Schnee. Dann legt er das nächste Loch einige Meter weiter an und lässt auch hier einen Köder am Haken ins Wasser. Auf dieses Art und Weise präpariert Victor noch acht weitere Löcher und zeigt dann das, was viele Angler und Russen gemein haben: Geduld.

Nun gilt es zu hoffen, dass sie beißen, die Fische im See. Zu groß dürfen sie ja nicht sein, sonst passen sie nicht durch das gebohrte Loch. Die Gewässer hier sind sauber und fischreich. Aber bisher wollen sie nicht beißen.

Eine steife Brise aus dem Osten jagt den Schnee über die offene Fläche. Es gibt nichts Erbarmungsloseres, als strengen Wind bei frostigen Temperaturen. Trotz warmer Kleidung kühlen wir sehr schnell aus. Da hier oft Wind weht, hat Victor sich etwas einfallen lassen, damit das Eisfischen nicht zum Extremsport wird. Direkt am Seeufer steht seine kleine Holzhütte, in die er sich zurückzieht, wenn die Angeln positioniert sind. Hier finden wir nun Schutz vor dem scharfen Wind und tauen langsam wieder auf. Der mit Holz befeuerte kleine Blechofen gibt die typische angenehme Strahlungswärme ab. Binnen weniger Minuten kehrt Leben in Finger, Füße und Geist zurück. Victor lässt immer wieder Kontrollgänge entlang der Angeln folgen. Nach einer Stunde Eisfischen ist seine Bilanz bescheiden. Nur ein Fisch hat angebissen. Das ist entschieden zu wenig für uns alle. Wir verlagern das Fischessen auf den Abend in die Murmansker Wohnung unserer Freunde. Es ist gleichzeitig der letzte Abend in Murmansk. Am folgenden Morgen wollen wir uns auf den Weg Richtung Süden machen. Der Abend wird lang, typisch russisch. In bescheidenem Ambiente haben wir und unsere Gastgeber viel Spaß und denken nicht an die Sorgen von Morgen.

## Auf der M18

Am Morgen sind sie da, unsere Sorgen. 35 Grad unter Null. Wie kriegen wir da unser Reisemobil zum Laufen? Noch einmal werden wir uns mit Batterien aufwärmen und Feuer unter dem Motor machen nicht quälen. Wir werden uns erneut einen Lkw zum Anschleppen organisieren. Das ist hier wirklich die leichteste Sache der Welt. Innerhalb weniger Minuten zieht uns ein Brotlaster vom Parkplatz vor dem Haus raus auf die Hauptstraße, um dort an Fahrt zu gewinnen. Heute klappt es schlechter mit dem Anlassen. Über einen Kilometer muss der Laster uns ziehen, bis der alte Diesel wieder läuft. Jetzt steht unserem Weg nach Süden ins 1400 Kilometer entfernte Sankt Petersburg nichts mehr im Wege. 1400 Kilometer auf der M18, der einzigen Strecke, die die Metropolen Murmansk und Sankt Petersburg verbindet, fährt man im Winter nicht einfach so. Unsere Gastgeber warnen uns vor den plötzlichen Wetterumstürzen, die Ende des Winters oft im Nordwesten eintreten. Die Temperaturen können in dieser Region binnen weniger Stunden um 30 Grad fallen, wenn Ostwinde eiskalte sibirische Festlandsluft Richtung Westen schicken. Aber wir machen uns keine Sorgen. Das Wetter ist ruhig, sonnig, die Temperaturen sind ständig am Klettern und das Wohnmobil läuft einwandfrei. Was soll da noch schief gehen?

Guter Dinge brettern wir über die anfangs breite M18. Vorbei geht es an Fischverkäufern, die illegal Lachse am Straßenrand verkaufen. Hier steht alles unter Naturschutz, das Fischen ist auf Hinweisschildern untersagt. Wir fragen sie, ob sie denn keine Angst vor der Polizei hätten. Aber sie winken ab, Murmansk ist doch über 100 Kilometer weg, so weite Wege macht die Polizei nicht.

Wind kommt auf, die Sonne verdunkelt sich, erste Flocken tanzen im schwachen Sonnenschein. Eine Mjetjel, ein Schneesturm, zieht auf. Der Schnee rast über den vereisten Rücken der M18. Die Sicht wird immer schlechter, der Wind immer stärker. Das hätten wir nicht für möglich gehalten. Innerhalb weniger Minuten ist aus dem ruhigen Winterwetter ein gewaltiger Schneesturm geworden. Mit Sorge blicken wir auf die entgegenkommenden Lkw, die trotz schlechter Sicht mit 70 Sachen über die Piste donnern.

Der Windzug in der Fahrerkabine ist furchterregend. Dass unser Fahrzeug so viele Ritzen hat, habe ich nicht gewusst. Im Nu vereisen die Seitenscheiben, die Betriebstemperatur des Motors fällt in den nicht mehr angezeigten Teil. Die Sicht reicht gerade mal 50 Meter weit.

Erste Schneewehen wachsen über die Straße. Alles ist weiß um uns herum, die Straße kaum zu erkennen. Bald müssen wir mit Schwung die immer größer werdenden und kaum zu erkennenden Schneewehen nehmen. Der Seitenwind bremst das Fahrzeug so stark, dass wir nur schwer Fahrt halten können. Die Auflieger der entgegenkommenden Sattelschlepper werden zur Seite gedrückt, diese Fahrzeuge brauchen fast die ganze Fahrbahn für sich. Das halten wir nicht mehr lange durch, bald hängen wir in einer Schneewehe fest.

*So schnell kann es gehen. Binnen weniger Minuten schlägt das Wetter um.*

Aber es kommt wieder mal anders als erwartet. Noch schneller, als die Mjetjel gekommen ist, verschwindet sie. Es klart auf, Windstille und Sonnenschein – Karelien präsentiert sich von seiner Schokoladenseite.

Die M18 ist mit einem zentimeterdicken Eisbrett überzogen. Trotz Winterreifen gibt es praktisch kaum Haftung auf der Straßenoberfläche. Alles nicht so schlimm – wären da nicht die russischen Lastwagenfahrer, die ihre tonnenschweren Gefährte mit viel zu hoher Geschwindigkeit über die Piste jagen. Das kann nicht ohne Folgen bleiben. Immer wieder sehen wir Lkw, die über die Böschung gegangen sind und nun darauf hoffen, ihr Auto geborgen zu bekommen. Es ist schon dunkel, als wir einen ganzen Sattelzug im Wald links neben uns liegen sehen. Der Laster muss vor kurzem über die Böschung gegangen sein. Das Licht brennt, der Motor läuft noch. Gibt es Verletzte? Wir stoppen unser Fahrzeug und Oliver, gelernter Sanitäter, steigt vorsichtig die sechs Meter tiefe Böschung hinunter. An der Fahrerkabine angekommen, folgt die Überraschung. Drinnen sitzt der unverletzte Fahrer und erzählt, dass er bereits vor vier Tagen abgestürzt sei, die Ladung bewacht und auf einen gerufenen Kran wartet. Die Wartezeit versüßt sich der russische Trucker mit Wodka, dementsprechend gut ist er schon drauf. Er ist Stellvertreter der vielen Havarien rechts und links entlang der M18. Überhöhte Geschwindigkeit, schlechte Sicht, Übermüdung, Leichtsinn, dazu vielleicht noch etwas Wodka – das sind verhängnisvolle Kombinationen, die alles andere als geeignet für die spiegelglatte M18 sind.

Wir halten den Atem bei jedem entgegenkommenden Lkw an, fahren an den engen Stellen maximal 40 Stundenkilometer. Und trotzdem passiert es. In einer leichten Kurve kommt uns ein Laster zu schnell entgegen und gerät dabei auf unsere Seite. Beim Ausweichmanöver frisst sich unser Wohnmobil fast zwei Meter in den tiefen Schnee. Beinahe wären auch wir die Böschung hinunter gerutscht. Aber Räumungsfahrzeuge haben mit ihren Pflügen meterhohe Schneeränder angehäuft, in denen unser verhältnismäßig leichtes Fahrzeug dank geringer Geschwindigkeit steckengeblieben ist. Wie wahr ist doch das russische Sprichwort „Tische jedjesch, dalsche budjesch“ – Je langsamer du fährst, umso weiter kommst du. Wären wir schneller gewesen, wären wir über die Böschung gegangen und hätten wohl auch einige Tage auf den Kran warten müssen.

Aber nun stecken wir metertief im Schnee. Wie kommen wir da zu später Abendstunde wieder raus? Ein kurzer Versuch mit eigen Kräften macht mir klar, dass wir auf fremde Hilfe angewiesen sind. Es ist alles andere als angenehm, hier in einer eisglatten Kurve festzustecken. Das Heck unseres Fahrzeuges ragt ja noch fast bis zur Straßenmitte heraus. Nicht auszudenken, wenn der nächste Laster hier ins Rutschen gerät. Schnell hat Oliver ein Warndreieck in gebührendem Abstand auf unserer Seite aufgestellt.

Nach 20 sehr langen Minuten tauchen Lichter am Kurvenanfang auf. Es ist ein Lkw, nicht gerade langsam, aber dank Warndreieck hat er es noch geschafft, rechtzeitig zu bremsen. Der Fahrer und sein Copilot holen ein Stahlseil aus ihrem Fahrzeug und ziehen uns rückwärts ganz locker wieder heraus. Wir wollen ihnen Geld für die Rettungsaktion geben. Sie können das gut gebrauchen. Sie sind sichtlich arm, haben zerrissene Kleider an. Aber es ist Russland. Da läuft alles etwas anders. Zunächst schenken sie uns das Abschleppseil. So eins würden wir bestimmt noch gebrauchen können. Dann bekommt Oliver eine echte Fellmütze, weil sie sehen, dass er keine aus Tierfell bestehende Kopfbedeckung trägt. So eine Fellmütze kostet doch einen ganzen russischen Monatslohn. Das wollen wir nicht annehmen. Vergeblich. Dann wollen wir uns wenigstens erkenntlich zeigen, aber sie weisen uns wieder zurück. Unbemerkt stecke ich einem der Fahrer einige Geldscheine in seine Hosentasche. So arm und ein so großes Herz. Wir werden die Begegnung nicht vergessen.

Das Wetter ist wieder umgeschlagen. Plusgrade verwandeln die M18 schnell in eine Schneematschpiste. Immer wieder passieren wir Lkw, die in den letzten kalten Tagen von der Straße gerutscht sind. Wir zählen heute ein halbes Dutzend Fahrzeuge, die alle auf eine Bergung durch einen Kran angewiesen sind.

Nach drei Tagen M18 haben wir Sankt Petersburg erreicht. Auch vier Jahre nach dem Aufkleberklau sehen wir immer noch Fahrzeuge mit den uns so bekannten Sonystickern.

Wind, Regen und jede Menge Schneematsch treiben uns schnell weiter Richtung Moskau. Dort werden wir die weitere Route planen. Schließlich wollen wir noch den sibirischen Winter kennen lernen.

## Auf Schienen in den sibirischen Winter

Über unsere Freunde in Moskau erhalten wir eine Adresse auf dem sibirischen Land im Gebiet Kemerowo, irgendwo zwischen Nowosibirsk und Irkutsk. Der Blick auf die Karte und zurück auf die Erlebnisse im Nordwesten nehmen uns die Entscheidung, mit dem Reisemobil oder der Transsibirischen Eisenbahn zu fahren, ab. Es sind 8000 Kilometer hin und zurück. 8000 Kilometer im russischen Winter, obwohl uns schon die ersten 1600 die Grenzen als Reisemobilist aufgezeigt haben. Wir haben genug Warnungen bekommen und werden diesmal unser Haus auf Rädern stehen lassen. Wer weiß, wie kalt es in Sibirien werden wird. Und 8000 Kilometer auf glatter Eispiste mit dem russischen Lkw-Verkehr zu kämpfen, ist auch kein Pappenstiel. Außerdem sind einige Tage Transsibirische Eisenbahn durchaus ein reizvolles Erlebnis.

Am nächsten Tag kaufen wir uns Tickets für die Reise mit der russischen Zuglegende. Drei Tage und zwei Nächte soll er für die 3300 Kilometer lange Strecke benötigen. Pünktlich auf die Minute verlässt er den Jaroslawler Bahnhof.

Vielen Russen geht es gegenwärtig sehr schlecht. Die Preise sind für ihre Verhältnisse sehr hoch, fast keiner kann sich die Tickets für die besseren Fernreisezüge leisten. Daher sind wir in dem Sibirjak, dem Zug, der die Strecke Moskau – Nowosibirsk täglich bedient, fast allein. In unserem Waggon reisen gerade mal noch drei Personen, zwei weitere Passagiere und die Schaffnerin Larissa. Sie blickt mit Sorge in die Zukunft. Geht das so weiter, dann wird der Sibirjak seinen Betrieb einstellen müssen. Extra für uns macht Larissa eins der im Winter immer verriegelten Schiebefenster auf, sodass wir besser fotografieren können.

Es geht vorbei an unzähligen Datschen der Moskowiter, die hier ab Frühling Gemüse und Obst anbauen. Jede große Stadt hat in seiner Umgebung bis 100 Kilometer diese Datschensiedlungen, die einen großen Teil der Ernährung der Russen sicherstellen.

Immer wieder ziehen Birken- und Mischwälder an uns vorbei. Dazwischen liegt das weite, meist unbesiedelte Land. Ja, die Weite des russischen Reiches lässt sich in der Transsibirischen Eisenbahn eindrucksvoll erleben. Man hat hier alle Zeit der Welt. In Ruhe kann man Tee um Tee schlürfen und dabei die Einsamkeit Russlands genießen. Es ist ehrlich gesagt keine besonders abwechslungsreiche Landschaft, die da an einem vorbeizieht. Es ist mehr die Weite, die eigentlich jeden Reisenden berührt. Man legt sich schlafen, wacht am Morgen auf und immer noch ziehen Birkenwälder an einem vorbei. Ich glaube, dass darin die Faszination der transsibirischen Eisenbahn liegt.

Abwechslung gibt es immer dann, wenn der Zug in den Bahnhof einer größeren Stadt einfährt. Hunderte von Verkäufern warten schon am Bahnsteig auf die Passagiere. Meist sind es Rentner, die ihre kläglichen Einkünfte mit dem Verkauf von selbst gebackenen gefüllten Teigtaschen oder Waren aus dem Lebensmittelgeschäft aufbessern wollen. Sobald ein Polizist auftaucht, verschwinden alle diese Verkäufer ganz schnell, denn ihr Geschäft ist illegal. Aber was sollen sie denn sonst machen? Die selbstgebackenen Teigtaschen, meist mit Marmelade, Fleisch oder Kohl gefüllt, sind übrigens wirklich lecker. Manche Verkäufer bieten geräucherte oder getrocknete Fische an.

Ich kaue auf dem gesalzenen Fleisch eines eben gekauften Fisches herum. Dazu gönne ich mir ein schmackhaftes russisches Bier, während das monotone Rattern des Zuges mich durch das riesige geheimnisvolle Russland begleitet. Es geht vorbei an romantischen verschneiten Dörfern, zwischen denen unberührtes Land liegt. Das ist der Geist der Transsibirischen.

Als eingefleischter Reisemobilist ist das mal etwas ganz Neues. Jemand fährt für uns, wir können uns ausruhen. Aber wir merken, dass diese Reiseart sicherlich nicht für uns geschaffen ist, so faszinierend das Erlebnis der Weite auf Schienen auch sein mag. Man sieht auf diese Art und Weise einfach viel zu wenig von Land und Leuten. Nachts passieren wir den Ural, wir haben von dem flachen Gebirge und dem Kontinentwechsel von Europa nach Asien nichts mitbekommen. Das wäre uns im Reisemobil sicherlich nicht passiert. Aber man kann nicht alles haben.

Noch knapp 30 Stunden rollen wir durch sibirische Weiten, bis wir schließlich Nowosibirsk, die Stadt am Ob, erreichen. Um in unser sibirisches Dorf Itatski zu kommen, müssen wir in einen anderen Zug steigen und noch die ganze Nacht fahren.

Fast drei Tage auf Schienen – dann sind wir am Ziel. So schnell hätten wir das natürlich mit dem Reisemobil nicht geschafft.

Der weite Weg hat sich gelohnt. Wir werden herzlich aufgenommen und nach Strich und Faden verwöhnt. Die Maruschtschenkos, die Familie, bei der wir wohnen, lebt in einem urgemütlichen Steinhaus mit echtem Holzofen. Sie versorgen sich selbst wie so viele Menschen in Itatski. Alles, was wir essen, stammt aus eigener Produktion. Man schmeckt den Unterschied. Selten haben wir so einen intensiven und guten Fleischgeschmack genossen.

*Sibirische Dorfidylle.*

Bald starten wir unseren ersten Spaziergang durch das Dorf und die verschneite Winterlandschaft. Es ist Februar, der Schnee wird hier noch drei Monate bleiben. Holz- und Steinhäuser säumen die Dorfstraße. Teilweise liegt der Schnee so hoch, dass er die kleinen Häuschen zu erdrücken droht. Die Sonne hat schon etwas mehr Kraft und bringt die Temperaturen tagsüber nahe an den Gefrierpunkt. Wir haben einen milden Winter erwischt, erzählen uns die Maruschtschenkos. Nachts hat es minus zwanzig, tagsüber knapp unter null Grad.

Natürlich sind wir nach der langen Zugreise fällig für eine Dusche. Aber mit Sorge müssen wir feststellen, dass es kein fließendes Wasser im Haus gibt. Doch unsere Gastgeber wären keine echten Sibirier, wenn sie nicht eine echte sibirische Banja, eine Sauna hätten. Saunagänge werden in Russland nämlich mindestens so wie in Finnland zelebriert. Fast jeder auf dem russischen Land hat eine Banja. Für die lange Winterzeit ist das einfach unverzichtbar. Fast jeden Abend feuern die Maruschtschenkos den Ofen in der Sauna an. Heute Abend schlägt unsere Stunde. Wir schwitzen bei Höllentemperaturen, was das Zeug hält. Es folgen Aufgüsse mit russischem Bier und Schläge mit Birkenreisig, bis

*Die sibirische Sauna hat es in sich. Mit Birkenreisig setzt es Schläge bei höllischen Temperaturen.*

auch das letzte Gramm Schmutz herausgeprügelt ist. Zwischen den Saunagängen wälzen wir uns im Pulverschnee. Eine Stunde später fühlen wir uns wie neugeboren.

In der Zwischenzeit hat man für uns kräftig aufgetischt. Eine knusprig gebratene Gans steht in der Mitte des Tisches. Dazu gibt es dampfende Kartoffeln, frische eingelegte Tomaten und Gurken, danach warme Teigtaschen mit süßer Füllung. Vor dem Holzofen schnurren die Katzen. Draußen funkeln die Sterne in der klaren sibirischen Winterluft. So schön kann Russland sein.

Beim nächtlichen Spaziergang denken wir über dieses Land nach. Da sind wir viertausend Kilometer von Moskau entfernt und haben gerade mal die Hälfte des Landes durchquert. Das ist wirklich beeindruckend.

Als wir nach einer Woche Abschied nehmen, wissen wir, ohne es ausgesprochen zu haben: Wir kommen wieder! Und wir wollen weiter.

Die Heimreise mit der Eisenbahn bis Moskau und die Kleinigkeit von 2500 Kilometern nach Hause im Reisemobil verläuft problemlos. Natürlich merken wir, dass das Reisen im Winter gerade im Wohnmobil sehr schwierig ist. Aber die positiven Erlebnisse überwiegen diesmal eindeutig.

Ich denke, Sie verstehen langsam, welche Faszination dieses Land auf mich ausübt. Sie können sich denken, dass ich keine Ruhe gebe, bis ich im Reisemobil quer durch das Land gefahren bin. Geben Sie mir einfach ein paar Jahre Zeit, dann bin ich soweit, Sie bis ans andere Ende Russlands mitzunehmen.

# So weit die Räder tragen

*Wir schreiben das Jahr 2001. Russland ist unter neuer Führung. Putin hat die Zügel fest im Griff und versucht für Ordnung im Land zu sorgen.*

Seit 1990 träume ich davon, mit dem eigenen Fahrzeug von meinem Zuhause bis nach Wladiwostok zu fahren. Jetzt, im zweiten Jahr putinscher Präsidentschaft ist es soweit. Das altbewährte Reisemobil, welches uns bereits durch den eiskalten russischen Winter gebracht hat, bekommt eine neue, eine ganz große Aufgabe gestellt. Der 85 PS-Motor aus dem Jahre 74 soll ein acht Meter langes Wohnmobil bis ans Ende der Welt bringen. Ist das realistisch? Gibt es überhaupt Straßen dahin?

Nun schwingen Sie sich schon auf den Bock und finden es selbst heraus.

### Weisheiten zu Russland im allgemeinen und Moskau im Besonderen

Über Russland wird viel erzählt – meiner Meinung nach auch viel Unsinn. Allein um die Hauptstadt des größten Landes der Welt ranken sich heute gar abenteuerliche Vorstellungen. So ist Moskau in vielen Augen nach wie vor die europäische Mafiahochburg schlechthin. Die Preise dort – ein einziger Horror: Eine Cola soll vier Dollar kosten, die Kleiderboutiquen seien gar doppelt so teuer wie Pariser Nobelgeschäfte. Und die Moskauer Bürger seien kaltherzig, materialistisch und damit eigentlich gar keine echte Russen. Nur Dollars zählen und sonst nichts. Moskau ist eigentlich ein Staat im Staat und saugt das ganze Umland aus. Selbst die Sankt Petersburger ziehen oft über die Moskowiter her, lassen kein gutes Haar an ihrer Hauptstadt. Und wehe dem, man geht in die abgelegenen Regionen des Landes. Da kriegt man was zu hören. Ganz zu schweigen von den Weisheiten bei uns daheim im Westen.

Aber mal ganz ehrlich, das hat doch nichts mit der Realität zu tun. Und ganz nebenbei – was erwartet man von einer modernen europäischen Hauptstadt mit zwölf Millionen Einwohnern? Dass dort alles billiger ist als sonst wo im Lande? Dass es ruhig und gemächlich zugeht? Dass dort eine einzige Idylle herrscht? Schon vergessen, wie es in Paris, Amsterdam und London zugeht? Versuchen Sie da mal, einen Stellplatz für ein Reisemobil zu bekommen.

Von der sauberen Moskauer Metro mit ihren Stationen so prunkvoll wie Festtagssäle können die Westler doch nur träumen. Die gefürchtete Russenmafia lässt garantiert alle in Ruhe, die nicht mit wahren Unmengen von Geld um sich werfen. Ein Glas Cola kostet fast überall weniger als im Straßenverkauf in Stockholm, Berlin oder New York. Und wer unbedingt in Nobelboutiquen am Roten Platz etwas einkaufen muss, hat selber Schuld. Wer sich aber Zeit für die Stadt und ihre Menschen nimmt, wird feststellen, dass viele davon echte Russen sind.

Es ist ein extrem gegensätzliches Bild aus modernen, schicken und großstädtischen Weltbürgern und vielen Armen. Es ist aber einfach falsch, schlecht über die Moskowiter zu reden. Sie feiern feucht fröhlich wie überall in Russland und sind zudem überaus gastfreundlich.

Ich kenne Moskau mittlerweile gut, lasse wohlwissend unser Fahrzeug auf einem der vielen bewachten Parkplätze in der Nähe einer Metrostation stehen – für immerhin stolze 150 Rubel, ungefähr sechs Euro am Tag. Aber bitte schön, was kostet so etwas bei uns? Allemal besser so, als sich mit dem eigenen Fahrzeug ins Zentrum zu wagen und mit den strengen Moskauer Verkehrspolizisten herumzuschlagen. Und wo will man im Zentrum mit seinem Camper einen Parkplatz finden? Und warum auch? Es gibt die Metro, schneller kann man sich in Moskau selbst außerhalb der Rushhour ohnehin nicht bewegen.

An einem warmen Sommerabend genieße ich die fröhliche Ausgelassenheit der Moskauer in den Park- und Brunnenanlagen unterhalb der Kremlmauern. Ein ideales Ambiente, um mich in die richtige Stimmung für das Abenteuer West-Ostdurchquerung Russlands zu bringen. Ich werde schon genügend Beweise für meine Thesen vom wunderschönen, stets gastfreundlichen und sicheren Reiseziel Russland sammeln.

Meine Landsleute behaupteten im Vorfeld, ich sei todesmutig und die Moskowiter sagen, man könne Wladiwostok gar nicht mit dem Auto erreichen, weil es da hinten im Fernen Osten keine Straßen gäbe. Außerdem sei das viel zu gefährlich, weil die Menschen dort wild und

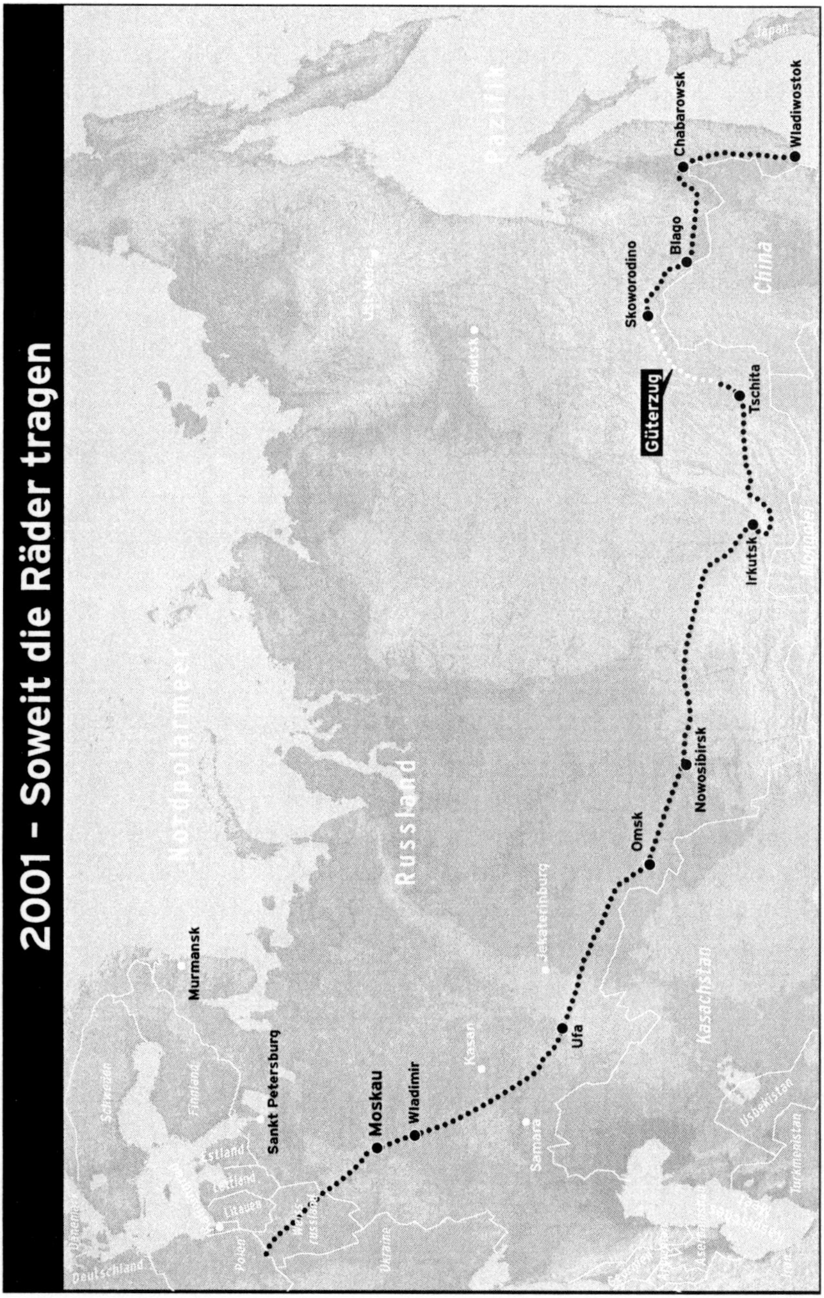
2001 - Soweit die Räder tragen
Nordpolarmeer
Pazifik
Russland
Murmansk
Sankt Petersburg
Moskau
Wladimir
Kasan
Samara
Ufa
Jekaterinburg
Omsk
Nowosibirsk
Irkutsk
Tschita
Güterzug
Skoworodino
Blago
Chabarowsk
Wladiwostok
Jakutsk
Kasachstan
Mongolei
China
Japan
Finnland
Schweden
Estland
Lettland
Litauen
Polen
Ukraine
Deutschland
Usbekistan
Turkmenistan

unzivilisiert seien. Aber halt! Wie war das noch mit Moskau und Russland im Allgemeinen? Genau! Zu viel Unsinn! Ich lasse mich nicht im Vorfeld verrückt machen und checke das am besten selbst vor Ort ab.

Noch drei Dinge vorab:

1. Ich reise nie alleine. Nicht aus Angst vor bösen Menschen, sondern aus dem Wunsch heraus, Erlebnisse gemeinsam zu verarbeiten, am besten mit einem Typ Mensch, der ähnliche Reisevorstellungen hat. Auf dieser Reise begleitet mich Silvia, eine abenteuerlustige, reiseerprobte und absolut rüstige Rentnerin, durch dick und dünn. Sie ist übrigens die Mutter von Oliver, demjenigen, der mit elf Mongolen durch Sibirien fuhr und später mit mir den russischen Winter kennen lernte.

2. Ich spreche fließend Russisch, was die ganze Angelegenheit erheblich vereinfacht und tiefgründigere Gespräche zulässt. Allerdings erst seit einigen Jahren. Auch davor bin ich durch das Riesenland gereist und habe es nie bereut. Silvia spricht kein Russisch, was aber vielen Begegnungen nicht im Weg steht. Das meiste läuft eben doch über die Einstellung gegenüber dem Leben. Die muss stimmen. Erst dann bringen auch Sprachkenntnisse etwas.

3. Meine Familie ist bis Moskau mit von der Partie, genauso wie Olivers Familie. Alle waren sie in unserem Reisemobil. Wohl dem, der einen so großen Kasten hat. Über Polen und Belarus sind wir bis nach Moskau gereist, wo wir sieben Tage bei sommerlichen Temperaturen die wunderschöne Stadt genossen haben. Aber nur Silvia hat die zeitlichen Ressourcen zur Verfügung. Alle anderen ruft der Kindergarten, das Studium, die Arbeit. Im übrigen sind zwei Personen eine ideale Besetzung für eine Strecke, die nicht gerade einem Spaziergang gleichkommen wird.

## Erfolgloser Versuch, Melonen zu kaufen

Heute ist der Tag des Abschiedes gekommen. Für zwei Monate werden wir uns nur gelegentlich per Internet mit den Angehörigen austauschen können. Es ist für mich ein ergreifender Moment. Da stehen meine Lieben und winken mir, während ich langsam das Reisemobil aus der Einfahrt vor der Moskauer Wohnung unserer Verwandten herausmanövriere. Es sind ewig lange Minuten. Ein schmerzhafter Film läuft da ab für uns alle. Ich höre sie jetzt rufen, all die kleinen Kerle, die Herren Zweifler, die an meinen Ohren sitzen und massiv auf mich einreden: „Was, du lässt dein Glück hier stehen? Und wenn doch etwas unterwegs passiert? Der Ferne Osten ist anders. Da ist es gefährlich. Übrigens, niemand zwingt dich. Du könntest es schöner und sicherer haben. Du Dummkopf. Spinner." Schluss jetzt! Es reicht. Sechs Tonnen Reisemobil stehen auf der Straße und wollen noch ein Stück nach Osten bewegt werden. Ich brauche alle meine Sinne, um über die dichtbefahrene MKAD [maskofskaja kalzywaja aftamabilnaja daroga], den Moskauer Autobahnring, ohne Unfall zu kommen. Auf fünf Spuren geht es hier immer rund. Alte Ladas und schicke Limousinen mit verspiegelten Scheiben, Ural-Lkw und moderne Fernlaster, alle bahnen sich ihren Weg über die MKAD. Irgendwie. Wo sich's staut, rücken alle etwas dichter zusammen. Im Nu sind aus den fünf Spuren sieben geworden.

Es ist Sommerzeit und Sommerzeit ist Melonenzeit. Entlang des Ringverkehrs stehen sie zu Tausenden. Die Händler mit ihren Lkw aus dem Süden Russlands. Sie sind mit ihrer tonnenschweren und leckeren Fracht aus dem weiten Dagestan, Kalmückien und Astrachan am Wolgadelta hierher gekommen. Jetzt warten sie auf Kunden, auf Großkunden, die gleich tonnenweise die zuckersüßen Honig- oder Wassermelonen einkaufen, um die Megastadt Moskau zu versorgen. Das ist Grund genug für uns, einen kurzen Stopp einzulegen, um auch eine der leckeren Früchte zu erwerben.

Irgendwie hat es sich unter den Kaukasiern schnell herumgesprochen, dass wir aus dem Westen, und dann noch aus Deutschland kommen. Eindrucksvoll wird uns demonstriert, was südrussische Gastfreundschaft bedeutet. Zwei Stunden werden wir auf dem ganzen Markt von Laster zu Laster geführt, müssen unzählige Hände schütteln und mindestens genauso oft die köstlichsten Melonen der Welt probieren. Zu guter Letzt bekommen wir über 100 Kilogramm in Form von acht ausgewählten Melonenprachtstücken als Wegzehrung verabreicht. Kostenlos, versteht sich. Dabei wollten wir doch nur ganz schnell ein kleines Exemplar kaufen...

*Kaukasische Gastfreundschaft kennt keine Gnade.*

## Touristenzentren und Stellplätze

Unsere erste Station liegt 180 Kilometer östlich von Moskau und nennt sich wie der Vorname des russischen Präsidenten: Wladimir. Die Fahrt dahin verläuft ganz locker. Gute Straßen bei mäßigem Verkehr lassen uns die Strecke entlang dichter Mischwälder aus Birken und Kiefern in weniger als vier Stunden bewältigen.

Wladimir – das ist etwas für den Geschichtsliebhaber. Die fast 1000 Jahre alte Stadt ist eine von neun des sogenannten Goldenen Rings rund um Moskau. Eine richtig schöne Altstadt, die ihrem Namen alle Ehre macht, und unzählige Zwiebeltürme alter restaurierter Kirchen lassen uns durch die Geschichte der letzten Jahrhunderte wandeln.

Wladimir steht oft auf der Liste von touristischen Exkursionen. Aber gemessen an anderen Orten der Welt mit ebenbürtigen Sehenswürdigkeiten wird man hier nur selten auf Touristen stoßen. Alles ist irgendwie noch sehr natürlich. Wir können oft direkt vor den schönen Gebäuden gebührenfrei parken.

Zum Übernachten verlassen wir die Stadt, fahren noch zwei Stunden auf der M7 bis zur Dämmerung. Alsbald biegen wir spontan in eine

Nebenstraße ein, die in eines der typischen und vergessenen russischen Dörfer führt. Entlang der schmalen Straße reihen sich einige Dutzend kleine Holzhäuser aneinander, fast immer mit kunstvoll und aufwändig gearbeiteten Holzornamenten an Fenstern und Türen. Das Wasser wird noch wie vor zweihundert Jahren aus einem Schöpfbrunnen geholt.

Sofort werden wir von zwei alten Dorfbewohnerinnen zum Tee eingeladen. Die Frauen erzählen uns von den letzten 20 Jahren, die doch so viel verändert haben. Die Kolchosen sind jetzt alle Pleite und zerfallen, die junge Generation findet hier keine Arbeit und ist ins nahe Moskau – 300 Kilometer ist für russische Maßstäbe sehr nah – abgewandert. Im Dorf leben fast nur noch alte Menschen, die sich mit selbst angebautem Obst und Gemüse über Wasser halten. Die spärliche Monatsrente von circa 40 Euro würde nicht mal für das bescheidene Leben auf dem Lande reichen.

Die Alten schenken uns eimerweise Kartoffeln, Äpfel, Gurken und Tomaten. So viel, wie wir gar nicht essen können. Und für die Nacht haben wir auf jeden Fall einen exklusiven Stellplatz, bewacht durch fast alle Dorfbewohner.

Die Menschen, die Häuser, die Vorgärten, alles hier ist klein und fein, uralt, teilweise liebevoll gepflegt oder zerfallen, einfach romantisch, so wie man sich das alte Russland vorstellen mag. Kein Auto, kein Flugzeug, kein Handy stört die Dorfidylle. Hier geben Käuze, Katzen, Hähne und Hunde den Ton an.

Im fahlen Mondlicht glänzt unser Fahrzeug fremdartig zwischen all den kleinen hölzernen Knusperhäuschen. Nächtliche Kulisse, 9500 Kilometer vor Wladiwostok.

### Löchrige Festung in Baschkortostan

Es läuft gut. Schon bald haben wir uns an das Leben „on the road" mit immer neuen Nachtstandplätzen gewöhnt. Mal übernachten wir in der Natur, mal in einem Dorf, mal auf einer bewachten Raststation direkt an der Durchgangsstrecke.

Nach vier Tagen erreichen wir die autonomen Republiken im Voruralgebiet. Erst Tatarstan mit seiner Hauptstadt Kasan an der Wolga, dann Ufa, die Hauptstadt von Baschkortostan, 200 Kilometer vor dem

Ural gelegen. Ufa gleicht einer Festung. Ist doch jede Ausfallstraße mit einer grenzähnlichen Station versehen. Jedes ein- und ausreisende Fahrzeug soll hier kontrolliert und registriert werden. Eine Maßnahme der baschkirischen Machthaber, die ihre autonome Republik Baschkortostan gerne als eigenständigen Staat sehen würden.

Werden die Staus vor den Kontrollhäuschen zu lange, verlassen viele der Wartenden einfach die Hauptstraße, fahren notfalls die Böschung herunter und umgehen so den Kontrollposten. Die eingefahrenen Spuren im Kleefeld zeugen davon, dass das hier schon seit längerer Zeit Praxis ist. Wie zweifelhaft sind diese Spielchen der baschkirischen Regierung, wenn jeder, der will, auf fest eingefahrenen Wegen die Kontrollen umgehen kann?

Auch wir entscheiden uns bei der Ausreise, angespornt durch unsere Fahrgäste, für den schnelleren Weg durchs Feld. Ja richtig, wir haben Fahrgäste an Bord, sieben an der Zahl. Heute ist Freitag, der Bus für viele zu teuer, zu voll oder einfach ausgefallen. Zu Hunderten stehen sie jetzt am Straßenrand der Ausfallstraßen Ufas und suchen nach einer Mitfahrgelegenheit. Und wir haben ja Plätze frei. Anhalter nehmen wir übrigens während unserer gesamten Reise mit. Jeden Tag mehrmals. Das ist die Würze unserer Tour, ein Stück unserer Reisephilosophie. Die Schicksale der ach so verschiedenen Mitfahrer sind einfach unglaublich spannend. Gratis dazu gibt es für uns immer wieder Insidertipps. Eingeladen werden wir fast immer, und manchmal übernachten wir dann auch bei unseren Fahrgästen.

Jetzt begleiten uns erst mal diese Baschkiren einige Stunden auf unserem Weg nach Osten. Sie können es nicht fassen. Sie sitzen in einem 27 Jahre alten Auto aus Deutschland, das auf dem Weg nach Wladiwostok ist. Wir kriegen spannende Infos aus erster Hand über die Lage in Baschkortostan. Es steht schlecht um die Wirtschaft der autonomen Republik. Eine korrupte Regierung, viele Arbeitslose, und auf dem Land hat man überhaupt keine Chance, Arbeit zu finden. Die Gehälter sind hier mit durchschnittlich 90 Euro niedriger als in irgendeiner anderen Region, die wir bisher durchreist haben.

An den ersten Streckensteigungen im Ural steigt Lydia, eine 55-jährigen Rentnerin mit 30 Euro Pension im Monat, als letzter Fahrgast aus.

## Ural

Nichts unterscheidet den südlichen Ural vom Schwarzwald, wären da nicht die abenteuerlichen Rastplätze auf den Anhöhen der Strecke. Hier geht es in der Tat wild zu. Die Rauchschwaden der Schaschlikgrills treiben über die benachbarten Märkte. Es gibt von Autoreifen über Motorenöle, Schlauchboote, Untis bis hin zu Schusswaffen in reicher Auswahl alles, was das Jäger- und Autofahrerherz begehrt.

Am Straßenrand sucht ein Fahrer händeringend nach einer Abschleppgelegenheit für seinen liegengebliebenen Kamas-Lkw. Einige Meter weiter stehen mehrere Jungs, den Daumen nach unten gezeigt. Das steht für einen besonders niedrigen Dieselpreis. Russische Lkw-Fahrer raten uns, nicht bei den Jungs zu kaufen. Der Diesel könnte gestreckt oder verdreckt sein. Bei einem Durchschnittspreis von circa 25 Eurocent für einen Liter Diesel lassen wir uns ohnehin auf keine Experimente ein und tanken nur dort, wo es auch sicher und legal ist, nämlich an den reichlich anzutreffenden Tankstellen.

Die Lebensmittelgeschäfte sind voll mit westlicher und russischer Ware. Die Zeiten mit Versorgungsengpässen gehören längst der Vergangenheit an.

In drei Stunden Fahrt durch eine sanfte, sattgrüne Hügellandschaft haben wir den Ural durchquert und damit unseren Heimatkontinent Europa verlassen. Wir sind in Asien, vor uns liegt das westsibirische Flachland, endlos weit; unser Deutschland passt locker zehnmal in dieses kleine Stückchen Russland hinein…

## Mit Münsteranern durch schlafendes Land

2500 Kilometer sind es nach Moskau, 4000 Kilometer bis Tschita, der letzten größeren Stadt, bevor es in den Fernen Osten geht. So steht es kurz vor Omsk auf den Entfernungsangaben entlang der M51, der weit und breit einzigen Straße, die Ost und West verbindet. Es ist alles so, wie wir es aus den Berichten der Sibirienreisenden gehört haben. Unfassbar diese Weite, diese Einsamkeit, die nicht enden wollenden Birkenwälder und Sümpfe, das helle, penetrante Gesumme der Myriaden von Stechmücken. Einfach Sibirien pur, das anscheinend erst durch ein bisschen Leiden zum vollen Erlebnis wird.

Aber es wäre nicht Russland, wenn es nur bei dieser sibirisch-monotonen Romantik bleiben würde. Irgendetwas Unvorhergesehenes trifft immer ein, so auch bei unserem weiteren Weg durch die größte zusammenhängende Landmasse unseres Planeten. Auf dem endlosen Asphaltstreifen tauchen Autobusse mit deutschen Zollnummern auf. Fünf Fahrzeuge aus Münster, darunter zwei Gelenkbusse, bilden den ungewöhnlichen Konvoi. Sofort haben wir Kontakt hergestellt und erfahren mehr über die Hintergründe des zwischen Birkenwäldern und Sümpfen so exotisch erscheinenden Trosses. Die Fahrer, allesamt Russen aus Barnaul im Altai, haben bereits vor zwei Wochen eine Ladung ausgemusterter Stadtbusse aus Deutschland überführt. Nun sind sie mit dem zweiten Schwung 1500 Kilometer vor ihrem Ziel, dem Altaigebirge, angekommen. Einer der Fahrer spricht fließend Deutsch, was Silvia seit langem die Möglichkeit gibt, sich direkt und ausführlich zu unterhalten.

Umgerechnet 100 Dollar gibt es pro Kopf und Tour, dazu die Flugtickets und Papiere nach Deutschland. Eine tolle Gelegenheit aus sibirischer Sicht, es gab zehnmal so viele Anfragen wie Fahrer benötigt wurden.

Ausgerechnet bei einem der beiden Gelenkbusse ist vor drei Tagen die Ölwanne leck geschlagen, das Fahrzeug wird mit Hilfe einer zwei Meter langen Abschleppstange von einem Kollegen gezogen. Seitdem geht es auch nicht mehr so schnell voran. Alles halb so wild. Zwischen Pannenort und dem Zielort Barnaul, wo dann repariert wird, liegen nur knapp dreitausend Kilometer. Es hätte ja auch schlimmer kommen können... Wir schließen uns dem Konvoi für einen Tag an und rollen eingerahmt von deutschen Autobussen durch schlafendes Land. Schlafendes Land, das bedeutet Sibirien nämlich sinngemäß und könnte treffender die Empfindungen der Durchreisenden bei dieser Weite und Einsamkeit nicht wiedergeben.

Irgendwo zwischen Omsk und Nowosibirsk, irgendwo im endlosen Westen Sibiriens ist auch für uns der Fahrtag zu Ende. Fernab von allem, was sonst so unseren Alltag bestimmt, formieren wir unsere Fahrzeuge zu einer Wagenburg. Bis tief in die Nacht erzählen wir bei viel Tee und noch mehr Wassermelone vom Geschwindigkeitsrausch auf deutschen Autobahnen, von Grenzschikanen in Weißrussland, von der unfassbaren Weite Sibiriens und natürlich von unserem Ziel, Russisch Fernost. Wir brechen früher auf als unsere Barnauler Busfahrer, zumal wir allein natürlich schneller sind als im Konvoi mit Pannenfahrzeug.

## In der Hauptstadt Sibiriens

Nowosibirsk – das klingt schon weit weg, ist aber in Wirklichkeit erst ein Drittel der Strecke Moskau – Wladiwostok. Die Millionenstadt ist gut dafür geeignet, nach so vielen Birken, Sümpfen und Moskitos etwas Vertrautes für uns Westler zu finden: Die Stadt am Ob hat ihr Erscheinungsbild in den letzten Jahren doch gewaltig geändert. Überall Reklami für Banki, Bisnessmeni, Mobilnyje Telefoni, Hot Dogs und Coca Cola. Dazu eine handvoll Internetcafes, schicke Boutiquen und moderne Kaufhäuser. Aber es gibt auch echt Russisches: Wodkaläden, Schaschliki, Jahrmarki und nicht zu vergessen die Banja, das wohl heißeste, was man in Russland machen kann. Gemeint ist die Sauna, die es hier wirklich in sich hat. Für ungerechnet drei Euro kann man sich in einer der vielen städtischen Banjas das letzte unnötige Gramm Fett abschwitzen oder mit Birkenreisig herausprügeln lassen. Gewiss, die Höllenqualen lohnen sich. Wird doch danach jeder andere Zustand im Vergleich zum gerade Durchlittenen als paradiesisch empfunden. Ich frage mich, wie sich das ungeheure Wohlbefinden nach so einer Banja sonst erklären lässt.

Apropos erklären – das sollte man sich in Russland ganz schnell abgewöhnen. Oder lässt sich etwa erklären, welche Bedeutung das Aufmalen von Zebrastreifen oder das Aufstellen von Fußgängerschildern hat? Vielleicht trägt der leicht sprintend dargestellte Fußgänger auf dem Verkehrsschild eine Botschaft in sich. Und die kann nur lauten: Spute dich, wenn dir dein Leben lieb ist. In Nowosibirsk kommt uns der Verkehr besonders extrem vor. Aber vielleicht sind diese unsere Empfindungen nur Resultat des extremen Wechsels von sibirischer Einsamkeit in großstädtische Hektik.

## Taiga, Tomaten und Tote

Nicht lange hält es uns in der Hauptstadt Sibiriens. Die Aussicht darauf, dass wir in wenigen Tagen den 2000 Kilometer entfernten Baikalsee passieren werden, beflügelt uns.

Weniger Birken, dafür mehr dichte Nadelgehölze, immer wieder von Sümpfen, Flüssen und Seen unterbrochen, gleiten an uns vorbei.

Alles im Leben ist verhältnismäßig, so auch unser Entfernungsempfinden. 2000 Kilometer – das ist nicht mehr viel, gemessen an dem, was hinter uns und was noch vor uns liegt.

Eine einigermaßen vernünftige Infrastruktur mit bewachten Raststätten, Tankstellen und genügend mittleren Städten auf der Strecke, in denen man alles bekommt, was man zum Leben braucht, machen das Reisen als Autotourist im sibirischen Kernland verhältnismäßig angenehm. Klar, man ist weit entfernt von dem Reiseambiente der USA, aber das wollen wir auch gar nicht. Vielmehr geht es uns um Erlebnisse, die man eben nicht in Amerika haben wird. Das gilt zum Beispiel für den Kauf von Obst und Gemüse bei den am Straßenrand oft dutzendweise nebeneinander sitzenden Rentnern. Da bieten sie in ihren Plastikeimern den Durchreisenden alles das an, was sie selbst in ihren Datschagärten angebaut und geerntet haben. Tomaten und Gurken, Äpfel und Kartoffeln, alles im Fünf-Kilo-Eimer. Und auch nur so wird verkauft. Kaum eine Chance, für uns kleinere Mengen zu erwerben.

Billig und besonders schmackhaft sind die angebotenen Früchte allemal, aber ein Großteil verdirbt eben sehr schnell durch das Gerüttel im Fahrzeug. Apropos Rütteln: Die Straßen sind natürlich weit entfernt von unseren westlichen Standards. Voller Flicken, Schlaglöcher und Bodenwellen, keine Leitplanken oder nächtliche Orientierungshilfen. Bei behutsamem Fahrstil kriegt man selbst mit einem Fahrzeug wie unserem 608 aber kaum Schwierigkeiten.

Die russischen Fahrer scheinen das nicht zu beherzigen. Besonders das Stück Nowosibirsk – Irkutsk, die M53, ist gespickt mit Grabsteinen. Das sind alles Dokumente verheerender und tragischer Havarien. Hauptunfallursachen: Übermüdung, Unterschätzung der ungeheuren Distanzen zwischen den Städten. 30.000 Verkehrstote pro Jahr bei gerade mal 35 Millionen Automobilen in Russland sprechen eine deutliche Sprache.

Wir setzen uns nicht unter Stress, bewältigen soviel, wie wir gerade wollen und kommen auf der gesamten Strecke in keine kritische Situation.

## Am Baikal

Irkutsk liegt am Baikalsee, hat man uns gesagt. „Am“ ist ziemlich relativ und eher russischen Maßstäben entsprechend. Sind es doch noch knapp 70 Kilometer bis zu dem mit 1,6 Kilometern tiefsten und wasserreichsten See der Welt. Aber trotzdem spüren wir schon in der Stadt die Kraft des blauen Riesen. Die Luft schmeckt klar und frisch, man kann die Nähe des Sees förmlich riechen. Die Angara, einziger und gewaltiger Abfluss des Baikal, rast mit ungeheurer Strömung durch die Stadt und teilt sie dabei in zwei Hälften.

Zwei kleinere Pässe gilt es zu überwinden, bis er endlich vor uns liegt. Der Baikal, eigentlich ein Meer, nur aus Süßwasser.

Im Vorfeld haben wir soviel Wunderbares über den See gehört, dass es bei der ersten Begegnung eigentlich nur eine Enttäuschung werden konnte. Aber nein, wir werden vom See nicht enttäuscht. Eher von seinen Besuchern, die scheinbar keine Hemmungen haben, Plastikmüll in diesen Schatz der Erde zu schmeißen. Der See ist so groß, immerhin über 600 Kilometer lang, dass es immer noch genügend naturbelassene und damit unverschmutzte Stellen gibt.

Bis direkt ans Ufer buchsieren wir unser Fahrzeug und erleben nun soviel Naturwunder wie sich überhaupt ertragen lässt. Unzählige Kristalle der weißen faustgroßen Kiesel glitzern am Ufer wie kleine Sterne, das Licht der milden Abendsonne kreiert auf dem Wasserspiegel ständig einen neuen Farbton. Nur das Springen der Fische und das sanfte Auflaufen kleiner Wellen bringen Bewegung in dieses einzigartige Farbenspiel der Natur. Alles ist eine wunderschöne Einheit. Sehr viel Harmonie, die unseren Seelen einfach mal gut tut.

## Der Föderale Weg

Unsere inneren Akkus sind nach drei Tagen Baikalgenuss randvoll, wir fühlen uns fit für den wohl anstrengendsten Abschnitt unserer Reise. Gemeint ist das Stück zwischen Tschita und Chabarowsk. 1500 Kilometer, die keine oder nur Lehm- und Schotterpisten zu bieten haben. Auf einer Strecke von fast 600 Kilometern ist eine geschotterte und teils asphaltierte Trasse entstanden, die irgendwann das Straßennetz des Kernlandes mit dem des Fernen Ostens verbinden soll. Teilweise ist sie auch schon für den

Verkehr freigegeben. Es ist das größte Bauprojekt Russlands überhaupt und wurde vor acht Jahren unter Jelzin in Angriff genommen.

Doch bis zur Baustelle, dem Föderalen Weg, ist es noch ein Stück. Zunächst müssen wir die Stadt Tschita erreichen. Die 1000 Kilometerstrecke Baikal – Tschita ist selbst schon einige Tage Aufenthalt wert. Der dünne, aber gut befahrbare Asphaltsstreifen, der sich auch M55 nennt, verläuft durch eine grandiose, abwechslungsreiche Steppen-, Wald- und Gebirgslandschaft. Schon einige Kilometer abseits der ohnehin kaum befahrenen Trasse wird man mit sich und der Natur bestimmt alleingelassen.

Mindestens zwei Gründe gibt es, warum es sich lohnt, die 600.000 Einwohner zählende Gebietshauptstadt Tschita zu besuchen:

1. Man stelle sich vor, man befinde sich als Fußgänger auf einem Zebrastreifen und die Autos halten an. Nicht möglich? Doch, wir mussten knapp 7000 Kilometer in Russland reisen, um so eine unglaubliche Erfahrung machen zu können. Hier haben es die örtlichen Polizeibehörden mit drakonischen Strafen durchgesetzt, was im übrigen Russland bisher undenkbar erscheint: Rechte für Fußgänger.

2. Tschita ist Schmelztiegel aller möglichen Autohändler und Autoüberführer. Hier erfährt man alles über aktuelle Befahrbarkeit der Routen aus Fernost. Wie viel Wasser die Flüsse führen, die die Pisten durchtrennen, wie viel ein Platz auf dem Güterzug kostet, wenn man sich den schwierigsten Teil der Strecke nicht zutraut, wo die meisten Banditen stehen und weitere Neuigkeiten aus Fernost. Das mit den Banditen kann man aber getrost vergessen.

Wir fahren gegen den Strom, also nach Osten, während fast alle Fahrzeuge auf dieser Route von Osten nach Westen reisen. Es sind die Importfahrzeuge aus Japan, die in sibirische oder sogar europäische Großstädte überführt werden. Wir kämpfen uns einige hundert Kilometer auf Schotter, Sand und Lehm vor und malen uns aus, was wäre, wenn es jetzt regnen würde. Dann wäre erst mal Schluss mit dem Abenteuer „Föderaler Weg“. Unser 608 hätte im Schlamm und Lehm keine Chance. Aber wir wären nicht alleine und staunen doch immer wieder, wie all die entgegenkommenden, tiefliegenden, schicken Japaner-Pkw diese Strecke meistern.

**Auf Plattformen in den Fernen Osten**

In Tschernyschewsk, 400 Kilometer östlich von Tschita, ist endgültig Endstation für alle die, die sich eine weitere Passage nicht mehr zutrauen. Jetzt kommen nämlich die Flüsse und Sumpfstellen. Praktisch niemand traut sich das in der Zeit, in der wir ankommen. Und wenn das, was seit Tschita hinter uns liegt, von den Russen als sehr gut bezeichnet wird, wie mag dann erst das schwierige Stück aussehen? Für uns ist klar: Der Güterzug muss her. Und das ist für uns als West-Ost-Reisende kein größeres Problem. Die große Nachfrage besteht ja von der entgegengesetzten Richtung. Trotzdem ist die Zugverladung nichts für Ungeduldige.

Einen Tag müssen wir warten, bis ein ganzer Zug mit japanischen und koreanischen Importfahrzeugen aus dem Fernen Osten eingetroffen ist. Einen halben Tag dauert allein das chaotische Entladen, die zweite Tageshälfte benötigen wir, bis wir selbst auf den Waggons, den sogenannten Plattformen, stehen.

Auf der Plattform zu stehen heißt noch nicht, bald loszufahren. Es dauert mehrere Stunden, bis zwei Männer die Fahrzeuge an den Rädern von allen Seiten mit dicken Drähten verzurrt haben. Warum wird bloß so akribisch und aufwändig vorgegangen? Wir stehen doch nur auf einem Waggon. 80 Dollar kostet allein das Verzurren, 500 Dollar die Plattform. Das ist kein Spezialpreis für westliche Ausländer, denn solche gibt es hier praktisch nie. Alle Mitfahrer, meist die Russen, ärgern sich über diese Preise. Aber hier hat man das Monopol und wer will, kann ja durch die Sümpfe fahren...

Noch eine Nacht stehen wir auf dem Gleis in unseren Fahrzeugen. Kein Mensch weiß, wann es losgeht. In der Frühe kuppelt schließlich die Rangierlok mit einem heftigen Schlag die Plattformen an und zieht sie zum Hauptzug. Unter heftigsten Rucks werden wir an das Zugende gehängt. Wir sind König, beglückwünschen uns die Fahrer auf den anderen Plattformen. Das nennt man hier so, wenn man die letzte Position am Zug einnimmt. Es ist in der Tat eine königliche Aussicht. Unser Reisemobil zeigt mit der Schnauze Richtung Zugende. Es streichen weitere Stunden ins Land. Warten und nochmals Warten, bis sich endlich der kilometerlange, von voraussichtlich drei Lokomotiven gezogene

*Dort, wo die Straßen nicht passierbar sind, muss das Reisemobil auf den Güterzug.*

Güterzug in Bewegung setzt. Der Zug ist so lang, dass wir vom letzten Waggon auf Position 109 die Loks nie zu Gesicht bekommen, egal wie lang die Kurve auch ist.

50 Kilometer ist die Maximalgeschwindigkeit, und das Rucken ist bei dieser Geschwindigkeit so gewaltig, dass während der Fahrt weder an Essen noch an Trinken zu denken ist. Man bekommt nichts schadlos zum Mund. Es wäre auch einfach zu gefährlich, denn eine Hand brauchen wir immer, um uns festzuhalten, die zweite, um die heftigen Rucks abzufedern. Die Schienen sind nicht im besten Zustand, lassen die Waggons ab 40 Stundenkilometer gewaltig hin- und hertanzen. Das russische Kupplungssystem ohne Puffer bei Güterwaggons tut sein Übriges. Ohne Drähte und Holzkeile wären die Fahrzeuge wohl schon nach dem ersten Kilometer von der Plattform geflogen.

Je weiter hinten im Zug, umso heftiger sind nun mal die Rucks. Die Kupplungen haben Spiel, welches sich beim Bremsen und Beschleunigen entsprechend weiter hinten im Zug aufaddiert. König sein ist nicht so einfach, das haben wir nun gelernt.

Güterzüge haben untergeordnete Priorität. Deswegen braucht man wieder das, von dem man viel haben sollte, wenn man Russland durchquert: Geduld. Mehrere Güterzüge stehen stundenlang hintereinander in einer Warteschleife, um Personen-, Post- oder Eilgüterzüge vorbeizulassen oder ein Baufenster zu passieren. Wie gut, dass es diese Aufenthalte gibt. Das ist die Gelegenheit, die durch die Rucks gedehnten Eisendrähte, die unser Fahrzeug sichern, mit einem Brecheisen wieder fest zu ziehen.

Wir halten während der Fahrt ganz schön die Luft an. Was ist, wenn die Drähte reißen? Keiner wird es mitbekommen, wenn wir samt Wohnmobil auf die Gleise im Gebiet ohne Straßen kippen.

Nach 55 aufregenden Stunden auf der Plattform haben wir die 700 Kilometer Strecke durch gebirgiges, unerschlossenes und märchenhaft schönes Land bewältigt. Die Drähte haben gehalten, waren ihre 80 Dollar wert. Ab Skoworodino, so heißt diese Station hier, gibt es wieder den Föderalen Weg, wie wir ihn schon einige hundert Kilometer genossen haben. Aber ruhig Blut! Die ganzen Japaner haben es ja auch irgendwie hierher geschafft. Die Warteschlange ist in Skoworodino erheblich länger, einige hundert Lkw, Lieferwagen und Pkw japanischer Fabrikate stehen hier und warten auf Plattformen Richtung Westen. Manche warten schon fünf Tage!

Über Nacht sind einige Plattformen gekommen, deren Bretter aber so morsch sind, dass die aufgefahrenen Fahrzeuge einbrechen. Jetzt werden die Fahrzeuge befreit, Holz gesägt und neue Bretter eingesetzt. Nebenan stehen Soldaten und bieten uns Diesel aus ihren Militärfahrzeugen zum halben Preis an. Willkommen in Russisch Fernost!

## Unfallromantik

Ja, wir sind tatsächlich im Fernen Osten. Zwar noch nicht am Ziel, aber zumindest schon mal im Gebiet Amur. Nach der wohl wildesten Zugfahrt unseres Lebens kommt uns die eigentlich äußerst bescheidene Schotterpiste einfach fantastisch glatt vor. Dreißig Kilometer pro Stunde sind drin. Damit sind wir allemal schneller als der Güterzug!

Die Landschaft entlang des Amur ist von überwältigender Schönheit. Teilweise glauben wir, durch blühende Sümpfe, dichte Laubwälder und

*Unfall auf dem Föderalen Weg. Aber es geht gelassener zu als bei uns im Westen.*

duftende Wiesen zu fliegen. Aber das sind vielleicht die Folgeerscheinungen der zurückliegenden Erlebnisse auf den Gleisen.

Die wenigen Dörfer, die wir durchfahren, sind bettelarm, wirken trostlos. Metallschrott und zerfallene Kolchosbetriebe prägen das Bild. Bezeichnend ist auch der Zustand der Strommasten, von denen manch einer nur noch von den Kabeln, die er doch eigentlich selbst tragen sollte, am Umfallen gehindert wird. Im einzigen Geschäft gibt es praktisch nichts mehr. Ein paar verwachsene Äpfel, Nudeln und altes Brot. Die ländlichen Regionen des Fernen Ostens geben ein erbärmliches Bild ab.

Ist es nicht erstaunlich, dass es selbst entlang des Föderalen Weges zu Unfällen mit tödlichem Ausgang kommt, obwohl das Fahrzeugaufkommen doch sehr niedrig ist? Vor uns auf der Schotterpiste liegt ein Reisighaufen, die sibirische Variante des Warndreiecks. Ein Unfall hat sich wohl gerade ereignet. Einer der Autoüberführer ist hinterm Steuer – wie könnte es anders sein – eingeschlafen. Fatalerweise passierte das an der Stelle, an der auf der Gegenseite ein Pkw mit Anhänger einen Reifen wechselte. Der Wagen aus Japan krachte ungebremst in den Anhänger.

Jetzt ist Schadensbegrenzung angesagt. Es wird geflickt, was noch zu flicken ist. Sogar wir tragen mit unserem Fahrzeug zur Reparatur bei, ziehen mit kräftigen Rucks die Vorderachse des demolierten Japaners wieder heraus.

Die Gelassenheit und Freundlichkeit, mit der die Unfallbeteiligten untereinander umgehen, ist bemerkenswert, ja fast bewundernswert. Es wird gelacht, zuerst mal ein Tee gekocht und dann gemeinsam repariert. „Das ist russische Romantik," erklären sie uns. Ich brauch' wohl noch einige tausend Kilometer, bis ich diese Gefühle teilen kann, aber von der Gelassenheit würde ich gerne auch etwas mit nach Hause nehmen.

## Schöne Städte im Amur-Gebiet

Auf unserem Weg nach Wladiwostok befinden sich die Amur-Städte Blagoweschtschensk und Chabarowsk, die allesamt einen Besuch wert sind. Beide liegen direkt an der chinesischen Grenze, getrennt nur durch den Fluss Amur.

Mit einer gewissen Anspannung nähern wir uns Blago, wie die Einheimischen ihr Blagoweschtschensk nennen. In Deutschland haben wir nur Schreckliches über diese Metropole gelesen. Tausende von illegalen Chinesen würden die Stadt unsicher machen. Blago als Schmelztiegel für Kriminelle – diese Einschätzung können wir nicht im Geringsten teilen. Blago ist die sauberste Stadt auf unserer Reise, hat weite gute Straßen, schöne Gebäude, große Parkanlagen und Chinamärkte, bei denen es geregelt zugeht. Wie wunderschön ist es, am Abend entlang der Uferpromenade des Amur zu schlendern. Auf der gegenüberliegenden Seite spiegeln sich die Lichter der chinesischen Stadt Heihe im Fluss. Überall laden Uferrestaurants zu einem Besuch ein. Urlaubsstimmung. Die Kriminellen müssen schon lange diesen schönen Platz verlassen haben. Wir jedenfalls genießen Blago in vollen Zügen. Guter Dinge machen wir uns am nächsten Morgen Richtung Osten auf den Weg, immer der aufgehenden Sonne entgegen.

Am Straßenrand stehen Galja und Tolja, ein Rentnerehepaar, das gerade vom Fischen zurückgekommen ist. Die beiden können es gar nicht fassen, dass ein Auto für sie angehalten hat. Als sie dann erfahren,

*Galja und Tolja können es nicht fassen, dass wir als Deutsche sie in unserem Reisemobil mitnehmen.*

dass wir aus dem fernen Deutschland kommen, ist Galja außer sich. „Deutsche! Echte Deutsche! Ja, die gibt es. Ich habe die schon mal im Fernsehen gesehen. Darf ich euch mal anfassen?" Sie darf, und für uns alle werden die nächsten 30 Minuten gemeinsamer Fahrt zur unvergessenen Begegnung: Galja und Tolja in unserem für sie doch so faszinierenden Haus auf Rädern und wir in ihrem für uns doch so faszinierenden Land.

Mittlerweile geben wir keinen Pfifferling auf das, was man uns über den Fernen Osten erzählt hat. Es stimmt fast nichts. Auch die Stadt Birobidshan, von den Autoüberführern als Räuberhöhle verschrieen, ist sicherer denn je. Nette Polizisten helfen uns sogar beim Suchen eines geeigneten Parkplatzes.

Das nur vier Fahrstunden weiter östlich liegende Chabarowsk ist besonders gut geeignet, Werbung für das neue Russland zu machen. Es räumt mit den stereotypen Vorstellungen vom armen und kriminellen russischen Fernen Osten vollends auf.

Sind wir schon soweit im Osten, dass hier wieder der Westen beginnt? Dass fragen wir uns, als wir über das schick herausgeputzte Zentrum der mit 40 Kilometern längsten Stadt Russlands schlendern. Überall in Chabarowsk entlang des Amurufers und auf dem Zentralplatz erklingt Musik, es gibt Eisdielen, Popkornbuden. Junge Menschen genießen ausgelassen den ausklingenden Sommer mit ihrer Lieblingsbeschäftigung, dem Karaoke-Gesang.

Trotzdem hält es uns, jetzt immerhin schon neun Zeitzonen von Deutschland entfernt, nicht länger als einen Tag und eine Nacht in der fernöstlichen 700.000 Einwohner-Metropole. Wir wollen nach Wladiwostok, wollen endlich das Japanische Meer und das Ortsschild Wladiwostok erblicken.

Auf der M62 sind es knapp 800 Kilometer dahin. Aber was sind schon 800 Kilometer nach über 10.000 Kilometern allein in Russland?

Die Straßeninfrastruktur erinnert hier eher an den Westen als an Russland. Es gibt 24-Stundentankstellen, manchmal sogar mit Supermarkt wie bei uns. Die Straßen sind in tadellosem Zustand, oft mit Fahrbahnmarkierung und Randbegrenzung.

Unter solchen Bedingungen ist es fast schon Erholung, durch die Ussurijsker Taiga – sie erinnert uns mit ihren merkwürdig gekrümmten Bäumen und Sträuchern eher an typische Savannenlandschaften in Zentralafrika – zu reisen.

### Verkehrter Verkehr in Wladiwostok

Nach 25 Tagen Reise seit Moskau sind wir am Ziel. Es steht tatsächlich Wladiwostok auf dem Ortseingangsschild. Und wir stehen daneben. Das ist der Moment, dem wir wie Kinder lange entgegengefiebert haben. Wladiwostok bedeutet: „Beherrsche den Osten“. Jetzt können wir vielleicht ein bisschen nachempfinden, was die Namensgeber der Stadt gefühlt haben müssen.

In Hochstimmung stürzen wir uns in das Stadtleben der vor einem Jahrzehnt für Ausländer noch geschlossenen Stadt. In den zurückliegenden Jahren hat sie ihr Gesicht stark verändert.

Wäre der Verkehr der ostsibirischen Hafenstadt halbwegs zivilisiert und führen die Autos links, könnte man sich glatt in Japan wähnen. Es

*Geschafft: 13.000 Kilometer liegen hinter und Wladiwostok vor uns.*

gibt nur noch japanische Autos. Soweit das Auge reicht. Es ist aber Wladiwostok, wo der Verkehr noch halsbrecherischer ist als in anderen russischen Großstädten. Zudem erschwerend läuft er eigentlich auf der falschen Seite. Er ist nämlich rechts, genauso wie die Lenkräder aller Fahrzeuge.

Japanische Autos sind hier konkurrenzlos. Sie sind zuverlässig, sehen schick aus, haben jede Menge Extras und sind zudem noch verhältnismäßig billig. Hier in Wladiwostok geben sich unzählige Händler ein Stelldichein, kaufen und verkaufen massenweise frischimportierte „Japaner", die dann unter abenteuerlichen Bedingungen in alle Teile des riesigen Landes überführt werden. Nachschub aus Japan kommt fast täglich auf gnadenlos vollgepackten russischen Fähren im Hafen an. Dort werden die Autos von zwei riesigen Kränen ans Festland gehievt. Seit einigen Jahren haben die über 30 Jahre alten, verrosteten Hafenkräne aus der DDR wieder alle Haken voll zu tun. Täglich heben sie 400 japanische Autos selbst von den Passagierdecks der Fährschiffe herunter.

Es ist ein Handel, der für beide Seiten profitabel zu sein scheint. Japans Regierung hat ein ehrgeiziges Umweltprogramm ins Leben geru-

*Es dauert einen ganzen Tag, bis die Hafenkräne alle Pkw von den Decks gehoben haben.*

fen, das vorsieht, alle Autos, die älter als sechs Jahre sind, von seinen Straßen zu kriegen. Und in russisch Fernost ist die Nachfrage riesig, auch wenn die Machthaber in Moskau darüber nicht glücklich sind. Es sind doch nicht die eigenen Produkte, die hier ge- und verkauft werden. Moskauer Versuche, Rechtslenker in Russland aufgrund des damit verbundenen höheren Unfallrisikos zu verbieten, sind bisher gerichtlich abgewiesen worden.

Natürlich wollen auch wir uns den Platz anschauen, den jeder Wladiwostoker Autobesitzer mindestens einmal besucht hat, nämlich beim Kauf des eigenen Fahrzeuges: Die berühmte grüne Ecke [siljonyj ugal], der größte Automobilmarkt ganz Russlands. Vor uns Autos soweit das Auge reicht, dazu alles andere, was das japanische Verkehrswesen zu bieten hat. Motorräder, Lkw, Ersatzteile und jede Menge kleine Dienstleistungsbüros rund ums Auto. Die Autos sind hier in der Tat billig, viel billiger als in allen anderen Teilen Russlands.

Jetzt verstehen wir auch, warum so viele Russen trotz Güterzug, Föderalem Weg und den ungeheuren Distanzen die Strapazen auf sich nehmen. Es lässt sich noch immer eine ganze Menge Geld sparen, wenn man ein Auto hier kauft und dann selbst überführt, vorrausgesetzt, es geht unterwegs alles gut.

Wir haben nicht solche wirtschaftlichen Motivationen und können uns den Luxus erlauben, die Augen auch für andere sehenswerte Dinge in Wladiwostok zu öffnen. Chruschtschow träumte einmal davon, hier das San Fransisco der Sowjetunion entstehen zu lassen. Die schöne Lage der Hafenstadt mit ihren vielen Buchten, Hügeln und Aussichtspunkten lassen diese Idee verstehen.

Erst nach zwei Tagen in Wladiwostok wird uns bewusst, wie weit wir doch von Zuhause weg sind, und was unser Reisemobil noch alles aushalten muss, um wieder in heimatliche Gefilde vorzudringen. Der Baikalsee ist von hier aus fast 4000 Kilometer entfernt. Tiefster Westen, würde ich sagen.

Mit Vorfreude fiebern wir unserem Rückweg nach Deutschland entgegen. Unser 27 Jahre altes Gefährt hat gut durchgehalten. Wir müssen nur einen Bremszylinder an unserem Haus auf Rädern ersetzen, zwei neue Reifen kaufen – der Föderale Weg hatte mit zwei gerissenen Karkassen seinen Preis – dann sind wir fit für den Rückweg.

Rückwege sind immer schneller als Hinwege. Das gilt auch für diesen fast 13.000 km langen Weg bis in die Heimat. Solange muss ich mich gedulden, bis ich meine Lieben wieder in die Arme nehmen kann.

Aber ich bin stolz auf uns. Wir haben nichts auf die Ammenmärchen über Fernost und Russland im Allgemeinen gegeben. Denn sonst hätten wir zweifelsfrei etwas verpasst.

Sie möchten wissen, wie der Rückweg verlaufen ist? Eigentlich so gut, wie der Hinweg. Wieder haben wir fast ständig Anhalter mitgenommen und so die riesige Strecke schneller und unterhaltsamer gestaltet. Niemals sind wir in irgendeine bedrohliche Situation gekommen. Nicht ein einziges Mal haben wir eine Strafe bei den Verkehrspolizisten bezahlen müssen.

Russland, so mein Eindruck, macht sich langsam aber sicher. Die Menschen in diesem faszinierenden Land haben das wirklich verdient.

# Nachlese

Sie dürfen sich zurücklehnen. Jetzt haben Sie zwölf Jahre Erlebnisse in der Sowjetunion und ihren Nachfolgestaaten gut in unseren Reisefahrzeugen überstanden. Denken Sie etwa schon darüber nach, Ihr eigenes Haus auf Rädern über ehemals sowjetischen Boden zu lenken? Nur zu.

Denke ich über das Zurückliegende und das Heutige nach, wird mir klar, wie einmalig besonders die ersten Reisen waren. Alles war für uns unfassbar preisgünstig. Und alles schien erlaubt. Wir stellten unser Reisemobil am Roten Platz in Moskau ab und übernachteten einfach so im Fahrzeug. Heute kann man kaum einen Pkw im Zentrum abstellen, ohne ständig eine der wenigen Parkuhren füttern zu müssen. Abgesehen davon, dass es fast nie freie Parkplätze im Zentrum großer russischer Städte gibt. Aber das kennen wir ja von unseren Städten nur zu gut.

Zugegeben, das Reisemobilistendasein war zu Anfang der 90er Jahre oft chaotisch, manchmal sogar gefährlich. Dafür konnten wir Routen durch die GUS fahren, die so heute nicht mehr möglich sind. Mit einem einzigen Visum durch die Hälfte der GUS-Länder fahren – das war einfach angenehm. Heute braucht man für jedes GUS-Land ein extra Visum. Das kostet gleich zweimal Zeit und Geld: Im Vorfeld und bei den Grenzpassagen. Leider haben sich zudem einige Regionen zu Krisenherden entwickelt, die wir damals problemlos durchreisen konnten. Der russische Kaukasus, das westliche Georgien und Transnistrien in Moldawien sind Gebiete, die man gegenwärtig weiträumig umfahren sollte.

Es hat sich aber auch viel, sehr viel in dem letzten Jahrzehnt zum Guten entwickelt. Die Versorgungslage ist in fast allen Landesteilen sehr gut. Die Straßen sind erheblich besser geworden, das Straßennetz wird weiter stetig ausgebaut. Selbst der Straßenverkehr wird langsam zivilisierter. Außer Tschita gibt es mittlerweile noch weitere russische Städte, wo der Fußgänger seine Rechte zurückerobert hat.

Nicht nur die Infrastruktur, auch die Gesellschaft hat sich geändert. Heute könnte man mit einem Otto-Katalog nicht mal einen russischen

Hund vor dem Ofen hervor locken, 1992 bekamen wir dafür die Grenztore nach Turkmenistan geöffnet. Kein Sankt Petersburger würde heute einen Sonyaufkleber für viele Rubel am Kiosk kaufen. Noch 1993 war das ganz anders, wie Sie ja nun wissen. Sollten Sie heute noch einen Sonyaufkleber in russischen Fahrzeugen sehen, seien Sie sich gewiss: Der stammt von uns.

Gesetzesbewusstsein kehrt langsam in die russische Gesellschaft zurück. Bei ordentlichem Visum und dem Einhalten der Verkehrsregeln bekommt man heute praktisch keine Schwierigkeiten mehr.

Die Volksweisheit „Morgenstund hat Gold im Mund“ war auf allen Touren ein Teil unserer Reisephilosophie. Mit aufgehender Sonne begann unser Tag und endete erst gegen Mitternacht. Saßen wir gegen halb zehn am Frühstückstisch, hatten wir schon 200 Kilometer zurückgelegt. Tagesetappen von 400 bis 800 Kilometern wurden bei normalen Straßen zum Regelfall. Anders hätten wir die ungeheuren Entfernungen in meist zwei bis drei Monaten auch nicht bewältigen können.

Wichtig war bestimmt auch eine Portion Glück. Beim Überfallversuch im Kaukasus war es schier unglaublich, dass die Steine werfenden Gangster nicht die Scheibe trafen. Staunend betrachteten wir am nächsten Tag die Einschlagstellen der Steine auf den dünnen Metallstegen. Auch das Intermezzo mit dem KGB hätte ein anderes Ende finden können.

Unvergessen bleiben die vielen menschlichen Begegnungen, aus denen so manche Freundschaft oder mehr hervorgegangen ist.

Russland bleibt ein Land voller Widersprüche. Das zeigen die zurückliegenden Reisen, aber auch die Gegenwart. Als Reisender werden Sie immer wieder Gegensätze in allen Bereichen feststellen können. Vergessen Sie nicht, dass Sie Pionier sind, genauso wie wir es die zurückliegenden Jahre waren. Auch wenn Russland stabiler und einfacher aus der Sicht eines Reisemobilsten geworden ist, gibt es noch genug Neues und Überraschendes zu erleben.

Ich will die Pionierrolle nicht so leicht aufgeben und werde auch in Zukunft mit einem Haus auf Rädern durch Russland fahren. Vor kurzem habe ich eine Reise durch Nordostsibirien unternommen. Nicht mit dem eigenen Fahrzeug, dafür aber mit Reisemobilen russischer Bauart: Mit Lkw und UAS-Bussen. In sechs Wochen reiste ich auf vereisten Pisten bei Frösten bis minus 50 Grad über 10.000 Kilometer durch Jakutien bis nach Magadan. Es war eine Art mentale Vorbereitung auf die nächste große Tour, die ich dann wieder in einem eigenen Fahrzeug durchführen werde. Ich brüte schon darüber.

Vielleicht treffen wir uns demnächst irgendwo in der Weite Sibiriens...

## Die 40 häufigsten Äußerungen aus 14 Jahren Reisen durch die Sowjetunion und Russland

Die nachfolgend aufgelisteten, oft gehörten Fragen, Äußerungen, Worte geben einen kleinen Einblick in sowjetische, russische und deutsche Welten. [In Klammern ist dargestellt, wie es an den Ohren des Ausländers ankommt. Die Fettdrucke sind Betonungen.]

1. **Gut'n Tag** [sdr**a**ste]
   Das kurze „sdraste" oder voll ausgesprochene „sdrastwujtje" wird Ihnen dauernd begegnen. Gut, wenn Sie auch so antworten.

2. **Auf geht's!** [daw**a**j]
   Dawaj wird dem armen Ausländer bei schwierigen Fahrmanövern unzählige Male zugerufen. Ohne das wäre es leichter.

3. **Sprechen sie Russisch?** [wy gawar**i**tje pa-r**u**ski]
   Klar, dass Sie ein paar Brocken Russisch sprechen und mit „da" antworten.

4. **DDR oder BRD?** [ge-de-**e**r **i**li fe-er-g**e**]
   Die Russen fragen auch heute noch, ob man aus der DDR oder der BRD kommt. In Gegensatz zu Amerikanern (nicht allen) wissen sie aber, dass Ost und West mittlerweile vereinigt sind. Der „fe-er-ge-Deutsche" bekommt die größten Sympathien.

5. **Deutsche! Echte Deutsche?** [n**e**mzy nastaj**a**stschije n**e**mzy]
   Der Russlanddeutsche zählt nicht als echter Deutscher. Man muss dazu schon in Deutschland geboren und aufgewachsen sein.

6. **Habt ihr denn keine Angst vor den Banditen/der Mafia/den Bären?** [wy ni b**a**itis band**i**taf/m**a**fii/midwj**e**dej]
   Man könnte meinen, die Russen seien Deutsche. Was die an Horrorszenarien über ihr eigenes Land erzählen, geht auf keine Bärenhaut.

7. **Magst du Wodka?** [wotku ljubisch]
Dieses Klischee stimmt besonders in ländlichen Regionen.

8. **Was verkauft ihr?** [schto wy pradajote]
In Zeiten des Versorgungsnotstandes liefen sofort Leute zusammen, wenn ein Lkw mit geöffneten Hintertüren an der Straße stand. Die Hoffnung bestand, dass gleich etwas verkauft wird. Häufig bildete sich auch hinter unserem Gefährt eine Schlange.

9. **Boris Becker, Michael Schumacher**
[baris bjeker], [michael schumacher]
Diese Stars sind selbst in den Jurten der Nomaden ein Begriff.

10. **Michael Ballack** [michael balak]
Seit deutscher Großtaten in Südkorea 2002 auch sehr bekannt...

11. **Macht ihr mir eine Einladung?** [sdjelajete mnje priglaschenije]
Meistens fragen das Menschen, die wirklich eine märchenhafte Vorstellung von Deutschland haben.

*Vieles dreht sich ums Auto und die Papiere der Mitreisenden, wenn man mit dem Fahrzeug unzählige Male kontrolliert wird.*

12. **Autoinspektion. Die Dokumente bitte!**
[aftainspekzyja. dakumenty pashalsta]
So wird man, vielleicht noch mit einem „sdraste“ davor, aufgefordert, Führerschein und Fahrzeugschein zu zeigen.

13. **Was transportieren Sie?** [schto wy periwositje]
Kaum einer der Polizisten erwartet, dass man sein Haus mit sich führt.

14. **Woher kommen Sie?** [atkuda wy]
Das zu wissen, ist für Polizisten doppelt wichtig. Erstens wird die Neugierde befriedigt, und zweitens werden oft die Wegstrecken der Fahrzeuge aufgeschrieben.

15. **Wohin fahren Sie?** [kuda wy jeditje]
Siehe Punkt 14.

16. **Was ist das für ein Auto?** [schto eta sa maschina]
Immer wieder löst das Phänomen „Reisemobil“ Staunen aus.

17. **Ein Haus auf Rädern.** [dom na kaljosach]
So umschreiben viele Russen ein Reisemobil. Und so erklärt man es am besten auch.

18. **Was für eine Marke?** [kakaja marka]
Vor 15 Jahren gab es praktisch noch keine westlichen Automobile. Nicht jeder Verkehrspolizist kennt alle gängigen Westmarken. Das gilt besonders für sehr abgelegene Regionen.

19. **Ist das ein Mercedes?** [eta mjersedes]
Selbst die deutsche Nobelmarke war nicht immer überall bekannt.

20. **Das ist ein GODZILLA.** [eta gadsila]
Es war auf unseren ersten Reisen einfacher, bei der Frage nach der Marke „Godzilla“ anzugeben, weil dies als Name auf der Front unseres Gefährtes stand. Eigentlich war es ein Mercedes.

21. **Ist das ein Zirkus?** [eta zirk]
Ein großes buntes Reisemobil löst solche Assoziationen aus.

22. **Öffnen Sie bitte die Hintertüren.**
[atkrojte pashalsta sadniju dwjer]
Jeder zweite Polizist will mal ins Innere des Reisemobils schauen.

23. **Eine Küche und eine Dusche!** [kuchnja i dusch]
**Ein Schlafzimmer!** [spalnja]
**Das ist ja eine ganze Wohnung.** [eta she zelaja kwartira]
Sind die Kontrolleure erst mal im Innern eines Reisemobils, staunen sie nicht schlecht.

**24. Wer ist der Besitzer des Autos?** [kto chasjain maschiny]
Der Eigentümer des Fahrzeuges wird am aufmerksamsten kontrolliert. Fährt der Russe mit einem fremden Auto, muss er neben Führerschein und Fahrzeugschein auch noch eine Vollmacht des Fahrzeughalters vorweisen.

**25. Wie viele Personen?** [skolka tschjelawjek]
Einige Polizisten registrieren, wie viele Passagiere wohin unterwegs sind. Meistens ist aber nur der Fahrer dran.

**26. Haben Sie ein Visum?** [u was jest wisa]
Ohne Russlandvisum kein Russland. Das wissen alle, die Polizisten und die westlichen Ausländer.

**27. Zeigen Sie die Marschroute!** [pakashite wasch marschrut]
In der Zwischenzeit fast ganz verschwunden. Es beschreibt die frühere Regelung, nur nach einer im Visum stehenden Route fahren zu dürfen.

**28. Haben Sie eine Genehmigung?** [u was jest rasrischenije]
Genehmigungen mit Stempeln und Unterschriften für alles Mögliche waren und sind der Russen Steckenpferd.

**29. Ihr Ziel. Warum fahren Sie durch Russland?**
[zel pajestki. patschimu wy jedite pa rassii]
Man erntet erstaunte Mienen, wenn man erzählt, ohne beruflichen Auftrag durch Russland zu fahren.

**30. Haben Sie was zum Rauchen?** [pakurit jest]
Zwei Drittel aller russischen Männer rauchen, wann immer sie etwas zwischen die Finger kriegen.

31. **Der Reifen hat eine Glatze.** [schina lysaja]
Gebräuchliche Umschreibung, wenn der Reifen kein Profil hat. Ein glatzköpfiger Polizist wird erst auf den Reifen, dann auf sein Haupt zeigen, wenn der Ausländer es noch nicht verstanden hat.

32. **Sie müssen eine Strafe bezahlen.** [wy dalshny saplatit schtraf]
Wenn Reifen am Fahrzeug eine Glatze haben, setzt es bei strengen Polizisten eine Strafe. Es gibt allerdings noch tausend andere Gründe für ein „schtraf".

33. **Ist das eine Disco?** [eta diskatjeka]
Anspielung auf die Begrenzungsleuchten unserer Reisemobile, die bei Nacht ihre ganze Pracht entfalten.

34. **Was kostet Ihr Auto?** [skolka stoit wascha maschina]
Männer sind alle gleich. Reden nur (vom) Blech. Russische Männer interessieren sich für Autos und deren Bestandteile genauso wie die deutschen Pendants. Fast jeder Russe träumt davon, ein billiges und superschnelles Auto in Deutschland zu kaufen.

35. **Was kostet ein fünf Jahre alter VW in Deutschland?**
[skolka stoit pitiljetnij folkswagen w girmanii]
Viele russische Chauffeure nehmen an, dass deutsche Männer die Marktpreise für Gebrauchtwagen in Deutschland auswendig wissen.

36. **Wie alt ist das Auto?** [skolka ljet maschine]
Die Lebenszeit russischer Fahrzeuge ist im Allgemeinen sehr begrenzt. Ein zehn Jahre altes Auto ist ein Oldtimer, ein zwanzig Jahre altes ein Dinosaurier und unser fast 30 Jahre altes Reisemobil ein Wunder.

37. **Ich war in der DDR. In Leipzig, Dresden, Potsdam.**
[ja byl w ge-de-er. w lejpzige dresdene pazdame]
Jeder zweite Straßenpolizist ab 40 aufwärts wird Ihnen die Stadt seiner Stationierung nennen. Natürlich nur in der „ge-de-er."

**38. Die DDR-Zeit war die Beste in meinem Leben.** [ge-de-er byla samaje lutscheje wremja w majej shisni]
Das ist eine ernstgemeinte Aussage der Polizisten. Im Vergleich zum bescheidenen Leben in der Sowjetunion war die DDR ein Schlaraffenland.

**39. Schlampe** [bljat]
Nicht persönlich gemeintes, allgegenwärtiges Bindewort aus dem unerschöpflichen Reich des Mat, ohne den russische Chauffeure nicht mehr leben können. Mat umschreibt die sich immer weiter ausbreitende Schimpfwortsprache.
Eigentlich müsste „bljat" ganz oben in dieser ansonsten flexibel zu verstehenden Rangliste stehen. Platz 39 ist ein Zugeständnis an alle die Menschen, die unter dem Mat leiden. Ich zum Beispiel. Träumte irgendwann nur noch von „bljad" und Co.

**40. Gute Fahrt.** [stschisliwawa puti]
Wünscht man Ihnen gute Fahrt, haben Sie es geschafft. Wie gerade jetzt. Denn hier sind Sie fast am Anfang vom Ende des Buches angelangt.

Aber einen habe ich noch: Nämlich einen Reifenwechsel, bei dem man fast alle eben aufgeführten Fragen und Äußerungen hören konnte.

# Bereits erschienen:

## LESERBÜCHER

LESE®BUCH 1
Marianne Schmöller:
**Jugendtraum Peloponnes**
Mit dem Caravan durch Griechenland
108 Seiten, 33 Abb. sw,
ISBN 3-928803-22-0,
9,90 Euro, Bestell-Nr.: LB 01

Marianne und Franz Schmöller, beide über 65 Jahre alt, haben ihre Jugendträume, die sie in und um Rosenheim hegten, bis ins Alter nicht vergessen. Ihre Träume, die sie auf Reisen in die Ferne lockten, blieben lange unerfüllt.
Erst jetzt, nach langem Familien- und Arbeitsleben sowie Aufbau einer eigenen Firma im Rentenalter, haben die beiden ihre Träume zurückgeholt und versuchen nun, auf ihren Reisen die Welt ihrer Träume aus den jungen Jahren einzufangen. Das Nordkap war ihr erstes großes Ziel. Dann folgten ausgedehnte Reisen nach Griechenland und Spanien.
Mit dem Caravan sind sie unterwegs, weil sie damit unabhängig sind. Diese Freiheit hat natürlich auch bei Schmöllers ihre eigene Geschichte. Allzu oft mussten sie gebuchte Bungalows und Hotels wieder abbestellen, verloren dabei Geld und Freude am Reisen, nur weil in der Firma unaufschiebbare Probleme aufgetaucht waren. Die zielstrebigen Unternehmer gingen diesen unerfreulichen Tatbestand zielstrebig an, und fanden für sich und ihre Familie eine flexible Lösung: Reisen im Wohnwagen. Mal stand der Caravan in den nahen Alpen, mal am See, aber nie zu weit von zu Hause weg. Schmöllers verbrachten ihren Jahresurlaub im Wohnwagen, und häufig eben mal ein verlängertes Wochenende. Auch Wintercamping war schon bald angesagt und gehörte zum festen Jahresreiseprogramm.
In Rente lautet nun die neue Devise: Fernreisen. Die wollten Marianne und Franz Schmöller nur mit einem ganz neuen Gespann wagen. Seit zwei Jahren hängt deshalb am Allrad-Nissan X-Trail ein Fendt platin.
Die vielen Erlebnisse fesselten Marianne Schmöller so sehr, dass sie beschloss, das Erlebte niederzuschreiben. Franz Schmöller oblag die Dokumentation mit der digitalen Kamera. Was zunächst nur fürs heimische Familienalbum gedacht war, wuchs sich zur handfesten Reisebeschreibung aus. Von Freunden und Verwandten ermutigt, wagte Marianne Schmöller schließlich eine Anfrage nach einem kleinen Büchlein beim DoldeMedien Verlag. Dort fiel die Idee „Leser schreiben für Leser" auf fruchtbaren Boden – und das LESE®BUCH wurde geboren.

LESE®BUCH 2
Hans-Georg Sauer: **Der vierte Versuch**
Mit dem Wohnmobil zum Nordkap
72 Seiten, 22 Abb. sw + Karte,
ISBN 3-928803-23-9,
7,90 Euro, Bestell-Nr.: LB 02

Hans-Georg Sauer ist Reisemobilist mit Leib und Seele. Das Reisemobil ist für den 51jährigen Hobby und Tür zu seinem ganz persönlichen Stückchen Freiheit: „Reisen, wohin ich will. Essen, wenn ich hungrig, schlafen, wenn ich müde bin. Und ich kann mich nicht verfahren, sondern allenfalls ein anderes schönes Ziel finden."
Diese Gelassenheit tritt in der vorliegenden Reiseerzählung in ein witziges Spannungsfeld mit der ungeduldigen Vorfreude während der Reisevorbereitung. Hans-Georg Sauer gehört nicht zu den „Meilenfressern". Selbst in den wenigen Urlaubstagen, die ihm für seine Reisen bleiben, ist er immer offen, Neues zu entdecken, Unbekanntes zu ergründen, sich treiben zu lassen. So gelingt ihm denn auch erst im vierten Anlauf, sich den Traum zu erfüllen, den so viele mit ihm teilen: Einmal die Mitternachtssonne am Nordkap erleben. Nicht technische Defekte werfen ihn aus der Bahn. Die Aussicht auf Spannenderes und die Einsicht, nichts erzwingen zu müssen, bringen Mal für Mal den Knick in die Route.
Natürlich erzählt Hans-Georg Sauer für sein Leben gern. Im Kreis seiner Familie, Freunde und Kollegen machen seine Reiseberichte viele Male die Runde. Aus diesem Kreis kommt schließlich auch der Anstoß, seine Erlebnisse zu Papier zu bringen. In seinem Erstlingswerk gelingt ihm das spannend und unterhaltend.

LESE®BUCH 3
Leonore Schnappert: **Abenteuer Sibirien**
Mit dem Reisemobil zum Baikalsee
181 Seiten, 215 Abb. sw,
ISBN 3-928803-35-2,
14,90 Euro, Bestell-Nr.: LB 03

Leonore Schnappert (Jahrgang 1956) aus Velbert in Nordrhein-Westfalen war mit ihrem Mann Ingo in einem Flair von Niesmann+Bischoff drei Monate unterwegs. Sie legten in dieser Zeit annähernd 18.000 Kilometer zurück.
„Die Idee, mit einem Reisemobil zu fahren, hatte ich im Frühjahr 1990 nach der Grenzöffnung. Mich begeisterte der Gedanke, Ostdeutschland zu erkunden. Mein Mann erinnerte sich bei meinem Vorschlag an Campingurlaub in seiner Jugendzeit und teilte meine Begeisterung nicht spontan. Während der ersten Tour bemerkte er dann schnell, dass diese Form des Reisens doch sehr bequem und angenehm sein kann. Und nach der dritten Mietaktion waren wir uns einig, dass wir zukünftig, wann immer uns der Sinn danach steht, einsteigen und losfahren wollten. Ab sofort sollte im Urlaub nur noch in eigenen Betten geschlafen werden." Von Anfang an lagen die Ziele längerer Wohnmobilreisen im Osten. Das Paar bereiste die baltischen Staaten, Polen, Ungarn, Weißrussland, einige der GUS-Staaten und die Hohe Tatra in der Slowakei. Doch das größte Erlebnis bisher war die Reise zum Baikalsee. Täglich habe ich das Erlebte aufgeschrieben und diese Aufzeichnungen dienten als Grundlage für dieses Buch."

# Bereits erschienen:

## LESERBÜCHER

LESE®BUCH 4
Christiane und Wilhelm Holub:
**Am Kap der Guten Hoffnung**
Mit dem Reisemobil durch Südafrika
100 Seiten, 40 Abbildungen sw,
ISBN 978-3-928803-38-0,
9,90 Euro, Bestell-Nr.: LB 04

Christiane und Wilhelm Holub, beide Jahrgang 1950, reisen gern und viel. Meistens sind es Ziele, die mit dem eigenen Reisemobil angesteuert werden. Immer wieder locken aber auch ferne Länder, in denen dann ein Reisemobil gemietet wird.
So auch in Südafrika. Anregende Reiseliteratur und liebe Bekannte im Land waren ausschlaggebend. Vorzubereiten war nicht viel. Günstige Flüge gibt es häufig.
„Im Land haben wir in etwa sechs Wochen fast alle besonderen Sehenswürdigkeiten in einem Rundkurs angesteuert, 7.500 Kilometer sind so ohne Hetze zusammengekommen.
Wir hatten das Glück, besonders viele Tiere ganz nah zu erleben. Elefanten, Giraffen, Büffel, Löwen, Nashörner, alle Arten von Zebras, Böcken, Gnus… und viele weitere Tiere und Exoten. Sie hautnah und in ihrer Freiheit beobachten zu können, ist etwas Besonderes. Dazu haben diese Safaris etwas ungemein Prickelndes, Unvergleichbares.
Die unterschiedlichen Landesteile einschließlich der Königreiche Swaziland und Lesotho, Landschaften, National-Parks und Game-Parks, Städte und Geschäfte haben alle ihre besonderen Reize. Lassen Sie sich mitnehmen auf unsere Safari. Zum swingenden Elefanten und auf die Kap-Halbinsel. Wir jedenfalls fahren wieder hin."

DoldeMedien
VERLAG GMBH

LESE®BUCH 5
Marita Gutzeit:
**Alles der Elche wegen**
Vom Reisemobilurlaub
zum Ferienhauskauf in Schweden
272 Seiten, 29 Abb. sw,
ISBN 978-3-928803-39-7,
19,90 Euro, Bestell-Nr.: LB 05

Die Autorin Marita Gutzeit (Jahrgang 1957) aus Wolfenbüttel kaufte 1994 mit Ehemann und ihren zwei Söhnen ein Ferienhaus in Schweden. „Nach zwanzig Jahren Campingurlaub in Skandinavien, erst mit dem Wohnwagen, später mit einem Reisemobil Marke Eigenbau, ergab es sich zufällig, dass wir in unserer seit zehn Jahren bekannten Lieblingsgegend in der Nähe von Vänersborg, nur 30 Kilometer von den berühmten Elchbergen „Halle- und Hunneberg" ein Ferienhaus mitten in der schwedischen Natur kauften. Damit begannen für uns neue Herausforderungen. Wie löst man die Wasserversorgung und Abwasserentsorgung ohne an die öffentliche Kanalisation angeschlossen zu sein? Wie renoviert man ein Holzhaus und was darf man in Schweden ohne Baugenehmigung dazubauen? So entstanden nach und nach ein neuer Geräteschuppen, ein Saunahaus und eine neue Veranda. Auch der Traum vom gemütlichen Holzofen erfüllte sich eines Tages. Vor allem aber: Wie schafft man es, die Mäuse aus dem Haus fernzuhalten, die sich in einem nicht ständig bewohnten Haus besonders wohl fühlten und erhebliche Schäden anrichteten? Mit viel Humor und guter Nachbarschaftshilfe haben wir trotzdem jedes Problem gemeistert. Aber eins ist uns geblieben: die Liebe zum Campen. So bleibt unser selbst ausgebauter LT Kastenwagen, den wir auf der Anreise immer als Möbeltransporter missbrauchen, unser Heiligtum. Wir genießen auch weiter die Campingplatzatmosphäre, wenn uns mal wieder das Reisefieber packt, wie zum Beispiel bei einer Fahrt zum Kläralv und einer Tour zum norwegischen Geirangerfjord, um das Kreuzfahrtschiff „Queen Elizabeth II" zu bestaunen.
Irgendwann habe ich mal darüber nachgedacht, unsere Erlebnisse und Erfahrungen, die wir in Schweden gesammelt haben, einfach mal aufzuschreiben. Daraus ist dann dieses Buch entstanden."

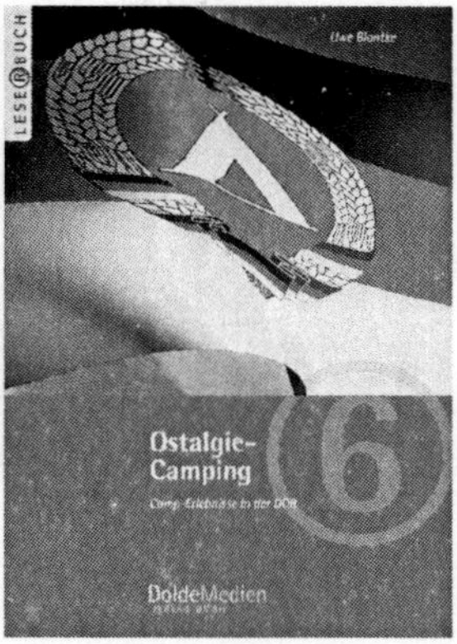


LESE®BUCH 6
Uwe Blontke:
**Ostalgie-Camping**
Camp-Erlebnisse in der DDR
192 Seiten, 137 Abb. sw,
ISBN 978-3-928803-42-7,
17,90 Euro, Bestell-Nr.: LB 06

Eine Camperfamilie aus der ehemaligen DDR plaudert über ihre Erlebnisse in fast 20 Jahren auf Campingplätzen in der DDR und im sozialistischen Ausland. Es handelt sich um eine sehr persönliche Betrachtung mit reichlich Raum für kleine Geschichten um das Reisegeschehen. Ausgehend von der Frage nach den Urwüchsen der eigenen Camperpassion, wird zuerst von Camperseligkeit erzählt, sinniert, berichtet und alles mit zahlreichen Bildern belegt. Der überwiegend augenzwinkernde Rückblick endet mit der Grenzöffnung und der ersten Reise ins westliche Ausland. Der lockere Erzählstil verharmlost nicht die Besonderheiten eines DDR-Camperlebens unter den Bedingungen des sozialistischen Staates, verteufelt aber auch nicht die Zeit, mit der man versuchte, das Beste anzufangen.
Am Anfang steht ein Exkurs, wie man Camper wird im Allgemeinen und unter den Möglichkeiten einer Urlaubsgestaltung in der DDR im Besonderen. Dem folgen Kurzbeschreibungen von zehn Campingplätzen mit episodenhaften Geschichtchen, Erinnerungen und kleinen Legenden aus alten Zeiten.
Die Berichte über die Aufenthalte in den sozialistischen Bruderländern folgen den Länderrouten und vermitteln Einblicke in den „normalen" Reiseablauf der damaligen Zeit, schildern Begegnungen mit Menschen und ihre Wirkungen auf die Camperfamilie.
Schmunzelndes Erinnern gleichgesinnter DDRler und amüsiertes Kenntnisnahme „ausgeschlossener" Brüder und Schwestern sind Wunsch und Anliegen des Autors.

## Bereits erschienen:
## PRAXISBÜCHER

PRAXISBUCH Nr. 1
Konstantin Abert:
**Russland per Reisemobil**
Basiswissen für Selbstfahrer
2., überarbeitete Auflage,
148 Seiten, 53 Abb. sw,
ISBN 978-3-928803-26-7,
12,90 Euro, Best.-Nr.: PB 01

„Was, du willst mit deinem Wohnmobil nach Russland? Bist du lebensmüde geworden? Betrunkene an jeder Ecke, überall kleine Tschernobyls und jetzt noch die Tschetschenen. Die Mafia wird dich ausrauben und dein Camper ist auf Nimmerwiedersehen weg." Das ist vielleicht eine extreme Reaktionen, wenn Sie Ihren Freunden und Bekannten erzählen, Sie wollen mit Ihrem Camper auf eigene Faust nach Russland fahren. Die meisten werden aber zumindest ausdrücklich warnen und wieder zu Frankreich oder Norwegen raten. Natürlich sind diese beiden und andere europäische Länder absolut reizvolle Ziele. Aber im Gegensatz zu vielen Pauschalreisetouristen zeichnen sich Reisemobilsten eben durch etwas ganz Besonderes aus: sie sind Individualisten, voller Neugierde und Unternehmungslust. Sie sind bereit, hinter dem Steuer die Welt auf eigene Faust zu erkunden. Sie wollen Land und Leute kennen lernen, sie wollen neue Gebiete bereisen und so ihren Horizont erweitern. Und damit sind sie alle kleine oder größere Abenteurer, manchmal gar Pioniere.
Russland ist dafür genau das Richtige. Es ist ein wunderschönes und geheimnisvolles Land. Es ist unvorstellbar groß, erstreckt sich vom alten Königsberg an der Ostsee über zwei Kontinente und elf Zeitzonen bis hin zum Stillen Ozean. Es hat unzählige Meeresküsten, Seen, Berge, Wälder, Ebenen, wunderschöne moderne und historische Städte, verschlafene romantische Dörfer und äußerst gastfreundliche Menschen. Es hält durch die Umbrüche in der jüngsten Geschichte viele Abenteuer parat. Vor allem ist es sehr viel sicherer als sein Ruf vermuten lässt. Kurzum: Russland ist ein Eldorado für den weltoffenen Individualreisenden.

## Bereits erschienen:
## EXTREMBÜCHER

EXTREMBUCH Nr. 1
Herbert Nocker mit Helmut Schneikart:
**Die Reise meines Lebens**
Mit Dixi und Dachzelt um die Welt
316 Seiten, 97 Abb. sw,
ISBN 3-928803-36-0,
19,90 Euro, Best.-Nr.: EB 01

„... Heute aber bin ich froh, ein so unverbesserlicher Träumer gewesen zu sein. Denn ich habe längst begriffen: Um all das, was mir in meinem Leben an Verrücktheiten in den Sinn gekommen ist, verwirklichen zu können, musste ich so sein, wie ich war. Andernfalls wäre ich sicher nicht auf die Idee gekommen, mit meinem Sohn in einem alten Dixi den Erdball zu umrunden...

*... und wir zwei würden jetzt nicht in deinem Wohnzimmer sitzen und an einem Buch herumtun. Wie ist es denn eigentlich für dich, wenn du für das Buch so tief in deine Vergangenheit und letztlich auch in dich selber eintauchen musst? Ist das nicht manchmal peinlich?*

Nicht peinlich, eher komisch. Das kommt vielleicht daher, dass ich mich mit diesen Dingen noch nie auseinander gesetzt habe. Es gab einfach keinen Grund dafür. Jetzt aber sitzt du hier neben mir, lässt dein Tonbandgerät laufen und willst alles haarklein von mir wissen. Also nicht nur, was da im Einzelnen auf dieser Fahrt mit dem Dixi abgelaufen und geschehen ist, sondern auch, wie es dazu gekommen ist und was dahinter steckt. Ich verstehe dich ja, für ein Buch gehört das wahrscheinlich mit dazu.

*Das Buch entwickelt sich auch zu einer Reise in dich selbst.*

Na, servus. Klingt fast wie eine Drohung. Im Ernst: Solche Sachen hat mich zuvor kein Mensch gefragt.

*Und du dich selber?*

Auch nicht. Nie. Vielleicht wollte ich das alles auch gar nicht wissen. Aber ich finde es interessant, darüber nachzudenken und zu sprechen – und vor allen Dingen nach ein paar Tagen zu sehen, was du aus dem, was ich von mir gegeben habe, gemacht hast..."

Der von frühester Jugend an von Fernweh geplagte Autorestaurator und Oldtimer-Sammler Herbert Nocker, 64, erzählt dem Journalisten Helmut Schneikart, 63, wie er mit seinem Sohn Philipp, 26, die Welt umrundete – in einem selbst gebauten BMW-Dixi Jahrgang 1928 mit 15 PS und Dachzelt.

# Bereits erschienen:

## Retrobücher

RETROBUCH Nr. 1
Fritz B. Busch: **Kleine Wohnwagenfibel**
Reprint der Originalausgabe von 1961
144 Seiten, 88 Abb. sw,
ISBN 3-928803-25-5,
11,90 Euro, Best.-Nr.: RB 01

Fritz B. Busch ist schon zu Lebzeiten Legende. Der Grandseigneur unter den Motorjournalisten verzaubert seit fast 50 Jahren die Leser großer Zeitschriften mit seinem unverwechselbaren Stil. Dieses Buch schrieb er im Jahr 1961 für Einsteiger ins Hobby Caravaning. Jetzt ist die „Kleine Wohnwagenfibel" wieder da – mit den historischen Anzeigen und mit verschmitztem Humor. Genießen Sie einen Blick zurück in die Zeiten, als Familienautos wie der DKW nur 350 Kilogramm leichte Wohnwagen ziehen durften. Und als der große Schreibersmann die Freiheit im Caravan brillant und stets mit fröhlicher Ironie schilderte – schon damals also mit dem Busch-Touch, der heute ein Markenzeichen ist.

RETROBUCH Nr. 2
Heinrich Hauser:
**Fahrten und Abenteuer mit dem Wohnwagen**
Reprint der Originalausgabe von 1935,
228 Seiten, 60 Abb. sw,
ISBN 3-928803-29-8,
16,90 Euro, Best.-Nr.: RB 02

Es waren die ersten Pioniere des Campings in Deutschland: die Faltbootfahrer, die in der Nähe der Flüsse Zelte aufschlugen; und es waren die ersten Wohnwagenfahrer, die Neuland betraten und sich eigene Fahrzeuge bauten. Zu diesen reiselustigen Menschen zählte auch Heinrich Hauser, der als einer der Ersten Deutschland in einem Wohnwagen bereiste und dieses in einem faszinierenden Buch beschreibt.
Beim Lesen werden erfahrene Camper und Wohnmobilfahrer erkennen: „Vieles hat sich nicht geändert!". Wäre es nicht schade und ein wesentlicher kultureller Verlust, wenn die Urlaubs- und Feriengewohnheiten des letzten Jahrhunderts verloren gehen würden? – Damals, in diesen bewegten Zeiten, vor und nach einem barbarischen Krieg.
Immer mehr Menschen begannen sich mit einem Zelt oder Wohnwagen auf zwei oder vier Rädern auf die Reise zu begeben, um fremde Länder und Menschen kennen zu lernen. Es waren freundliche, aufgeschlossen Menschen mit einer besonderen Einstellung zum unkomplizierten Reisen, welche die neue Freiheit der damaligen Campingtechnik nutzten.

RETROBUCH Nr. 3
Hans Berger:
**Jachten der Landstraße**
Reprint der Originalausgabe von 1938,
152 Seiten, viele Abb. sw,
ISBN 3-928803-30-1,
11,90 Euro, Best.-Nr.: RB 03

Mit diesem Nachdruck von Hans Bergers „Jachten der Landstraße" liegt der erste gedruckte Wohnwagenkatalog in deutscher Sprache nach vielen Jahrzehnten wieder vor. Hans Berger, einer der großen Pioniere im Freizeitbereich, legte hiermit 1938 ein geradezu epochales Werk vor: Er stellte nicht nur seine Versuche vor, einen Reisewohnwagen zu konstruieren, sondern zeigte auch die gesamte Angebotspalette des In- und Auslandes in Wort und Bild. Mit unvergleichlicher Sammellust und Liebe zum Detail hat er sich bemüht, die Konstruktionen von Heinrich Hauser bis hin zu den gewaltigen, nur von sehr zugkräftigen Fahrzeugen überhaupt bewegbaren amerikanischen Modellen vorzustellen. Er selbst war ein begeisterter Camper, hatte auf seinem Firmengelände bei München als einer der Ersten Übernachtungsmöglichkeiten für Wohnwagenfreunde geschaffen und selber zahlreiche Reisen mit seiner Familie unternommen. Erfahrene Camper und Wohnmobilfahrer werden viel Bekanntes an technischen und konstruktiven Details erkennen, manches belächeln, doch stets wird es eine Freude sein, zurückzublicken auf diese Anfangszeiten und zu erkennen, dass sich manche Probleme heute wie damals stellten, dass manche Wünsche heute wie damals dieselben blieben.
Dieses Buch war das erste Wohnwagenfachbuch und eine Fundgrube für alle, die sich mit dem aufkommenden Gedanken des Wohnwagenreisens beschäftigten. Er wollte nicht nur eine Dokumentation dessen leisten, was auf diesem Gebiet bislang ersonnen, erbaut und an Erfahrungen vorhanden war, sondern wollte den Interessierten auch Anleitung bei der Frage bieten, was für eine Art Wagen ihren Bedürfnissen und Zwecken am ehesten entspräche.

DoldeMedien
VERLAG GMBH

## Bereits erschienen:

## Retrobücher

RETROBUCH Nr. 4
Kathleen Harrison:
**Abseits ausgetretener Pfade**
Übersetzung der engl. Originalausgabe nach Tagebuchaufzeichnungen von 1937/38
212 Seiten, 53 Abb. sw,
ISBN 3-928803-37-9,
15,90 Euro, Best.-Nr.: RB 04

In den späten dreißiger Jahren unternahmen Peter und Kathleen Harrison eine gefahrvolle Reise durch die Sahara mit Auto und Caravan. Peter, ein Marineoffizier im Ruhestand, war ein ebenso kräftiger und abenteuerlustiger Mann wie ein geschickter Zimmermann. Er entwarf und baute Caravans aus Balken und alten Autoachsen. Seine Begeisterung war derart ansteckend, dass Kathleen, die ihre Familie am Kap besuchen wollte, auf die Idee kam, einen Caravan auf dem Landweg von Devon nach Südafrika zu ziehen.
Ohne ihre dreizehnjährige Tochter Sheila, die sie in der Sicherheit eines Internates in England zurückließen, machten sich Peter und Kathleen im November 1937 auf den Weg. Nach einer stürmischen Kanalüberquerung genossen sie die einigermaßen angenehme Reise durch Frankreich. Ihre Probleme begannen erst mit der französischen Bürokratie in Algerien, die zu scheinbar endlosen Verzögerungen führte. Endlich konnten sie die riesige Sahara angehen. Sie blieben oftmals stecken, kamen vom Weg ab, waren fehlgeleitet und frustriert. Wochen der Einsamkeit wurden zu Monaten, und Kathleen zweifelte schon, ob sie ihre Tochter je wiedersehen würde. Doch ihre feste Entschlossenheit und ihr nie versagender Humor siegten, als sie und ihr Mann darum rangen, ihre Traumreise zu einem guten Abschluss zu bringen. Nicht einmal heute schaffen alle Teilnehmer der Rallye Paris-Dakar die Strecke durch die Sahara, doch Peter und Kathleen gelang dieses Wagnis mit einem 30 PS-Ford und einem wackeligen Holzcaravan. Und das sogar zweimal!
Kathleen vermisste ihre Tochter sehr und schrieb eine Art Tagebuch in Briefform für sie. Dieses Tagebuch wurde von ihren Enkeln entdeckt und als Buch herausgegeben.

## Bereits erschienen:

## Kinderbücher

KINDERBUCH 1
Fritz B. Busch: **Unser Sturmvogel hat Räder**
Der wiederentdeckte Roman
132 Seiten, 15 Abb. sw,
ISBN 3-928803-24-7,
2. Auflage, 9,90 Euro, Bestell-Nr.: SV 01

Fritz B. Busch ist schon zu Lebzeiten Legende. Der Grandseigneur unter den Motorjournalisten verzaubert seit fast 50 Jahren die Leser großer Zeitschriften mit seinem unverwechselbaren Stil. Dieses Buch schrieb er vor gut 40 Jahren als Lesebuch für kleine und große Camper. Jetzt ist es wieder da – brillant formuliert, mit verschmitztem Humor und so frisch wie damals. Eben Fritz B. Busch.

DoldeMedien
VERLAG GMBH

# Bestellschein

Einfach ausfüllen und einsenden an DoldeMedien Verlag GmbH, Postwiesenstr. 5A, 70327 Stuttgart oder per **Fax an: 0711 / 134 66-38**

**Bitte senden Sie mir schnellstmöglich:**

| Expl. | Best.-Nr. | Kurzbezeichnung | Einzelpreis |
|---|---|---|---|
| | | | |
| | | | |
| | | | |
| | | | |
| | | | |
| | | | |
| | | | |
| | | | |
| + Versandkostenpauschale **Inland** 3,- € **(Inland: bei Bestellwert über 20,- € versandkostenfrei)** | | | |
| + Versandkostenpauschale **Ausland** Europäische Staaten 5,- € alle nichteuropäischen Staaten 8,- € | | | |
| | | **gesamt** | |

**Die Bezahlung erfolgt**

☐ **per beigefügtem Verrechnungsscheck** ☐ **durch Bankabbuchung**

Bankleitzahl (vom Scheck abschreiben)

Konto-Nr.

Geldinstitut

☐ **per Kreditkarte**

☐ American Express ☐ Visa Card ☐ Diners Club ☐ Mastercard

Kreditkarten-Nummer

Gültig bis

**Absender**

Name, Vorname

Straße

PLZ, Ort

Telefon

E-Mail

Datum, Unterschrift

Rückgaberecht: Sie können die Bestellung ohne Angabe von Gründen innerhalb von zwei Wochen durch Rücksen-dung der Ware widerrufen. Die Frist beginnt frühestens mit Erhalt der Ware und dieser Information. Zur Wahrung der Frist genügt die rechtzeitige Absendung der Ware. Die Rücksendung muss originalverpackt und bei einem Rechnungsbetrag bis EUR 40,00 ausreichend frankiert sein, wenn die gelieferte Ware der bestellten entspricht. Andernfalls ist die Rücksendung für Sie kostenfrei. Die Rücksendung geht bitte an die Bestell-Adresse.